U0937507

中国特色社会保障发展的理论与问题研究

周楠　著

中国原子能出版社

图书在版编目 (CIP) 数据

中国特色社会保障发展的理论与问题研究 / 周楠著 .
-- 北京 : 中国原子能出版社 , 2018.12
ISBN 978-7-5022-9630-8

Ⅰ . ①中… Ⅱ . ①周… Ⅲ . ①社会保障—理论研究—中国 Ⅳ . ① D632.1

中国版本图书馆 CIP 数据核字（2018）第 295957 号

内容简介

党的十九大开启了新时代国家发展新征程，以人民为中心的发展取向构成了推进社会保障体系建设新的时代背景。本书对我国社会保障制度进行研究，在分析社会保障内涵、理论基础和国际经验的基础上，对社会保障管理、老年社会保障、就业社会保障、医疗保障、社会救助、慈善事业发展等方面进行专题研究。

中国特色社会保障发展的理论与问题研究

出版发行　中国原子能出版社（北京市海淀区阜成路 43 号 100048）
责任编辑　张　琳
责任校对　冯莲凤
印　　刷　北京亚吉飞数码科技有限公司
经　　销　全国新华书店
开　　本　787mm × 1092mm　1/16
印　　张　17
字　　数　220 千字
版　　次　2019 年 7 月第 1 版　2024 年 9 月第 2 次印刷
书　　号　ISBN 978-7-5022-9630-8　　定　　价　69.00 元

网　　址：http://www.aep.com.cn　　E-mail:atomep123@126.com
发行电话：010-68452845
版权所有　侵权必究

前 言

现代社会保障的产生与发展,既是基于人生总是充满着各种生活风险而需要相应的保障,也是基于促进社会公正与共享国家发展成果的需要。如有了发达的托幼事业,才能保证儿童的健康成长;有了健全的养老保险与发达的养老服务,才能为老年人生活提供经济与服务保障;有了完善的医疗保险,才能不怕疾病医疗风险,等等。所有这些,都是需要通过健全的社会保障制度才能实现的。

党的十九大开启了新时代国家发展新征程,以人民为中心的发展取向构成了推进社会保障体系建设新的时代背景。社会保障不仅关乎基本民生的保障,更是满足城乡居民对美好生活的需要和维系全体人民走向共同富裕的重大制度安排。我国社会保障改革已经取得了巨大成就,但这一制度体系的不平衡不充分发展格局仍未改变,亟待通过深化改革来破除地区利益、群体利益固化的樊篱,积极稳妥地解决好制度分割、公平不足、权责不清、多层次缺失等问题。

保障与改善民生是社会保障制度的基本目标,随着国家的发展与进步,民生问题也在不断地升级。低层次的民生问题如温饱问题解决后,必然产生更高层次的民生需求。党的十九大报告中提出的幼有所育、学有所教、劳有所得、病有所医、老有所养、住有所居、弱有所扶之民生七有,构成了人民群众的基本民生诉求,也构成了社会保障体系建设的基本方向。

本书共八章。第一章为社会保障的内涵,对社会保障的科学内涵、历史发展、社会保障与社会发展的关系三方面内容进行研究。第二章为社会保障发展的理论基础和经验借鉴。第三章为社会保障管理探索，阐述社会保障管理的理念、社会保障管理的内容、社会保障统计与评估三个方面。第四章为中国老年社会保障研究，探讨老年社会保障的重要性、老年社会保险的基本原则、中国老年社会保险制度的发展和改革等方面。第五章为中国就业社会保障研究，分析失业保险基本理论、失业保险制度的主要内容、失业保险制度的改革和优化、失业预防和就业扶助等内容。第六章为中国医疗保障研究，主要内容包括城乡医疗保障制度的发展、医疗保障制度改革现状、我国医疗保障制度改革与优化等方面。第七章为中国社会救助的发展研究，探讨社会救助的功能与价值取向、当前我国社会救助现状分析、社会救助的主要内容、社会救助的政策建议等方面。第八章为中国慈善事业发展研究，包括当前我国慈善事业发展状况、国际慈善事业的实践发展、我国慈善事业的发展与改革策略三个方面。

本书在写作过程中，一是注重可读性。本书结构严谨，思路清晰，简明易懂。二是注重实用性。本书理论与实践相结合，对中国特色社会保障发展的理论与问题进行研究。本书在写作过程中吸收了大量最新研究成果，在此对有关成果的作者表示诚挚的感谢。由于作者水平有限，因此在写作过程中难免出现疏漏，恳请广大读者积极给予指正，以便使本书不断完善。

周　楠

2018 年 10 月

目 录

第一章　社会保障的内涵

社会保障在社会建设中处于举足轻重的位置,它是民生的安全网。作为现代社会的一项基本经济制度,社会保障范围十分广泛,其面向全体国民,旨在用经济手段解决社会问题,从而实现特定政治目标,其对于国家、个人的发展具有十分重大的影响。本章将对社会保障的概念、特征、体系以及产生和发展进行深入研究。

第一节　社会保障的科学内涵

一、社会保障的概念

关于社会保障的概念,在各国的政策、文献和相关论述中具体说法不尽相同,但都是根据本国社会保障实施的具体情况对它进行描述,从其共同点来看,社会保障的概念可以概括为:社会保障就是国家以政府的名义,经过立法程序,通过筹集社会资金,以再分配国民收入的方式为社会上丧失劳动能力以及需要特殊帮助的人士提供帮助的社会事业。通过社会保障,帮助这些需要者的基本生活需求能够得到满足,进而社会安定、经济增长等各项事业也得以一一落实。具体而言,社会保障概念的含义包括以下几个方面。

(一)其责任主体是国家或政府

国家承担建立和管理社会保障的责任是经济发展的结果。

国家是社会管理的最高权力机关，政府是具体执行权利的行政机构。由国家承担社会保障责任可以降低管理成本，可以预防和抵御各种社会风险，保障公民的生活。

（二）其对象是全体公民

一个国家的全体公民都是社会保障的对象。社会保障中的社会福利为每一位社会成员提供必要的基础设施、文化设施、公共卫生设施、娱乐设施、道路交通设施等，并且保障每位社会成员的基本生活。

（三）其首要目标是实现社会公平

社会保障是对经受生老病死、失业、贫困等风险的社会成员给予保障的制度，是以保障其基本生活为目标的。社会保障的这一目标是基于人的生存权而建立的。其首要目标是公平为主，兼顾效率。

（四）其实施保证是社会立法

社会保障是以健全、完备的法律体系为支点的，必须以法律来规范社会保障各职能机构。要依法确定各职能机构的设置、职能、责任和工作程序；依法确定企业、职工与社会保障管理机构之间的权利与义务关系；依法确立社会保障基金的管理、投资运营的原则和范围等。

二、社会保障的特征

（一）社会性

社会保障是以政府和社会为主导，在全社会范围内统一实施的制度，其覆盖范围是全体国民。符合保障条件的公民，一旦遇到生存危机和社会风险时，原则上都应得到基本生活保障，以促进社会稳定和谐，实现社会公平的社会性目标。另外，社会保障的资金来自政府、企业、个人等渠道，实现了社会化的筹资，同时筹集的资金接受社会的监督和评价。社会保障的社会性具体体现在：社会保障以国家为主体组织实施，社会保障资金实行统筹和调剂，社会保障实行社会化管理，以及在全社会实行统一的社会保障制度，等等。

（二）保证性

社会保障是国家或者政府按照当时社会生产力的发展水平，对基本生存需求不能得到满足的社会成员提供必要的物质保证的事业。由此可以看出，社会保障具有保证性的特征。社会保障能够给社会成员一种"安全感"，让人们的基本生存需要得到满足，并进一步保证社会的长治久安。社会保障的保证性就是建立以社会化为标志的生活安全网，从而将竞争机制运行中产生的不安定因素及其所引起的震动隔除在安全网之外。

（三）普遍性

社会保障是国家和政府的责任和义务的体现，每一个公民都有权利获得社会保障，而不应分城市和农村、部门和行业，普遍地、无一例外地享有这项权利。只要生存发生了困难，都应该得到必要的保障。社会成员之间，只存在着保障基金筹集方式的差别，而不存在社会保障的差别，因此社会保障具有普遍性的重要特征。

（四）强制性

当前的社会保障制度是政府通过国家立法，积极干预社会经济生活的产物。社会保障强制性特征主要表现在：每一位社会成员，只要符合参加社会保障的要求，都必须履行相应的权利和义务；社会成员对于社会保障的项目、待遇等没有自主选择权，社会保障机构也不可以拒绝社会成员依法享受其权利的要求；社会保障项目不可以随意更改，其标准也不可以私自变更；社会保障资金的筹集、使用都以立法的形式来强制实施。

（五）公平性

社会保障的公平性体现在社会成员享受社会保障待遇的权利和机会是均等的，即保障范围的公平性。任何社会成员在其生活发生困难或生存面临风险时，都能均等地获得社会保障提供的权利和机会。社会保障的过程也体现着公平性，维护社会成员参与社会竞争的起点和过程也是公平的。此外，社会保障的实施是通过收入的再分配实现的，其收入再分配的实施缩小了社会成员的收入差距，使社会成员能够尽可能公平地享受社会、经济发展的成果。

（六）互济性

互济性是指社会保障专用资金在筹集和分配上具有统筹互助互济的特征。在实际的生活中，每个人的情况不一样，其所需要的社会保障也不一样，因此，每个社会成员的社会保障资金的扣除、储存、分配、使用等在数量上和时效上是不一致的，需要具体情况具体对待。这样做的优点在于能够进行社会保障资金的互相调剂，从而发扬劳动者之间互助互济的精神。

（七）福利性

社会保障的福利性表现为社会保障事业是一种社会福利事业，不以营利为目的。从社会保障实施的过程来看，其宗旨和目的是增进社会成员的福利，其保障的各个环节和项目均不以营利为目的。从保障结果来看，社会成员在年老、疾病、失业等劳动能力暂时中断或永久丧失的情况下，能够获得一定的物质帮助和经济保障，而且其保障的水平高于缴费水平，这体现了待遇的福利性。

（八）鼓励性

社会保障中有一些特殊项目，如针对暂时或者永久失去劳动能力的劳动者的物质保障，保障金的多少与该成员过去的劳动贡献具有直接关系。倘若该劳动者过去的劳动时间长、劳动贡献大，那么其这部分的劳动保险金额就会相较于其他人高一些。这样做不仅能够帮助有需要的社会成员，也可以鼓励劳动者在具有劳动能力时积极劳动，为社会多做贡献。在社会救助和残疾人等福利保障方面，针对残疾人和无固定职业者、收入者，既对他们进行一定的社会保障服务，又根据各自的特点安置就业，鼓励这部分人从被动地接受帮助转变为既接受帮助又努力实现人生价值、参加力所能及的劳动的对社会有帮助的人。对于因自然灾害及其他原因处于贫困状态的社会成员，在给予社会保障的同时鼓励其发展生产、摆脱贫困，不仅可以防止一部分人不劳而获，还可以避免社会保障成为单纯的消费和社会的负担。

（九）层次性

现代社会保障体系一般由多个项目组成，各项目的地位和作用各不相同。

核心内容是社会保险。因为社会保险保障的对象主要是社会成员中的劳动者，具体来讲就是工薪阶层。这部分人及其家属在社会群体中占有很大比重，社会保险对他们来说是保障其基本生活水平的第一道防线。

最低层次的保障项目是社会救助。因为社会保险不能完全涵盖所有社会成员，社会救助针对特定人群，如无收入、无生活来源、无家庭依靠并失去工作能力者，生活在国家的“贫困线”以下和生活在最低生活标准以下的家庭或个人，以及遭受自然灾害和不幸事故者，都需要通过社会救助，达到其最低生活标准。

最高层次是社会福利。由于各国的经济发展水平及基本国情不同，因此，社会福利的内容和覆盖面的差异很大。但从社会福利在社会保障体系中的地位来看，它属于增进国民福利、改善国民物质及其他生活条件的社会保障事业。

三、社会保障的体系

（一）社会保险

社会保险在社会保障中有着很重要的地位，其是指国家以立法的强制手段对国民收入进行分配和再分配。社会保险的目标人群是因年老、生育、患病等原因暂时失去或者永久失去劳动能力的人群，社会保险便为这部分人提供基本的物质保障。

社会保险是社会化大生产的产物，尤其是 20 世纪 20 年代的经济大危机加速了很多国家为社会成员提供社会保险的步伐。社会保险的权利享有以向社会履行了劳动义务和缴纳义务为前提，其对象是法定范围内的社会劳动者，其保障资金来源于用人单位和劳动者个人。开展保险事业是政府对劳动者履行的社会责任，也是劳动者依法享有的一项基本权利。通常而言，社会保险主要包括养老保险、医疗保险、生育保险、失业保险和工伤保险五种。

1. 养老保险

养老保险是指法定范围内的劳动者在达到国家退休年龄或因年老完全丧失劳动能力后，由社会提供物质帮助，对其生活基本需要进行保障的一项制度。这是社会保险中涉及面最为广泛的一种保险项目。在各个国家的社会保障体系中，养老保险一般都是最重要的项目，这是因为在养老保险中受保人享受保险的时间最久，其待遇给付的标准相对较高，尤其是在人口老龄化加剧的条件下，养老保险的重要性更是不言而喻。养老保险的费用由国家、企业和个人三方面共同承担，其显著特点是覆盖面很广、社会性极强。养老保险受国家立法保护并强制执行，其主要内容包括企业职工养老保险、公务员养老保险、农民养老保险，等等，以下便对养老保险的具体内容进行深入分析。

（1）企业职工养老保险

企业职工养老保险面向在企业工作的全体劳动者，包括国有企业、城镇集体企业、私营企业、乡镇企业和“三资”企业等一切符合国家社会保险法规、政策规范的企业的劳动者。职工达到国家法定退休年龄，缴纳费用的年限达到规定要求才能享受养老保险。未到退休年龄或投保年限不足者只能享受不足额退休金。养老保险基金的筹集主要是向企业和个人提取保险税，国家适当资助。

（2）公务员养老保险

公务员养老保险是以政府公务员为适用对象的养老保险，其养老金由政府（或其所在单位）预算补贴和公务员个人缴费组成，待遇标准因公务员的职级、任职年限等条件而有所差别。享受条件是公务员应达到国家法定的退休年龄及相应的任职年限。

（3）农民养老保险

农民养老保险面向从事个体农林牧副渔等生产经营活动的农业劳动者，他们的养老基金主要由劳动者自己缴纳，政府给予相应的优惠（如适当给予管理费补贴等），农村集体经济有实力的也可给予补贴。

（4）自由职业者养老保险

自由职业者养老保险面向无固定工作单位并从事非农产业工作的城乡劳动者，如个体医生和律师、自由撰稿人和演艺人员、个体工商业者等自由职业者。其养老基金由受保者个人缴纳，国家出面组织，待遇标准视个人缴费水平而定。

（5）其他职业者养老保险

其他职业者养老保险面向各级各类事业单位，如学校、医疗、科研院所、文化艺术团体、新闻出版单位以及其他公益事业单位等的劳动者。其他职业者的养老基金的筹集和待遇标准、享受条件等可根据事业单位的性质(公立、私立、混合)分别参照公务员养老保险和企业职工养老保险等予以规定。

2. 医疗保险

医疗保险主要用于劳动者因患病需要医疗费用时,这是由国家或者企事业单位为劳动者提供的一项医疗保障方面的制度。医疗保障金由劳动者个人和所在单位共同承担,同时国家给予必要的拨款,在劳动者需要医疗费用帮助时,相关部门按照规定给予物质支持。医疗保险的内容主要包括大病住院医疗费用补助、门诊医疗费用补助、病假收入补助以及其他医疗费用补助。医疗保险制度充分维护了国家医疗事业的公益性和福利性。医疗保险的目的是恢复劳动者的劳动能力和补偿劳动者病假期间的生活开销。在各国的社会保险制度中,医疗保险是仅次于养老保险的又一重要的社会保险制度。不过,疾病津贴的发放也不是无限期的,超出规定期限则不能继续享受医疗保险待遇,而是转由社会救助系统来承担。

3. 生育保险

生育保险是指妇女劳动者由于生育子女暂时失去劳动能力时,由社会给予必要的经济补偿的一种社会保障制度。因此,生育保险要贯彻产前产后一律给予保险待遇的原则,应包括妇女产前产后有一定时间的带薪假期,有时还包括生育补助费。有关产假工资的多少、产假的长短、补助费的数额,各国不尽相同。

4. 失业保险

在现代市场经济条件下,失业不可避免。为了使失业者和其赡养的家人能维持生活,保护劳动力和维持劳动力再生产,满足社会经济发展的需要和维持社会安定,建立失业社会保险是非常必要的。失业保险是指身体健康的被保险人就业之后又失去工作,中断收入,由国家或社会保险机构按照法定的期限,对失业者发放一定数额的失业救济费的一种社会保险制度。失业保险的保险基金主要由个人与企业或单位负责供款,国家给予必要的补贴,享受待遇标准统一。

5. 工伤保险

工伤保险是指向法定范围内的劳动者提供因职业伤病而造成经济损失的补偿费用,以及使其不致因职业伤病而降低收入水平的社会保险项目;也指向法定范围内的劳动者提供因不幸致残而需花费的治疗和康复的费用,以及在其致残后保证其基本生活需要的社会保险项目。

社会保险不同于商业人身保险。商业人身保险是由保险公司经营的商业性保险中的一个重要种类,它是以人的生命或身体为保险对象,在被保险人因疾病或遭遇意外事故而致伤残、死亡、丧失工作能力或年老退休或保险期满时,由保险公司根据合同规定付给医疗费或保险金补偿的一种制度。两者的区别主要表现在以下四个方面。

第一,两者的指导思想和实施原则不同。社会保险建立的指导思想是通过对社会劳动者提供基本生活保障,以维系劳动力再生产、维持社会经济的正常运转。它是国家通过立法强制实施的一项基本社会政策和劳动政策,不能以营利为目的。商业人身保险建立的指导思想是通过经济补偿手段吸引大量游资,在为被保险人提供相应损失补偿的同时,积聚一定数量的建设资金,并通过资金转投获取尽可能大的增值,它是一种商业性经营活动,因此必须以营利作为主要目的。

第二,两者的权利义务对等关系不同。社会保险的政策性和非营利性,决定了它实行权利和义务基本对等,劳动者只要参加社会劳动,履行了法律规定的一般劳动义务,就有权利享受社会保险待遇,且劳动贡献大小或个人交纳保险费的多少,与保险待遇没有严格的对等关系。商业人身保险实行权利与义务严格对等,即认为是任何一个有责任能力的公民或法人都可以买到权利，而且“多投多保，少投少保，不投不保”，即被保险人享受保险金的多少，要以其是否按期、如数交纳合同规定的保险费以及投保时间长短为唯一依据。

第三，两者的对象和作用不同。社会保险以社会劳动者及其供养的直系亲属为保险对象，主要作用是保障劳动者在丧失劳动能力或失业时的基本生活需要，维护劳动力再生产。并且保险基金的征集和支付是对社会收入再分配的一种干预，还可以起到调节收入悬殊，实现社会公平的作用。商业人身保险则以全体国民为对象，其作用主要是在被保险人遭遇规定保险事故时给予对等性的经济补偿，只能部分解决被保险人临时性的紧急要求。

第四，两者的管理体制和立法范畴不同。社会保险是以各级政府的主管部门和下设的社会保险事业机构直接实施管理的，国家财政对社会保险的财务需要负有最后的保证责任。社会保险属于劳动立法范畴。商业人身保险则由自主经营的各级保险公司自行经营，财务上实行独立核算，自负盈亏。商业人身保险属于经济立法范畴。

（二）社会救济

社会救济也叫做社会救助，是国家和社会对不能维持最低生活水平的社会成员，按照法律或行政规定的标准进行物质援助的一种社会保障制度。社会救济主要包括灾害救济、贫困救济、扶贫计划和特殊救济等几大项目。社会救济的经费来源于国家财政拨款（包括中央财政和地方各级财政），同时还有社会募捐等筹资渠道。

社会救济虽然不像社会保险那样是社会保障体系中的核心部分，但也是非常重要的，它是保障社会安全的“最后一道防线”。社会救济的对象是社会保险这张“安全网”保护不了的人群，社会保险是需要缴费的，而无收入和低收入的人是没有能力缴费的，所以还需要社会救助对其生活加以保障。

2. 贫困救济

贫困救济是为了解决城乡部分社会成员生活困难的社会救济措施。贫困救济的经费主要来自于政府拨款,享受条件是这些社会成员的收入必须低于一定的生活水平。根据救济对象的具体情况,贫困救济又可以分为定期救济和临时救济。

2. 灾害救济

灾害救济是指国家和社会对因灾害造成生存危机的社会成员进行抢救与援助,从而帮助其脱离灾难和危险并维持其最低生活水平的一项社会救济工作。它主要包括生活救济、医疗救济、以工代赈、救灾保险等内容。其中,生活救济和医疗救济是解决灾民临时生活困难和防止疾病蔓延的主要救济手段;以工代赈是以组织受灾成员参加一定的社会劳动为条件,以发放工资和实物的形式来救助灾民;救灾保险则是由政府出面组织,以政府财政供款和社会筹资作为经济后盾,为灾民提供灾后生活基本保障的救助措施。

3. 扶贫计划

实质上来看,扶贫计划属于贫困救济的范围,但因它既面向生活贫困的社会成员,更强调面向贫困地区,且大多采用无息或低息有偿的救济方式实施,故而单列为社会救济中的主要项目之一。扶贫计划的资金来源于国家财政预算拨款(包括中央政府和地方各级政府)和有关部门及社会的援助,其目的在于改变贫困地区的落后面貌,使贫困户脱贫致富。扶贫计划包括国家扶贫、地方扶贫、部门和企业扶贫、社会扶贫等项目。

4. 特殊救济

特殊救济是面向社会脆弱群体的一项社会救济措施。它的保障对象是无依无靠、无生活来源的孤老残幼者。特殊救济包括孤老救济、孤儿救济、残疾人救济等项目。

（三）社会福利

社会福利的含义有广义和狭义两种理解。广义的社会福利实际上是广义的社会保障的同义语，是国家和社会对全体社会成员提供的全部物质和文化生活的保障和福利，除前述社会保险、社会救助外，还包括其他旨在改善与提高国民生活质量的物质福利，以及全部的公共文化、教育、卫生、体育设施和服务。狭义的社会福利，作为社会保障的从属概念，是与社会保险、社会救助并列的概念，是社会保障体系中日益重要的子系统。这一概念包括以下几层含义：其一，国家（通过政府有关职能部门）和社会（通过从事福利事业的社会团体）是社会福利的责任主体，国家通过颁布相关法律对各项福利事业进行规范（如我国颁布过《残疾人权益保障法》《老年人权益保障法》等法律或法规），政府通过有关职能部门对社会福利事业进行监督与管理，并承担着相应的拨款补贴责任；其二，社会福利与其他社会服务相比，其本质主要体现在经济福利性上，是难以采取市场调节的社会公共领域，政府的政策扶持往往是其生存、发展的必要条件；其三，社会福利的基本目标不仅仅是要保障人们的基本生活，更重要的在于不断满足人们日益增长的物质文化生活需求，提高人们的生活质量。

社会福利是我国社会保障制度中项目最多的一部分内容，主要项目包括以下方面。

1. 老年人福利

老年人福利是为满足老年人的某些特别需要而举办的社会福利设施和服务项目。老年人福利面向全体老年社会成员，以提供老人收养服务、护理服务和保健服务等为主要内容，如开办社会福利院、敬老院、老年公寓、老年活动站、老年保健康复站等。对于无依无靠、无生活来源的孤老，实行免费收养并提供各种服务；对于有退休金或有生活来源的老年人，则可以适当收取费用，以维持这项社会公益事业的不断发展。

2. 残疾人福利

残疾人福利是国家和社会为保障残疾人的生活和身心健康，改善残疾人的生活条件，帮助残疾人就业而开展的社会福利事业。我国目前一般所称的残疾人，是指因视力、听力、言语、肢体、智力缺损等生理或心理上的缺陷而造成工作、生活、学习困难的障碍者。残疾人福利主要内容包括：大力兴办福利企业，安排残疾人就业，对福利企业在生产、经营、技术、资金、税收、销售等方面给予全面扶持；建立残疾人康复中心；建立残疾人福利院；建立残疾人就业培训中心；组建盲童学校、聋哑学校、弱智学校；向残疾人免费提供身体健康检查；免费提供假肢等。

3. 妇女福利

妇女福利是国家和社会为保障妇女生理和职业特殊需要而开展的社会福利事业。妇女福利主要包括：建立妇女保健中心，对妇女孕期及妇科疾病定期检查；建立孕妇休息室、哺乳室，妥善解决妇女在哺乳、照料婴儿等方面的困难；为育龄妇女提供孕妇、产妇福利津贴等。

4. 儿童福利

儿童福利是国家和社会为保障少年儿童生活和身心健康发展，改善儿童生活条件而制定的各项福利政策和兴办的社会福利事业。该项福利面向全体未成年人，它主要通过兴办托儿所、幼儿园、孤儿院、儿童保健站等社会福利设施为儿童提供多种福利服务。同时，根据国家的人口政策，对独生子女实施现金补贴（2016 年国家全面实施二孩政策后，原独生子女补贴发放政策已取消），并在国家财政支持下为全体儿童提供防疫保健服务。除了孤儿是由国家和社会集中供养外，其他儿童福利一般以收取低费用为特征。

5. 职业福利

职业福利是劳动者的福利项目，它与劳动者所从事的职业有关,主要包括各种生活福利津贴、集体福利设施以及休假、免费旅游等福利待遇。职业福利项目的多少和水平的高低,取决于劳动者所在单位的经济效益或收益来源状况。

6. 教育福利

教育福利是以免费或低费方式向公民提供教育机会和教育条件的社会福利项目。该项福利主要包括义务教育津贴,大专院校的助学金、奖学金、贷学金,以及职业培训津贴、度假优惠购票等内容。教育福利的经费主要来自国家财政预算拨款、企业和社会捐赠等。

7. 住宅福利

住宅福利是指国家和集体为保证劳动者享有居住条件,在购房和租房方面给予的优惠。它主要面向对象是城镇居民,包括建立住房公积金,低息贷款购房,对低收入家庭给予房租补贴,由政府建设公房为有住宅困难居民提供生存空间等内容。

8. 社会补贴

社会补贴是指国家对农副产品价格的补贴,以及为平抑物价而投入的各种政策性补贴。它虽然具有隐蔽性且不利于市场经济条件下价格机制的形成,但社会补贴在短期内不会马上取消。

9. 社区服务

社区服务是指在一定层次的城乡社区内,建立在自愿、自治、自助、互助基础上的既面向全体社区成员,又突出重点对象和特殊需求的福利性服务。其中以有特殊困难的老年人、残疾人和贫困户为重点对象,同时又照顾对社会有特殊贡献的烈军属、荣誉军人和劳动模范的特殊需求。社会赞助、社会经济收入、政府资助和一些有偿服务收入是社区服务的资金来源。在农村,社区服务表现为:以帮助贫困户、受灾户治贫致富为主的救灾扶贫服务;以开办福利工厂,安置有一定劳动能力的残疾人就业为主的残疾人就业保障服务;以开办敬老院等形式,为年老丧失劳动能力的农民提供基本生活保障；以开办家庭财产保险、牲畜合作保险、农作物保险、人身伤害保险和合作医疗保险为重点，为村民财产安全和身体健康所提供的保障服务。在城镇，社区服务主要项目包括：满足老人特有需求的老人服务；满足残疾人特有需求的帮残服务；丰富校外活动、加强校外管理的青少年服务；以拥军优属为主旨的优抚服务；有关家务劳动的家庭服务；倡导移风易俗的民俗改革服务；优化家庭生活、家庭关系的家政教育服务；以治安、调解、维护社会秩序为目标的综合管理服务；提供精神安慰的心理咨询服务；从事婚姻介绍、婚姻管理的婚姻服务；满足法律、卫生等方面信息要求的咨询服务；其他各种方便居民生活的便民服务等。

（四）社会优抚

社会优抚是群众优待和国家抚恤的总称，是国家和社会依据法律规定，对那些为保护人民利益和保卫国家安全而做出贡献的人员及其家属，提供生活和工作上的优待、抚恤、照顾的制度。其中，军人保障是社会优抚的重要组成部分，包括对转业、复员、退伍军人给予妥善安置，对为国捐躯和伤残的军人家属给予精神上的慰藉和物质上的帮助等。做好社会优抚工作，对于鼓励社会正气、安定军心、维护国家安全和社会稳定，有着不可替代的作用。

（五）社会互助

党的十四届三中全会在《中共中央关于建立社会主义市场经济体制若干问题的决定》中第一次明确地把社会互助纳入社会保障制度。社会救助和社会互助两者相互补充，社会救助是政府行为，而社会互助是与其相对应的一种民间行为，因此社会互助也可以称作民间救助。尽管社会救助的覆盖面很广、能力很强，但是总有一部分人无法享受到足够的社会救助，此时就需要社会互助。当前，我国社会经济发展水平还有待提高，有一小部分人仍然需要社会救助和社会互助,从这一角度看,大力开展社会互助具有十分积极的意义。

（六）补充保障

在社会保障体系中,除政府主导并由专门法律具体规范的基本社会生活保障制度外,往往还有一些非正式的社会保障措施同时存在并发挥相应的社会保障作用。我国现代社会保障体系的补充保障主要包括以下方面。

1. 慈善事业

慈善事业是建立在社会捐献基础之上的一种民办社会救助事业,它以社会成员的善爱之心为道德基础,以社会各界的自愿捐献为经济基础,以民间公益事业团体为组织基础,以大众参与为发展基础。在实践中,慈善机构根据捐献者的意愿,对需要帮助的社会成员进行物质帮助,慈善事业是现代社会保障体系中的特殊组成部分。

2. 企业年金

企业年金是指企业及其职工在依法参加基本养老保险的基础上,自愿建立的补充养老保险制度。是职业福利中日益重要的组成部分,是对政府主导的基本养老保险制度的重要补充。由于企业年金具有调和劳资关系、改善劳动者福利和补充基本养老保险制度的多重功能,它一般能够得到政府的税收优惠,其费用通常可以列入企业成本,允许在规定的额度内实行税前开支。

3. 商业保险

商业保险是指通过订立保险合同运营,以营利为目的的保险形式,由专门的保险企业经营。商业保险关系是由当事人自愿缔结的合同关系,投保人根据合同约定,向保险公司支付保险费,保险公司根据合同约定的可能发生的事故因其发生所造成的财产损失承担赔偿保险金责任,或者当被保险人死亡、伤残、疾病或达到约定的年龄、期限时承担给付保险金责任。

需要指出的是，商业保险的发展，能够在一定程度上解除社会成员的后顾之忧并弥补基本社会保障制度的不足，但也需注意，商业保险毕竟是一种商业行为，追求利润是商业保险的根本目的。因此，无论商业保险多么发达，均不能替代社会保障。

第二节　社会保障的历史发展

一、中华人民共和国成立前的社会保障

中华人民共和国成立前，国民党政府虽数次提出创办劳工保险，并公布过一些有关的法令，如《暂行工厂通则》（后改为《工厂条例》）和《监察工厂条例》等，但由于军阀割据、政局不稳、政令不畅，没有得到认真执行。

1927 年蒋介石反革命政变后，经过南昌起义、秋收起义、广州起义，中国共产党在湖北、陕西、广西、山西、山东等地建立了革命根据地，1931 年 11 月 7 日，中华苏维埃第一次全国代表大会在江西瑞金召开，大会通过了《中华苏维埃共和国劳动法》，于 1932 年 1 月 1 日起生效，其中规定所有雇佣工人均应享有社会保险，雇主支付工资总额的 10% ~ 15%作为保险金，工人在生病或其他暂时丧失劳动能力时享受。这是中国历史上第一部维护工人阶级利益的劳动立法。1934 年 1 月，中华苏维埃第二次代表大会通过的《中华苏维埃共和国宪法大纲》进一步阐明，中华苏维埃政权以彻底改善工人阶级的生活状况为目的，制定劳动法，宣布八小时工作制，规定最低限度的工资标准，创立了社会保险与国家的失业津贴制度。

在抗日战争期间，为了建立起抗日民族统一战线，争取和团结社会各阶层一致抗日，中国共产党制定了新的政策和策略。在劳动政策方面，采取适当地改善工人生活和不妨碍资本主义经济

正当发展的政策。根据这一方针，边区政府、各根据地先后制定了有关社会保险的规定。1940 年，陕甘宁边区制定了《陕甘宁边区劳动保护条例》，晋察冀根据地制定了《边区政府工作人员伤亡褒恤条例》。1948 年 12 月 27 日，东北行政委员会在东北解放区颁布试行了《东北公营企业战时暂行劳动保险条例》，并于 1949 年 7 月 1 日扩大到东北解放区所有公营企业。这是我国建立的第一个统一制度、统一管理的劳动保险制度。

二、我国社会保障制度的建立

（一）企业职工劳动保险

中华人民共和国成立后，政务院于 1951 年 2 月 26 日正式颁布了适用于国营、公私合营、私营企业和合作社的全国统一的《中华人民共和国劳动保险条例》，具体规定了职工在疾病、伤残、死亡、生育及年老后获得必要物质帮助的办法，同时规定职工供养的直系亲属也可享受一定的保险待遇。该条例开始时只在部分企业实行，1953 年 1 月 2 日，政务院修订了《劳动保险条例》，扩大了实施范围，并提高了部分待遇标准。1956 年，全国国营、公私合营、私营企业中 94% 的职工有了劳动保险或签订了含有社会劳动保险内容的合同。之后都以《劳动保险条例》为基础进行补充修改。

根据《劳动保险条例》规定，国有大中型企业开展以本单位职工为对象的福利事业，即职工福利。当前，企业的职工福利主要包括福利补贴发放、集体福利设施建设、职工住房分配等。职工福利经费来源于国家、企业和个人。

由于企业基建投资完成后，福利设施的运营管理、福利补贴等都需企业支出，并归企业所有，最终形成了企业办社会的局面。

（二）国家机关、事业单位社会保险

中华人民共和国在成立初期，国家机关、事业单位的社会保险和企业职工的社会保险是分开的，单独制定政策，单独管理。1950年后，国家在原战时供给制待遇的基础上，以单项法规的形式，逐步对机关、事业单位人员的疾病、养老、生育、死亡抚恤等做了具体规定，先后制定和发布了《革命工作人员伤亡褒恤暂行条例》（1950年）、《关于人民政府、党派、团体及所属事业单位的国家机关工作人员实行公费医疗预防措施的指示》（1952年）、《国家机关工作人员退休处理暂行办法》和《国家机关工作人员退职处理暂行办法》（1955年）等文件，对机关、事业单位工作人员的保险等方面做了较详尽的规定，范围和待遇水平略高于企业保险。

（三）社会救济和社会福利

在中华人民共和国刚刚成立时，由于国家和个人的经济水平相当有限，社会保障制度也不完善，社会福利仅限于企事业单位和政府机关的职工福利。通常情况下，福利是和社会救济结合在一起的，统称为救济福利事业。20世纪50年代后，社会保障制度进一步完善，社会救济和社会福利事业也分别发展，将更多的需要帮助群体纳入社会救济和社会福利的范畴。此后，针对“三无人员”（无劳动能力、无人赡养、无生活来源）、老人、残疾人、病人等人群的社会福利体系建立，福利院、福利机构等设施也逐渐完善。

（四）对革命军人的优待和抚恤

中华全国苏维埃代表大会在第二次国内革命战争时期颁布了《中国工农红军优待条例》，军人的社会保障制度初步建成。中华人民共和国成立后，军人的社会保障制度不断得到健全和发展，如《中华人民共和国兵役法》《关于军队干部退休的暂行规定》

《军人抚恤优待条例》等法规中，对军人的工作和生活、军人离退休后的生活保障、伤残和死亡军人及其家属优待等事项都规定了明确的保障办法。

此外，在企业、事业、国家机关、团体等单位的组织下，建立了各种形式群众自愿参加的互助组织，如互助储金会、职工子女医疗费用统筹互助会等。

中华人民共和国从成立开始到20世纪50年代末，基本上形成了自己的社会保障体系。需要指出的是，当时认为社会主义社会不应该有失业，在体制上实行的也是国家“包就业”，所以未设立失业保险项目。改革开放以后，才纠正了认识上和体制上的偏差，失业保险制度才建立起来。

三、社会保障进入调整和发展期

20世纪60年代初在进入整个国家的“调整、巩固、充实、提高”阶段后，社会保障得到了改善和发展。

在社会保险方面，主要是：第一，统一了退休、退职规定，把企业和国家机关、事业单位的退休制度统一，并适当提高了待遇；第二，改进医疗保险制度，由完全不收费改为个人自付挂号费，滋补营养费用自理等；第三，建立易地支付社会保险待遇办法；第四，规定职业病范围和职业病患者处理办法；第五，调整学徒社会保险待遇；第六，规定精简下岗职工保险待遇；第七，改进城镇集体经济组织的社会保险；第八，兴办农村合作医疗。

同时，社会福利（含职工福利）和救济制度以及管理和实施的具体办法也有了改进。

中华人民共和国社会保障存在的问题经过调整虽然有了一定程度的克服，但是并没有得到根本的改进。进入改革开放时期，社会保障自身存在的问题更为明显，与社会主义市场经济体制的矛盾更为突出，中国的社会保障因而进入了根本变革的时代。

四、社会保障进入根本变革期

(一)1978—1993年的探索阶段

城市经济体制改革从20世纪80年代中期开始启动,核心是建立以承包为主的多种形式的经济责任制、增强企业活力。为了与国有企业改革相呼应,城镇社会保障制度改革首先在养老保险制度方面打响了第一枪,对企业和单位的保障体制进行了改革。1984年,国家开始实行退休费用社会统筹试点,依照"以支定收、略有结余"的原则对市、县级别的国有企业进行保险费的收缴和养老金的发放,使得养老保险由"企业保险"转变为"地方保险"。1991年,国务院针对养老保险制度颁发了新条例,《关于企业职工养老保险制度改革的决定》对养老保险制度的各个方面进行了具体规定,使养老保险制度更加符合当时的国情。

在该阶段,城镇失业保险制度和医疗保险制度的改革也开始进行。1986年,国务院颁布了《国营企业职工待业保险暂行规定》,这一规定首次提出建立企业职工待业保险制度。1993年,国务院颁布了《国有企业职工待业保险规定》,该规定对待业保险的覆盖范围进行了扩大,并提出待业保险基金由企业缴费用以保障待业员工的基本生活。城镇医疗保障体制也开始对公费医疗制度进行改革,在1989年进行试点改革,以丹东、四平、黄石、株洲四城市为试点。

在这一时期内社会保障体制以单项制度为突破口,对社会保险模式选择、保险费用分担等进行了积极的探索,但是仍然具有一定的局限性。这些局限性主要表现在:出发点是为了给企业改革提供配套服务,从而忽略了从整个社会经济发展的高度进行整体设计,具有片面性。这个时期农村养老保险制度也在进行改革试点,但同样缺乏整体的制度设计。

（二）1993—2000 年全面建设城镇社会保障体系的阶段

1993 年，中共十四届三中全会通过了《关于建立社会主义市场经济体制若干问题的决定》（以下简称“《决定》”），提出建立中国特色的社会主义市场经济。作为经济体制改革的一项重要内容，《决定》对社会保障改革提出了明确要求和原则规范。对于城镇社会保障体制改革，要求建立一套社会统筹与个人账户相结合的社会保险制度。对于农村社会保障体制改革，要求在完善农村家庭养老的基础上，使农村社会保障制度建立和完善起来。

以中共十四届三中全会确定的目标、任务和基本原则的要求为依据，社会保障制度改革重点是城镇社会保障体制建立和完善，旨在通过加快城镇社会保障体制改革，建立起来适应社会主义市场经济要求的城镇社会保障制度，也就是要建立起独立于企业事业单位之外、资金来源多元化、保障制度规范化、管理服务社会化的社会保障体系。

城镇对包括养老、医疗、失业、工伤等保险制度和最低生活保障制度进行了一系列改革。城镇养老保险制度在 1995 年开始新制度模式的改革试点。两年之后，国务院发布了《关于建立统一的企业职工基本养老保险制度的决定》，企业基本养老保险制度得到统一。1998 年，国务院将原来铁道部、交通部等 11 个行业部门的基本养老保险行业统筹移交地方管理，基本养老保险基金管理和调剂力度大大增加，确保基本养老金按时足额发放。2000 年，国务院出台了《关于完善城镇社会保障体系的试点方案》，明确了完善社会保障体系的总体目标和基本原则，决定 2001 年在辽宁全省及其他省市确定的部分城市进行试点。

从改革来看，这个阶段的社会保障改革不再简单地看作国有企业改革的配套措施，而是把它作为建立市场经济体制的重要组成部分，从整体上全面推进。随着一系列社会保障政策和法规的相继出台，城镇社会保障体系的制度框架基本建立。相比之下，农村社会保障体制滞后。随着 1998 年的政府机构改革,农村养老保障体制改革出现停滞局面。农村合作医疗改革虽然进入了政策视野,但改革的实际进展效果并不理想。

(三)2001 年以来社会保障体制改革的新阶段

进入新世纪后在科学发展观的统领下,中国社会保障体系改革进入了新的发展阶段,改革步伐明显加快。2006 年,中共十六届六中全会提出到 2020 年构建和谐社会的奋斗目标,把建立覆盖城乡的社会保障体系列为构建和谐社会的重要内容。2007 年,中共十七大报告提出在科学发展观指导下,加快建立覆盖城乡居民的社会保障体系,保障人民基本生活。

城镇社会保障制度改革内容主要有以下几个方面:其一,扩大对城镇职工和人口的覆盖面,完善社会保险制度。例如,养老保险制度改革在东北三省改革试点的基础上,从 2005 年开始着手做实个人账户工作;2007 年,城镇开始建立覆盖所有城镇人口的医疗保险制度。其二,开展农民工社会保障体系的试点工作,探索适合农民工的社会保障体系制度模式。例如,广东省和郑州市采取进城农民工参加城镇职工基本社会保险,享受与城市职工同等待遇;上海市和成都市对农民工采取单独的商业保险模式;浙江省根据农民工的实际情况,适当降低进城农民工参加社会保障的缴费门槛等。这些改革都属于地方试点,目前还没有一个全国的针对农民工的社会保障制度。其三,把失地农民的社会保障纳入城镇社会保障体系。

在这个阶段,农村社会保障体制改革成为重要内容。农村社会保障体系建设,特别是新型农村合作医疗制度和农村最低生活保障制度取得重大突破,农村养老制度也在不少省市进行全面的试点工作。2003 年,国家明确提出在农村建立新型合作医疗制度。2008 年底,计划建立覆盖全国所有乡村的新型合作医疗制度。随着农村社会保障体系的建立和完善,到 2020 年,中国有望建成一套覆盖城乡的社会保障体系。

五、新时代中国社会保障制度新发展

以习近平为核心的党中央关于新时期中国社会保障制度所提出的新要求和做出的新部署，直接指导并推进了中国社会保障制度的新发展。十八大以来，中央政府颁布实施一系列政策法规，落实党中央的新要求和新部署，推进社会保障制度的新发展。

第一，推进社会保障制度整合、衔接与协调，更大程度上促进公平，增强社会保障制度的实施效果，更好地保障和改善民生。第二，着力推进针对低收入群体的社会保障制度，提升全体人民共享发展成果的水平，补齐全面建成小康社会、保障和改善民生的短板。第三，着力推进养老服务和健康服务发展，构建养老保险与养老服务、医疗保险与健康服务、养老服务与健康服务相互衔接、协调的基本社会保障制度新体系。①

第三节　社会保障与社会发展的关系

一、与国民经济发展的关系

社会保障不是人为的产物，它是随着生产力发展、商品经济增长而产生和发展起来的。并且，社会保障的形式、范围、内容和水平取决于一定的经济增长水平。不过，从社会保障事业发展的全过程来看，在社会保障同经济水平的关系中，社会保障并不完全处于一种受制约的被动地位。恰恰相反，社会保障可以反作用于经济增长，它对经济增长具有双重作用，既能促进经济增长，又能阻碍经济增长。其根本原因是社会保障作为一种社会经济行为，成为国民经济的重要组成部分和社会市场经济的基本要素。

① 丁建定．试析习近平新时代中国特色社会保障思想[J]．当代世界与社会主义，2018（2）：80-88.

因此，它的发展变化必然直接或间接地影响生产发展。

虽然从表面看，为劳动者提供社会保障要从社会总产品中扣除相应份额，减少了当时国民经济发展投入的相对数量；而实际上，对暂时失去劳动能力的劳动者提供生活保障，将使其迅速恢复劳动能力并重新投入生产；对永久失去劳动能力的劳动者提供生活保障，就会稳定正具备劳动能力的劳动者的思想情绪，稳定经济秩序，减少劳动者承担的生活压力，同样会加速国民经济发展的速度。因此，社会保障制度的建立更有利于国民经济的发展，它是国民经济持续、稳定发展的重要动力。[①]

二、与政治稳定的关系

国际劳工组织有一句名言："没有社会的安定，就没有社会的发展；没有社会保障，就没有社会的安定。"它辩证地阐述了社会安定与社会保障的关系。在国家产生之后，社会保障制度逐渐建立，它不是统治者（管理者）给予被统治者（被管理者）的恩赐，而是社会发展、阶级间长期斗争的结果。统治者（管理者）在长期的政治斗争中逐渐认识到：要想长久统治和管理一个国家，必须使国家处于政局稳定、经济发展的环境中。而要做到这一点，就必须使被统治者（被管理者）有最基本的生活保障。《管子》云："仓廪实则知礼节，衣食足则知荣辱。"当人们没有生存保障时就必然起来反抗，推翻统治者（管理者），古今中外，莫不如此。

第一，社会保障制度主要面对社会成员的生、老、病、死、残等问题，使社会成员幼有所护、老有所养、病有所医，使贫困者脱离生活窘境，使失业者生活得以安排或重新就业等。通过对暂时或永久丧失劳动能力者的物质帮助和服务，对生活在贫困线之下的贫困者给予救济或补贴，以清除或减少社会动乱和不安定因素。社会保障能够调节社会成员因收入分配不公而引起的贫富悬殊，

① 伍琳．国残疾人社会保障制度的历史演进与财政支持研究——以福建省为例［D］．福建师范大学，2016.

消除社会不安定因素，消除市场经济的不完善对人们生活产生的不良影响，为社会经济发展创造一个稳定的社会环境。

第二，社会保障能够化解多种社会矛盾，具有“调节器”的功能。社会分配不公引起的矛盾，将会影响社会发展终极目标的实现。社会保障通过国民收入的分配和再分配，统一筹集社会保障基金，分配给不能维持基本生活的贫困者，使他们有稳定的基本生活来源。这种调节在一定程度上有利于缩小社会收入差距，对于调节社会经济关系，起到了积极的作用。

总的来看，社会保障可以防范与消化社会成员因生存危机而可能出现的对社会、对政府的反叛心理与反叛行为，能够保障社会成员在特定事件的影响下仍可以安居乐业，从而有效地缓解乃至消除引起社会震荡与失控的潜在风险，进而维系社会秩序的稳定，使社会正常、健康地运行。

三、与人口数量、质量的关系

（一）社会保障和人口数量存在辩证的关系

一方面，人口数量的增加是人类生存的需要，是战胜自然的需要，古代社会都曾以人口多寡作为部落、民族或国家强弱的标志。但当人口增加到一定规模时，人们感到人口迅速增加将迫使人们更多地向自然界索取资源，反而破坏了人类生存的环境。人们开始有意识地控制人口的增长速度，即计划生育。然而人口增长率并不像人们预想的那样，能够得到及时控制。出生率的高低除了人类情感的需要、生存的需要及宗教的影响外，社会保障水平也起到重要作用。在社会保障水平低下的地区和国家，传统家庭中多子女仍是抵御天灾人祸的重要力量，以血缘为纽带的父母、兄弟、姐妹之间的互助是他们生存的保障。在子女对父母的赡养问题上，尤其如此。而社会保障水平高的国家和地区，一方面，经济发展水平较高，人们受教育程度高，后顾之忧小，更追求生活的质量，不再把生育多个子女作为自我生存的保障，人口的增长率呈下降趋势；另一方面，人口增长率一旦被控制在合理范围，人均占有的资源量相对增加，人们就可以得到更高层次的社会保障水平，这也是经济发达国家和地区能够享受较高社会保障水平的重要原因。

（二）社会保障制度的建立有助于提高人口质量

人口质量主要指人的思想道德水平、文化技术水平和身体健康状况三个方面。社会保障制度可以从三个层次对提高人口质量作出贡献。一是社会保险中的工伤、疾病保险可以使社会成员身体健康状况恶化时得到较好的医治，恢复体力，重新成为健康人。二是社会保险中的失业保险、再就业培训为失业者提供文化技能的培训，使其尽快具备再就业的能力。社会福利中的义务教育制，使绝大多数人口接受初等教育并为其接受高等教育打下基础。三是社会保障制度本身是为人的最基本生存需要提供保障，当人失去最基本生存保障时，要求他具备较高的道德水准是不现实的，贫困历来是人类聚众为盗贼、沦落为娼妓的重要原因。

（三）社会保障制度中养老保险制度的建立与当前人口老龄化趋势的客观要求相适应

人口老龄化是指：在一个国家或地区内，老年人口在总人口中的比重较高。一般认为 60 岁以上人口占总人口的比重达到 10%，或 65 岁以上人口占总人口的比重达到 7% 以上，即可称为老龄化社会。[①] 人口老龄化是人们生活水平普遍提高的结果，但是老龄化也意味着养老已成为社会的重要问题。为了使未来社会的老年人生活幸福，需要社会共同努力，从当前努力，为社会保障提升奠定深厚的基础。

---

① 吴炳义．中国女性高龄老人健康状况研究 [D]．河北大学，2006.

四、与个人、企业、政府的物质利益关系

（一）与政府的关系

社会保障是国家的一项重要职责，政府作为国家代言人，是社会保障的实施者。它应负责社会保险政策、制度的制定和发布，社会保障资金的筹集、运作和给付。但这并不意味着政府就应全部承担社会保障的费用。通过对世界各国社会保障制度进行考察可以发现，若由政府提供全部的保障费用，往往使政府不堪重负，影响经济发展的整体水平，造成社会保障资源的浪费及社会经济效率的低下，并导致社会成员整体生活水平下降。虽然政府的支出全部来源于社会产品，即使再增加一定比例的征收，也是将社会产品的一部分提前划归政府，最终用于社会保障，但税收所固有的特征决定了新增税种一定要慎重对待：向谁征？征多少？政府征税成本是多少？对经济发展的影响有多大？影响到哪些行业？对哪一个收入层次的劳动者影响最大？等等。征收社会保障税可以满足社会保障的经费需要，但容易给社会成员造成由政府包办社会保障的假象，人们与国家只是资金给付和接受的关系，不再关心社会保障资金筹集状况、增值保值状况和资金使用状况，滋生“坐享其成”的思想，容易造成资金浪费（如我国的公费医疗制度）。国家则因人口老龄化和人们要求提高社会保障水平的愿望而负担不断加重，这会对政府履行其他各项职能产生直接影响。应该说，现阶段我国的生产力发展水平还不具备政府包办社会成员从生到死的一切保障事务的条件。政府主要负责社会保险中公务员及事业单位人员的保险费用、社会救济和社会福利与优抚开支，其他部分开支应该由企业和社会成员自己负担。[①]

中共十七大报告明确指出：社会保障是社会安定的重要保

① 荆炜．改进我国老年医疗保障筹资机制——关于实现保障基金注入多元化的思考[J]．开发研究，2007（02）：120-123.

证。要以社会保险、社会救助、社会福利为基础,以基本养老、基本医疗、最低生活保障制度为重点,以慈善事业、商业保险为补充,加快完善社会保障体系。中共十八大报告也明确指出:“社会保障是保障人民生活、调节社会分配的一项基本制度”,我们要“坚持全覆盖、保基本、多层次、可持续方针,以增强公平性、适应流动性、保证可持续性为重点,全面建成覆盖城乡居民的社会保障体系”,实现“以人为本,全面协调可持续的科学发展”。2013年11月12日,中共十八届三中全会审议通过的《中共中央关于全面深化改革若干重大问题的决定》中明确提出要“建立公共资源出让收益合理共享机制,建立更加公平可持续的社会保障制度”。中共十九大报告中再次强调要加强社会保障体系建设。按照兜底线、织密网、建机制的要求,全面建成覆盖全民、城乡统筹、权责清晰、保障适度、可持续的多层次社会保障体系。社会保障制度已经成为社会主义市场经济运行的必要稳定机制,在中国特色社会主义事业建设中发挥着稳定社会的重要功能。

(二)与企业的关系

企业肩负经济责任与社会责任双重使命。企业是社会生产的具体组织机构,是社会成员劳动的具体场所。社会成员耗费其拥有的劳动力资源为企业创造利润并取得一定的劳动报酬,这是企业和劳动者之间的正常雇佣关系。当劳动者暂时或永久丧失劳动能力的情况出现后,企业会受到直接影响,且企业生产也是造成劳动者暂时或永久丧失劳动能力的重要原因(工伤、残、死亡、失业及因病、因老失去劳动能力)。因此,企业应对劳动者的社会保障负有最重要的直接责任,虽然企业从主观上不愿意承担这一责任。政府也以法律的形式责成企业,必须从利润中扣除一部分为劳动者提供社会保障(主要是社会保险)。因此,在为劳动者提供的社会保险项目中,企业是费用的重要承担者,也是社会保障制度的间接受益者。

（三）与个人的关系

保障公民的基本生活是社会稳定和经济发展的前提，也是社会保障的核心功能之。个人是社会保障制度的最大受益者，但由于受益者中大部分人经济收入处于较低水平，且人们更看重眼前生活水平的提高，不愿意先期从自己的收入中扣除一部分作为保障资金，尤其是个人所交纳的社会保险费不完全由个人支配（如统筹），因此，个人交纳社会保险费的积极性不高。为了加强个人参加社会保险的责任感，保证社会保障费用的取得，政府必须以法律的形式强制个人交纳部分社会保险费，这也成为各国在建立社会保险制度时普遍认同的原则。国家建立社会保障体系则可以确保劳动者的基本生活不受影响，免除其后顾之忧。如今，社会保障已成为国际公约和绝大多数国际法律明确规定的公民的项基本权利。

总的来看，社会保障资金的筹集与给付构成了政府、企业、个人间的物质利益再分配，这种分配关系是否协调，既关系到社会成员能够享受到社会保障水平的高低，也关系到整个国家政治的稳定、经济的发展，是各国政府应着重研究的问题。①

① 荆炜．改进我国老年医疗保障筹资机制——关于实现保障基金注入多元化的思考[J]. 开发研究，2007（02）：120-123.

第二章　社会保障发展的理论基础和经验借鉴

党的十九大报告中指出，要“加强社会保障体系建设。按照兜底线、织密网、建机制的要求，全面建成覆盖全民、城乡统筹、权责清晰、保障适度、可持续的多层次社会保障体系。”[①] 建设我国社会保障体系需要我们掌握关于社会保障的基本理论。而所谓“他山之石，可以攻玉”，借鉴外国成功经验，有助于推进我国社会保障体系的建设。

第一节　社会保障的理论基础

一、我国古代的社会保障理论

（一）理想社会思想

我国古代儒家思想的杰出代表人物孔子曾经提出了著名的大同社会思想，《礼记，礼运》：“大道之行也，天下为公，选贤与能，讲信修睦。故人不独亲其亲，不独子其子，使老有所终，壮有所用，幼有所长，矜、寡孤、独、废疾者皆有所养。男有分，女有归。货恶其弃于地也，不必藏于己，力恶其不出于身也，不必为己。是故谋闭而不兴，盗窃乱贼而不作，故外户而不闭，是谓大同。”孔子所提出的大同社会思想是对我国古代传统社会福利思想以及

① 荆炜．改进我国老年医疗保障筹资机制——关于实现保障基金注入多元化的思考[J]. 开发研究，2007（02）：120-123.

社会福利目标的高度概括。孔子提出,大同社会是一种理想的社会状态,但是这种理想的社会状态已经不复存在,而为小康社会思想所取代。

(二)早期的社会保障思想

社会保障思想在我国产生得很早,可以追溯到奴隶制社会初期。但社会保障理论的早期史籍记载出现在《周礼·地官司徒》:“以保息六,养万民曰慈幼,二曰养老,三曰振穷,四曰恤贫,五曰宽疾,六曰安富。”也就是说国家应该在六个方面安抚百姓,但此处并未详细论述六项社会保障的内容。在《礼记·王制》中指出:“国无九年之蓄,曰不足;无六年之蓄,曰急;无三年之蓄,曰国非其国也。”此处的论述将社会救济直接与国家安危联系在一起。在我国史籍中,《管子·入国》完整阐述了社会保障理论。它认为,国家应该在九个方面实施社会保障。

第一曰老老:所谓老老者,凡国都皆有掌老,年七十已上,一子无征,三月有馈肉;八十已上,二子无征,月有馈肉;九十已上,尽家无征,日有酒肉。死,上共棺椁。劝子弟:精膳食,问所欲,求所嗜。

第二曰慈幼:所谓慈幼者,凡国都皆有掌幼,士民有子,子有幼弱不胜养为累者,有三幼者无妇征,四幼者尽家无征,五幼又予之葆,受二人之食,能事而后止。

第三曰恤孤:所谓恤孤者,凡国都皆有掌孤。士民死,子孤幼,无父母所养,不能自生者,属之其乡党、知识、故人。养一孤者一子无征,养一二孤者二子无征,养三孤者尽家无征。掌孤数行问之,必知其食饮饥寒身之膌胜而哀怜之。

第四曰养疾:所谓养疾者,凡国都皆有掌养疾,聋、盲、喑、哑、跛辟、偏枯、握递,不耐自生者,上收而养之疾官,而衣食之,殊身而后止。

第五曰合独:所谓合独者,凡国都皆有掌媒,丈夫无妻曰鳏,妇人无夫曰寡，取鳏寡而合和之，予田宅而家室之，三年然后事之。

第六曰问病：所谓问病者，凡国都皆有掌病，士民有病者，掌病以上令问之。九十以上，日一问；八十以上，二日一问；七十以上，三日一问；众庶五日一问。疾甚者，以告上，身问之。掌病行于国中，以问病为事。

第七曰通穷：所谓通穷者，凡国都皆有掌穷，若有穷夫妇无居处，穷宾客绝粮食，居其乡党以闻者有赏，不以闻者有罚。

第八曰振困：所谓赈困者，岁凶，庸人訾厉，多死丧；弛刑罚，赦有罪，散仓粟以食之。

第九曰接绝：所谓接绝者，士民死上事、死战事，使其知识、故人受资于上而祠之。

《管子》以中国春秋时代政治家、哲学家管仲命名，其中也记载了管仲死后的事情，并非管仲所著，但绝大部分的思想资料是属于管仲学派的，它所体现的政治、经济和哲学思想，是中国古代杰出的思想成就。《入国》记述了管仲初到齐国的四十天内，五次督行这九项社会保障措施。虽然对《管子》一书的成书年代在史学界颇有争议，但按照最后成书年代计算，也已经有两千年左右，即我们的祖先在两千年前就已全面阐述了社会保障理论，构建了完整的社会保障体系。而且《管子》明确指出，国家是社会保障品的提供者，必须设立官吏负责实施社会保障的各个项目：履行养老、扶幼、恤孤、养疾、媒合、问病、济穷、赈困和告慰烈士的责任；所需资金应该由政府承担——官府提供给老年人“馈肉”，免除老年人家庭子女的赋役之征；提供多子女贫困家庭的保姆费；免除抚养孤儿家庭的赋役；官府供养残疾人；为“鳏寡合和”之家提供田宅；对暂时无家可归的贫困者及遭受灾害者提供帮助；为那些为国家献出生命的烈士支付祭祀费用。由此可以看出，《管子》的社会保障思想是世界上最早、最完整的社会保障理论。

二、马克思主义的社会保障理论

（一）马克思、恩格斯的社会保障思想

马克思和恩格斯关于社会保障的论述是社会保障思想理论体系中的重要组成部分，具有重要的地位，虽然马克思和恩格斯并没有对如何建立和完善社会主义社会保证制度给出直接的答案，或是进行系统的论述，但是在相关文献中提出过个别的社会保障制度，并提出了相关的几项原则。这些原则对我国社会保障制度的改革有重大的指导意义。马克思、恩格斯的社会保障思想主要表现如下。

1. 社会保障是资本主义存在的基础

按照马克思的观点，如果只是单纯地依靠家庭保证无法顺利地推行资本主义生产，这是因为劳动力扩大再生产需要一定的费用作为支撑，但家庭保障并不能为其提供这笔费用，资本主义发展并不能只发展资产阶级，同时还应该对于处于赤贫的社会阶层进行有效救济，这就要求资本主义社会采取一定社会保障措施。虽然对于资产阶级来说，支出社会保障的相关费用对他们自身并不用处，但是这是保证资本家和资本主义生存和发展的必要条件。

2. 六项扣除理论——社会保障再分配思想

在马克思社会福利思想中，六项扣除理论是重要的内容。马克思指出，为防止各种不幸事故与灾变带来的后果，一般应该建立后备基金，这种后备基金来源于社会总产品。马克思在批评哥达纲领时笼统地提出“劳动所得应当不折不扣和按照平等的权利属于社会一切成员”①，同时指出，如果我们把劳动所得首先理解为劳动产品，那么，集体的劳动所得就是社会总产品，在进行分配以前，应首先从这种社会总产品中扣除三个部分：第一，用来补

① 马克思恩格斯文集（第3卷）[C]. 北京：人民出版社，2009，第429页.

偿消费掉的生产资料的部分；第二，用来扩大生产的追加部分；第三，用来应付不幸事故、自然灾害等的后备基金或者保险基金。这里所提出的后备基金或者保险基金主要是指商业保险基金，这种主张中包含着社会保障的基本内涵。马克思明确指出了建立社会保障和福利基金，为社会弱势群体提供基本生活保障，并为全体社会成员提供公共福利服务的观点。

马克思指出，在扣除上述三个方面所需的生产消费资料部分以外，剩余的社会总产品才能成为消费资料。但是，在对这部分消费资料进行个人分配之前，还必须从中首先扣除下列三项费用：第一，和生产没有直接关系的一般管理费用；第二，用来满足共同需要的部分，如学校和各种保健设施等；第三，为丧失劳动能力的人设立的基金。马克思还进步指出，社会福利基金等的扣除数额应该与经济发展状况保持协调。从社会总产品中扣除社会后备基金和保险金，“在经济上是必要的，至于扣除多少，应当根据现有的物资和力量来确定，部分地应当根据概率计算来确定”[①]。同时，马克思指出，社会福利费用尽管来源于生产者的劳动创造的财富，它“又会直接或间接地用来为处于社会成员地位的这个生产者谋利益”[②]

通过以上分析可以看出：一是物质的生产和消耗是同时存在的，必须及时补偿消耗掉的生产资料，才能保证生产活动可以一直进行；二是为了在发生自然灾害和不幸事故的时候可以及时采取措施给予资金支持，必须建立相应的后备基金或保险基金，这也是保证社会再生产可以顺利进行的重要条件；三是还应该为共同需要的部分以及丧失劳动能力的人等设立相应的专门基金，之后的剩余部分才可以投入消费分配。

① 马克思恩格斯文集（第3卷）[C]. 北京：人民出版社，2009，第433页.
② 马克思恩格斯文集（第3卷）[C]. 北京：人民出版社，2009，第433页.

（二）列宁的社会保障理论

列宁系统地阐述了社会主义社会保障理论，他也是最早对此作出系统阐述的马克思主义学者，他的社会保障思想对社会主义革命成功后的苏联、东欧社会主义国家以及中国产生了重大影响。

1. 社会保障原则

列宁在《劳动者保险纲领》中指出，国营劳动者保险是社会主义劳动者的最佳保险形态，并在此基础上提出了四项原则。

第一，对丧失劳动能力的劳动者予以救济，对怀孕和剩余的女性劳动者给予救济，对家中主要劳动力逝世的寡妇和孤儿给予救济；此外，当劳动者因为失业而不再拥有工资收入的，应该给予相应救济，保障其基本生活。

第二，保险的实施范围需要包括劳动者本人以及劳动者的所有家属。

第三，受保人必须根据相应的补偿原则获得工资的全额补偿，并且购买保险的费用必须由国家或企业全部承担。

第四，遵循受保人完全自治的原则，在各地建立统一的保险组织，由这些组织对社会保险进行科学、统一管理。①

2. 列宁社会保障思想的特征

列宁的社会保障思想不仅具有系统性，而且具有全面性，尤其是其提出的无产阶级国家保险的基本原则，是对马克思主义社会保障思想和理论的重大发展和重要贡献，不仅成为十月革命以后苏联的社会保障制度的理论基础，而且对后来的其他社会主义国家的社会保障制度产生了直接而深远的影响。总的来看，主要表现为以下几个方面。

第一，社会保障的实施对象具有普遍性，所有劳动者都属于

① 石宏伟．我国城乡二元化社会保障制度的改革和创新[D]．江苏大学，2007.

社会保障实施的范围，医疗以及其他一些社会保障制度的实施对象是全体社会成员。

第二，随着社会经济的发展，不断提高社会保障水平。

第三，社会保障实施内容具有全面性和多样性，任何丧失劳动能力的社会成员，都可以享受社会保障待遇。

第四，社会保障的权利应当完全得到保障。

第五，社会保障费用由国家或社会来负担，劳动者等国民不负担任何社会保障费用。

第六，所有社会成员都能够无差别、平等地享受社会保障待遇。

三、西方社会保障理论

（一）德国新历史学派的社会保障理论

新历史学派是19世纪末20世纪初对德国社会保障制度的建立产生直接影响的思想流派。该学派的代表人物主要包括施穆勒、布伦坦诺等人。他们反对亚当·斯密主张资本主义自由放任的思想，提倡国家积极干预社会经济生活，主张法律至高无上，主张劳资合作。德国新历史学派的主要观点有以下方面。

1.强调伦理道德因素在经济中的地位和作用

德国新历史学派认为，经济问题和社会伦理道德之间存在紧密联系，这就说明，人类社会开展各种经济活动并不仅仅需要满足人们的物质需求，此外还需要满足人们在伦理道德方面的需要。按照这一观点分析劳资冲突，可以说明这个问题并不是指经济层面上的对立关系，而是表现在人们感情、教养和思想层面上的对立，由于不同个体在这些方面存在差距导致了各种冲突，所以想要从根本上解决劳资冲突并不应该进行革命，而是应该对社会成员开展广泛的教育，要改变人们的心理和伦理道德观点。桑巴特认为：“资本主义是由欧洲精神的深处发生出来的。”企业家精神和市民精神结合起来形成了资本主义精神，“这种精神创造了资本主义"。[①]

2. 认为当时德国面临的最严重的社会经济问题为劳工问题

在德国新历史学派看来，为了推动社会进步必须对当时的经济和生产形态进行有效改革，要提升社会公民的道德素养，转变他们的心理状态。德国新历史学派从改良社会主义观点出发，提出应该就当前的社会状况作出改革，推动社会福利的加强，发挥工会组织的作用，调节当时社会中严重的劳资冲突问题，并提出国家为了保障人们的基本生活制定劳动保险法、孤寡救济法等。

3. 强调国家在社会和经济发展中的重要作用，主张实行强有力的国家干预

按照德国新历史学派的观点，集体经济的最高形式是国家，国家职能的作用不仅表现在防御外来干涉和维护社会秩序上，同时还表现在对社会经济生活的干预和控制上；同时，还提出国家应该对社会生活进行科学管理，为了保障社会生活顺利进行和社会进一步发展，应该主动承担"文明和福利"的责任。因此，该学派提出随着时代发展和社会进步，国家应该不断扩大和增加其公共职能，国家应该帮助人们实现他们不能自己达到或不能顺利达到的目标。

4. 强调法律对社会经济的制约作用，主张社会立法

在德国新历史学派看来，在一国的社会经济中，法律法规具有不可替代的重要作用，它是解决经济发展过程中各种问题的重要因素，国家应该制定并实行对社会经济有制约作用的法律法规，实行社会保险、孤寡救济、劳资合作和工厂监督等方面的社会措施，自上而下地对经济和社会推行全面改革。

① （德）伟·桑巴特著；李季译．现代资本主义（第1卷）[M]. 北京：商务印书馆，1958，第212-215页．

（二）福利经济学的社会保障理论

福利经济学理论产生于20世纪20年代，以英国经济学家庇古的著作《福利经济学》为代表，是社会保障制度的重要理论基础。1920年，英国剑桥学派的主要代表人物庇古的著作《福利经济学》问世，对福利的概念及政策进行了系统论述，从理论上论证了国家兴办社会福利的必要性。

庇古以马歇尔等人的一般经济学理论为基础对社会福利进行研究，他假设社会福利处于完全竞争环境中，以此为基础对社会福利进行了系统论述，包括福利的概念和应用等，并建立了福利经济学的理论体系。按照庇古的理论，福利可以划分为广义的福利和狭义的福利两类，前者是指“社会福利”，后者是指“经济福利”。

广义上来看，福利所包含的内容比较全面，由于对物质的占有而产生的满足都属于社会福利，涉及“自由”“家庭幸福”“精神愉快”等内容，由此来看，广义的福利是很难用具体的数值进行估量的。狭义的福利则是指经济福利，这部分福利可以通过货币计量，这也是经济学要研究的那部分福利内容。虽然经济福利这是全部社会福利的一个组成部分，但是对总福利却起着关键的决定性作用，它可以在一定程度上反映社会的状况。庇古认为，人们希望获得的是最大限度的满足，而物的效用是满足人们这种需求的有效途径，因此效用是构成经济福利的要素。社会效用就是指全体社会成员的效用加在一起的总效用，而效用的总和也就是全社会的经济福利。

庇古认为，经济政策的目标在于使社会福利总和最大化。国民收入的总量越大，社会福利就越多。在国民收入总量一定的条件下，国民收入的分配越接近均等化，社会福利也就越多。即一个人收入越多，货币的边际效用就越小；反之，收入越少，货币收入的边际效用就越大。他主张通过国家的累进税政策，把富人缴纳的一部分税款补贴给穷人，以增加社会福利。补贴方法包括建立各种社会服务设施、发放养老金、提供免费教育、提供失业保险和医疗保险、供给住房等。另外,还可采用间接性的补贴办法。如政府对穷人必需品的生产部门、住宅建筑行业、垄断性的公用事业等进行补贴,以降低这些商品的售价,使穷人受益。

庇古提出的国民收入极大化和收入均等化的命题使得西方经济学说的研究内容得到了发展创新,也就是首次将社会福利与国民收入分配结合在一起进行研究。

庇古把边际效用递减作为基本依据,提出"收入均等化",也就是说,当一个人的收入不断增多,其货币收入的边际效用则逐渐减少;一个人的货币收入边际效用会随着其收入的减少而不断增加。按照这一理论,政府一方面实行税收政策,对人们征收累进所得税、遗产税等,另一方面向公民提供养老金、医疗保险、失业保险等社会福利措施,那么就可以实现货币收入的转移,也就是将富人的一部分收入转移给穷人,这样可以有效地增加货币的边际效用,更大程度上满足公民的需求。庇古以此为基础,提出了一系列实施社会保障计划的准则和措施,主要包括以下内容。

一是反对向公民提供没有条件的社会补贴,提倡可以激励公民工作和储蓄的社会补贴,具体来说,实行补贴应该符合以下条件:确定接受补贴者的劳动能力再发放相应的补贴。如果不明确工作能力就可能导致一些具有工作能力的人完全依赖社会救济生活,对于社会健康发展有不良影响。

二是进行收入转移应该遵循防止懒惰和拒绝浪费的原则,对于收入的直接转移还是间接转移都要遵循这一原则,只有这样才能充分发挥社会福利事业对社会发展的促进作用,使其收益大于投资。

三是实施社会福利的前提是不损害资本增值和资本积累,否则将会成为以减少国民收入为代价的社会福利,并且这样也会导致社会福利的减少。因此,在进行收入转移时最好是"自愿转移",强制转移的效果并不如自愿转移。

（三）《贝弗里奇报告》中的社会保障理论

贝弗里奇是英国著名经济学家，他毕生致力于英国社会保障制度的建立和发展。1941 年，英国政府组织了社会保障与相关服务委员会。1942 年 12 月，著名的《社会保险与相关服务的报告》（又称《贝弗里奇报告》），对于社会保障事业发展来说，该报告具有十分重要的意义。第一，该报告把各种改革者的不同愿望融进了一个有内在联系的框架之中，是当代福利思想的集大成者；第二，该报告确立了战后英国福利体系重建的基本框架，标志着福利国家思想开始由理论转变成现实。① 在《贝弗里奇报告》中，明确规定了战后英国福利体系重建的四条基本原则。

一是费用共担原则。这是指社会保障的费用应该由企业、企业员工和国家财政部门同时承担。

二是充分就业原则。一个完备的社会保障计划必须考虑充分就业的问题，要通过充分就业有效地预防大规模失业情况的发生。贝弗里奇强调，必须将制定社会保障计划与充分就业有机地联系在一起。

三是满足最低需求原则。这是指制定并实施社会保障计划，应该将维持生存所需的最低限度的收入并防止贫困作为基础。

四是普遍性原则。这是指一个国家实行社会保障应该是普遍性的实施，而不是选择性的实施，也就是说全体社会公民都应该享受社会保障，这并不只是针对穷人实施的社会福利政策。

贝弗里奇在报告中明确提出了战后英国社会保障计划的基本结构。国家向社会公民提供社会保险和社会救济，其目的是让社会公民以劳动作为条件而获得维持其基本生活的收入，② 也就是说通过这种方式保证每个社会公民都可以维持不低于国家最

---

① 刘波，周敏凯．战后英国社会保障思想的变迁 [J]. 当代世界社会主义问题，2005（01）：52-58.

② 刘波，周敏凯．战后英国社会保障思想的变迁 [J]. 当代世界社会主义问题，2005（01）：52-58.

低生活标准的生活水平。如果一些社会公民的收入水平较高,并不需要通过这种方式获得最低生活保障,但是他们希望满足自身超出最低生活标准的需要,那么就可以参与那些私人举办的自愿保险计划,以此满足自身需要。从以上分析可以看出,为了满足不同社会成员的需要,社会保障可以采取三种方式,即满足基本需要的社会保险,对特殊情况的国民补助,作为补充基本补助的自愿保险。

在贝弗里奇看来,社会保障计划并不是毫无条件为社会公民提供好处的社会计划,也不是通过提供好处而消除自身社会职责的社会计划,而是一个将个人劳动和捐款作为条件,保障社会公民可以获得最基本收入,维持最基本生活条件,以便社会公民可以继续参与社会劳动的社会计划。

从当时英国的社会实际情况来看,《贝弗里奇报告》是一份较为完整的现代福利国家的蓝图,对于英国福利思想的发展具有十分重要的意义,意味着英国的福利思想从理论走向了实践,同时也意味着福利思想发展的某种终结。在此之后的几十年里,人们更多的是围绕具体福利政策的争论,而不是提出和确立新的原则,换言之,社会保障的经济研究也由此转入专业化的技术性分析阶段。①

(四)供给学派的社会保障理论

供给学派亦称“供给经济学”“供给方面经济学”。着重从供给方面考察经济现状和寻求对策的一种经济理论,相对于强调经济需求的凯恩斯主义而言。20世纪70年代出现于美国。主要代表有蒙代尔、拉弗、吉尔德等。供给学派以自由主义的角度为出发点,认为一个国家推行社会保障从某种层面来说就是减少社会公民的个人储蓄,这样无疑会降低社会公民的工作积极性。供

① 刘波,周敏凯.战后英国社会保障思想的变迁[J].当代世界社会主义问题,2005(01):52-58.

给学派认为向社会公民提供失业保险实际上是在鼓励他们失业，这样就有可能导致政府赤字，加剧通货膨胀。他们认为应该通过削减政府开支的方式推行社会保障的改革，制定并实施“紧急援助、严格的福利和对儿童补贴相结合”的社会保障制度，他们认为只有这样才能通过社会保障计划鼓励就业，提高生产率，减少政府开支；同时供给学派还主张社会保险不足的地方需要以人寿保险作为有效补充。罗伯尔茨指出，社会保险制度计划支付一代代社会公民不断增长的社会保险金，这导致社会保险制度面临能否持续生存的问题。而只有通过适当的方式削减社会保障金的增长才能解决这个问题，也就是将工资指数转化为物价指数化，只有这样才能从根本上消除长期存在的社会保险问题。此外，对于社会保险不足的地方应该充分发挥商业人寿保险的弥补功能。

（五）货币主义的社会保障理论

货币学是研究货币促进经济增长、社会发展规律的学说，货币发行的价值总量，不能大于商品价值总量，否则会引起物价全面上涨，又称货币学派，亦称“货币主义”。是西方经济学派之一。20世纪50年代末至60年代，在美国兴起。因强调货币在国民经济中的重大作用，故名。货币主义理论认为，高效率是市场竞争的产物，因此国家实行社会保障计划，通过社会福利维持社会公民的最低生活水平，不利于维持人们的工作积极性，最终会对自由率产生不利影响，因此，货币主义反对凯恩斯对低收入者发放差额补助的社会保障制度。但是完全取消社会保障制度并不实际，社会公民会反对这一决定。为了解决这一问题，货币主义主张选择负所得税，这样一方面可以有效地对贫困者予以救济，另一方面可以保证市场竞争仍然存在，不会对效率造成负面影响。

（六）新剑桥学派的社会保障理论

新剑桥学派亦称“英国凯恩斯主义”。后凯恩斯主义在英国的一个分支。与新古典综合派相对立，主张凯恩斯的理论与新古典学派的传统理论进一步决裂。主要代表人物有琼·罗宾逊、卡尔多、斯拉法、帕西内蒂等。因其代表人物大多执教于英国剑桥大学，而且又与旧剑桥学派的传统理论相背离，故名。其理论渊源首先是凯恩斯的学说。新剑桥学派认为分配失调是资本主义一切社会问题的症结所在，因此从改善收入分配出发，论证了社会保障制度实施的必要性。其代表人物罗宾逊夫人从资本主义收入分配的不合理性出发，主张用累进税改变分配结构，通过给低收入家庭以补助，加强社会福利等社会保障措施以解决国民收入分配不均的问题。[①]

四、转变经济发展方式理论

经济发展方式指的是社会经济发展的方法和形式，经济增长方式、经济运行方式、社会经济结构、工业化进程、现代化进程、收入分配和环境保护等都属于经济发展方式的内容。经济发展方式不同于经济增长方式，经济增长方式注重的是 GDP 的增长，以产出量作为主要衡量指标，而经济发展方式除了包含经济增长方式的内容外，还包括产业结构、收入分配、居民生活以及城乡结构、资源分配和利用、环境保护等方面。

（一）转变经济发展方式理论提出

改革开放后党中央为了及时恢复我国经济将工作重心转移至经济建设，推行改革开放战略，从而使我国经济和社会在短时间内得到了快速、全面的发展。

① 朱新峰．当代西方社会保障经济理论述评[J]. 泰山学院学报，2004（01）：54-57.

1982 年，我们党召开“十二大”，大会上提出要把经济工作转移到以提高经济效益为中心的轨道上来，改变在经济建设中存在的重速度、轻效益的状况。

1987 年，我们党召开“十三大”指出必须坚定不移地贯彻执行注重效益、提高质量、协调发展、稳定增长的战略。

1992 年，我们党召开“十四大”，提出要抓住有利时机，加快发展，同时要从实际出发，量力而行，走出一条既有较高速度又有较好效益的国民经济发展路子。

1995 年，党的十四届五中全会提出，要积极推进经济增长方式从粗放型向集约型转变。

1997 年，“十五大”提出要转变经济增长方式，改变高投入、低产出，高消耗、低效益的状况，真正走出一条速度较快、效益较好、整体素质不断提高的经济协调发展的路子。

2002 年，“十六大”上提出要坚持以信息化带动工业化、以工业化促进信息化，走出一条科技含量高、经济效益好、资源消耗低、环境污染少、人力资源优势得到充分发挥的新型工业化路子。

2007 年 10 月，“十七大”针对经济发展方式的转变提出了全新要求，也就是指出我们必须在实践中做到“两个坚持”和“三个转变”。转变经济发展方式必须坚持走中国特色新型工业化道路，坚持扩大内需；转变经济发展方式就要将依靠投资、出口拉动经济增长的方式逐渐转变为依靠消费、投资、出口拉动经济增长的方式，由主要依靠第二产业带动经济发展的方式转变为依靠第一产业、第二产业和第三产业协同带动经济发展的方式，由主要依靠增加物质资源消耗实现经济增长的方式转变为主要依靠科技进步、劳动者素质提高、管理创新实现经济增长的方式。

党的十八大后，习近平总书记指出我国经济发展已经进入新常态，我国经济形态、经济分工、经济结构向着更高级、更复杂、更合理的阶段发展，经济增长速度有所下降，经济发展从粗放型增长逐渐向质量效率型增长转变，在社会发展过程中形成了新的经济增长点，为经济增长提供了新力量。

（二）转变经济发展方式的新途径

改革开放后我国经济有了巨大的成就，得到了飞速发展，但是“让一部分人先富起来”的经济发展方式拉大了贫富差距，突出体现在不同行业之间、东西部之间、城乡之间。计划经济体制下形成的城乡二元结构造成的城乡差距有进一步扩大之势，因此，统筹城乡发展，缩小城乡差距是转变经济发展方式的新途径。统筹城乡发展的重点体现为推进农村发展，切实解决“三农”问题，坚决贯彻工业反哺农业、城市支持农村的方针，逐步改变城乡二元经济结构，逐步缩小城乡发展差距，实现农村经济社会全面发展，实行以城带乡、以工促农、城乡互动、协调发展的策略，实现农业和农村经济的可持续发展。

总的来说，实施统筹城乡发展战略，并不仅仅是促进农村地区的经济增长，还包括城乡经济与社会发展中的物质文明、精神文明、政治文明、社会文明和生态文明五个方面。统筹城乡发展的内容主要包括以下几个方面。

1. 统筹城乡收入分配

根据经济社会发展阶段的变化，调整国民收入分配结构，减轻农民负担，增加农民收入，加快农村公益事业建设。

2. 统筹城乡产业发展

以工业化支撑城市化，以城市化提升工业化，加快工业化和城市化进程，促进农村劳动力向第二、第三产业转移，农村人口向城镇集聚。建立以城带乡、以工促农的发展机制，加快现代农业和现代农村建设，促进城市文明向农村辐射，提升农村经济社会发展的水平。

3. 统筹城乡规划建设

改变目前城乡规划分割、建设分治的状况，把城乡经济社会发展统一纳入政府宏观规划，协调城乡发展，促进城乡联动，实现共同繁荣。[①]

4.统筹城乡管理制度

突破城乡二元经济社会结构，纠正体制上和政策上的城市偏向，消除计划经济体制的残留影响，保护农民利益，建立城乡一体的劳动力就业制度、户籍管理制度、教育制度、土地征用制度、社会保障制度等，给农村居民平等的发展机会。[②]统筹城乡社会保障制度，城乡社会保障一体化发展是转变经济发展方式的必然要求。

同时推进城乡发展是拉近我国贫富差距的重要途径，习近平总书记在党的十九大上指出，要实施乡村振兴战略，“农业农村农民问题是关系国计民生的根本性问题，必须始终把解决好‘三农’问题作为全党工作重中之重。”[③]

第二节　社会保障的经验借鉴

一、主要发达国家的社会保障实践

世界各国在实践中逐渐形成了纷繁多样的社会保障管理体制，但总有共同规律可以进行比较，如政府与民间组织的关系、社会保障行政管理与基金投资管理的关系等。研究发达国家的社会保障，有助于总结相关经验，推进我国现代社会保障体系的建设。

① 覃军．统筹城乡背景下成都市农村剩余劳动力就地转移问题与对策研究[D].西南财经大学，2010.

② 覃军．统筹城乡背景下成都市农村剩余劳动力就地转移问题与对策研究[D].西南财经大学，2010.

③ 习近平在中国共产党第十九次全国代表大会上的报告[EB/OL].http://cpc.people.com.cn/n1/2017/1028/c64094-29613660.html.

(一)德国社会保障管理体制

社会保障制度最一开始就是从德国产生的,在不断的发展与完善中,德国形成了内容丰富而庞大的社会保障体系,主要组成部分包括养老、医疗、失业和职业伤害。德国具有自治民主管理的传统,联邦劳动和社会保障部执行一般监督,各类保障协会具体管理各类制度。2005年,德国联邦政府对原有的政府结构和相关职能进行了调整,其中人力资源和社会保障事务涉及的部门主要包括劳动和社会事务部、卫生部和德国联邦劳动就业服务局以及相关的法人组织、团体和基金会。

对德国劳动和社会事务部来说,保证整个社会体系的正常运转是其最重要的任务,通过适当的帮助使残疾人和弱势群体更好地融入社会,同时还需要采取有效措施为公民就业创造有利条件。劳动和社会事务部门在工作过程中需要与其他各相关部门相互协调合作。对于各联邦州和各乡镇的社会保障工作,应该加强与当地部门的协作,通过相互协商的方式处理相关问题。德国联邦卫生部最重要的职责在于维护法定医疗保险和护理保险的顺利运行,同时促进其健康发展。德国联邦劳动服务局是联邦直属机构,是公共法律法人代表,实行自主管理。

对德国联邦劳动服务局进行法律监督也是德国劳动和社会事务部的职责,在特定领域具有指令权并且可以对其开展专业监督,如德国劳动和社会事务部会针对劳动力市场统计、外国人就业等进行专业监督。从总体上而言,德国联邦劳动服务局的主要职责包括以下几项内容。为公民介绍职业培训机会和就业岗位、提供职业咨询服务和雇主咨询服务、促进各种专业化职业培训的开展、促进劳动者进行职业进修、促进残疾人就业、保持和创造一定数量的就业岗位、为没有收入的公民按照规定发放福利金。[①]

① 田永坡.德国人力资源和社会保障机构设置及改革趋势[J].第一资源,2010(04):196-210.

此外,德国联邦劳动服务局还需要针对劳动力市场以及不同职业开展专业性研究,观察和描述劳动力市场的发展情况并以相关统计数据为依据进行科学分析,同时,还负责支付儿童补贴、抵制社会福利金的滥用。

总的来看,德国的社会保障体系的一个重要特点是强调各方权责一致,要求公民享有的权利和承担的义务对等;社会保障立法的内容比较全面,并且有健全的执法司法制度健全;就业政策制定机构与宏观经济管理机构合并,管理体制上突出民生和大部制;强调自治原则,各社会保险机构独立存在、自主经营、自主管理,实行劳资共同参与的管理体制。

(二)英国社会保障管理体制

早在20世纪初,英国就颁布了一系列关于社会保障的法令。目前,英国的社会保障主要包括全民津贴、国民保健、住房补贴和教育补贴等,全权管理社会保障事务的政府部门是社会事务部。根据1992年《社会保障行政管理法》的规定,将原来设立在社会事务部内部的经办机构改变为脱离政府的独立公益组织。从中央到地方,社会保障工作人员队伍十分庞大,包括行政人员、社会工作者、医生护士和心理医生、各种专家顾问等。在公布1998年《社会保障法》时,海瑞特·哈曼指出:"政府必须使社会保障提供方式现代化,社会保障服务体系需要简单、通畅。"此后,英国扩大了就业促进部门,并建立了养老金部,部分社会保障事务实行了私有化外包。由于职业年金和个人储蓄的发展,养老金市场的监督监管机构也得到了发展,如英国职业退休金计划监管局。

英国社会保障管理机构主要包括两个组成部分,即社会保障部和社会保障执行机构。具体的,社会保障部下面还包括卫生部、社会事务部和教育就业部等部门。社会保障执行部门则由津贴发放机构、基金收缴管理机构等组成。井然有序、层次分明的机构设置保证了整个社会保障管理体系在运作过程中的整齐划一,避免了政出多门、权责不清的现象。[①]

总的来说,英国的社会保障立法内容比较全面,并建立起了相对健全的执法司法制度;在社会保障事业的发展过程中,逐渐形成了政府与市场相结合的社会保障公共品供应机制,包括政府经办、公益组织和私营服务等。

(三)美国社会保障管理体制

美国的社会保障管理部门由社会保障署,社会保障咨询理事会,社保和医疗统筹基金信托董事会,财政部、劳工部和国税局等构成。[②]

1. 社会保障署

在美国的整个社会保障管理体制中社会保障署具有重要的地位,是最重要的社会保障管理机构。1935 年美国初创社会保障体制时,没有设立社会保障局,只有一个社会保障理事会(Social Security Board)。1946 年改组为社会保障局。1994 年,国会通过“社会保障机构独立”议案,将社会保障署升级为独立的、直接向总统和国会汇报的机构。[③]

2. 社会保障咨询理事会

1994 年,为了更好地实现社会保障体制改革以及社会保障署升格的目标,社会保障咨询理事会经美国国会批准设立起来。该理事会由总统和国会联合任命成员,负责向总统、国会和社保总局局长提供社会保障体系的长期财务、社会保障基金的风险评估、社会保障署长期跟踪评估等有关社会保障计划的战略和政策建议。

---

① 马煜.英国社会保障管理模式及其对我国的启示[J].沈阳大学学报(社会科学版),2012,14(05):14-17.

② 赵慧萍.美国社会保障计划管理体制[J].财政研究,2006(06):78-79.

③ 陈昕.美国社会保障制度对我国的启示[J].现代商贸工业,2011,23(16):57-58.

3. 社保和医疗统筹基金信托董事会

社保和医疗统筹基金信托董事会统一管理美国社会保障信托基金和医疗统筹信托基金。社保和医疗统筹基金信托董事会的基本职能是负责社会保障体系当年资金流入和流出的统筹管理，以及社保和医疗统筹信托基金的保值增值。①

4. 财政部、劳工部和国税局

财政部是社保基金信托董事会的具体办事机构。劳工部负责全国就业人员福利的监管，包括退休和养老福利。国税局负责征收工资税，并将其中属于社保体系的部分上缴到财政部的特定信托基金账户。国税局还负责记录所有个体经营人员的社会保障号，与他们每年收入情况一起报送社会保障局。②

美国社会保障管理体制的特点有：一是社会保障基金运营与行政管理分离；二是行政管理机构独立操作；三是充分利用市场融资手段提高社会保障基金的支付能力。

（四）法国社会保障管理体制

虽然政府并不负责法国的社会保障日常管理，但政府对社会保障实务具有很强的干预权和控制权，保证非政府组织可以科学地管理社会保障，制定和颁布法律法规，制定社会保障基金财务制度，决定各基金行政费用总额，任命和罢免中央一级基金会经理，实施财务监督和行政决策，决定缴费率和调整待遇标准。

法国的中央一级社会保障组织机构主要有全国疾病保障基金会、全国老年保障基金会、全国家庭补贴基金会；法国地方还有两级基金会组织。一般来说，理事会中 2/3 的成员为工人代表，1/3 的成员为雇主代表，理事会的工作职责是对社会保障基金会进行科学管理；理事会的决策必须按照一定程序通过联邦政府批准才奏效，联邦政府直接任命理事会主任一职，联邦社会事务

① 赵慧萍 . 美国社会保障计划管理体制 [J]. 财政研究，2006（06）：78-79.
② 赵慧萍 . 美国社会保障计划管理体制 [J]. 财政研究，2006（06）：78-79.

部和财政部共同任命总会计师一职。具体来说,社会保障基金会主要包括三个功能,即对社会保障费用的实际使用进行科学管理,保证财政预算处于平衡状态;与医务卫生工作人员共同协商确定公民享受医疗卫生服务的医疗费用标准;监督对医务人员的工作质量。

法国“社会保障和家庭津贴征收联盟”在全国范围内设立了100多个工作站,这些工作站复杂征收和管理当地的社会保障费。社会保障和家庭津贴征收联盟是具有公共职能的私营机构,其主要职责是接受雇主的缴纳申报并收取其按照规定应该缴纳的保障费,同时还需要对雇主申报的费用和缴纳的费用是否一致进行检查确定。

总的来看,法国的社会保障管理体制特点有以下方面:一是政府通过强有力的手段对社会保障进行干预和控制,但不直接承担主要管理职责;二是注重人才的培养和使用,建立了全国缴费的计算机联网;三是公共社会保障的行政管理与基金运营分离;四是强调社会自治原则,实行劳资共同参与的管理体制;五是建立了高效统一的社会保障征费制度,实现了社会保障经办机构与相关机构(银行和邮局)的有效协作,为世界各国树立了榜样;六是社会保障立法内容全面,有健康的执法司法制度。

二、发达国家社会保障制度改革的经验借鉴

(一)发达国家社会保障制度出现的问题及其时代发展背景

20世纪70年代末以来,发达国家的人口结构、经济发展状况等均有了很大变化,这就导致第二次世界大战后形成的社会保障制度已经不能适应不断变化的社会现实,社会保障制度的可持续性受到挑战,这就要求发达国家必须做出改变,推行社会保障制度的改革。

1. 社会人口结构的变化给社会保障制度带来压力

在第二次世界大战结束后，发达国家的人口在平均年龄和寿命方面都比较低，在人口结构中7%以上的人口为65岁以上的老年人。随着经济持续发展和医疗技术水平的提高，人口的预期寿命提高很快，发达国家65岁以上老年人在人口中的比重在2000年超过15%，这一比率还以每年0.2%的速率持续上升，到2020年将超过20%。人口老龄化导致老年赡养比不断上升，发达国家老年赡养比1990年为0.19，2010年为0.24，而2020年预计将上升到0.29。[①] 老年赡养比不断上升使社会保障制度不堪重负。这也是目前各国社会保障制度改革的主要原因。与工业化相伴，20世纪70年代以来，发达国家的社会问题也有所增加，单亲家庭数量上升，使得社会保障制度的给付压力大大增加。

2. 经济方面对社会保障制度产生的不利影响

发达国家在20世纪70年代以前经历了近20年的经济高速增长时期，随后的一段时间经济增长速度明显放缓。在这样的环境下，经济发展速度放缓使政府财政收入和雇员工资增长趋缓，同时也使失业更为严重。失业者不仅不能为社会保障体系缴费，还需从社会保障体系中获得一定给付，增加了社会保障制度的财务压力。

此外，发达国家为社会公众提供较高的社会保障水平，这在一定程度上使企业的市场竞争力被削弱，降低了经济效益。法国、德国、日本等国的社会保障费用超过了雇员平均工资的20%。2000年以后，这些国家的失业率一般保持在7%左右，随着世界经济一体化进程的不断深入，市场竞争日趋激烈，过高的社会保障可能使雇主对劳动力的需求降低，不利于社会的稳定和发展。

3. 社会保障制度自身的一些问题

随着科学技术的不断发展以及国家管理能力的不断提高，人

① Word Poulation Prospect: The 2008 Revision.

们对社会事务管理有了更多、更高的要求。政府一直全权负责社会公众的社会保障事务，这就使人们理所当然地将社会保障视为完全是政府的职责，社会保障的个人责任被忽视。此外，公共部门的运营效率低下，导致政府管理的社会保障体系机构臃肿、服务欠佳。而20世纪70年代兴起的金融自由化浪潮使各类私营保险和投资基金迅速发展，这又使得人们对社会保障体制的不满大大增加。

长时间以来，发达国家社会保障的对象主要以职业稳定的工薪劳动者为主，近年来，这些国家劳动力市场发生变化，流动性增加，非全时就业和非正规部门就业的人数有所上升。在原有的社会保障制度下，这些就业者难以获得必要保障。可以看出，以上种种问题，导致发达国家不得不在社会保障方面做出改变，社会保障改革势在必行。

（二）发达国家社会保障制度改革的思路

为了促进社会发展，社会保障必须要进行改革。各国政府根据自身的实际情况选择适当的改革思路，总体来说主要有两种改革思路。一是较为平缓的渐进式改革，二是较为彻底的结构性改革。

渐进式改革也叫社会保障的参量改革，即在保持原有制度结构，内容基本不变的情况下，对一些关键影响因素，如给付条件、缴费水平、给付水平等指标进行调整，提高社会保障制度的财务可持续性。从各国的改革实践中可以看出，多数国家都倾向于选择渐进式改革，因为这种改革方式相对平缓不易发生大波动。当前来看，渐进式改革主要有以下方式。

1. 丰富社会保障制度的层次性

在20世纪80年代之前，社会保障机构的管理和运营主要是由政府负责，因此社会保障的个人责任被忽视，致使个人萌生“搭便车”的念头，形成了一些国家的“福利病”。80年代后，在新自由主义的影响下，发达国家的社会保障理念开始由“福利型”向“保障型”回归，承认政府在社会保障中的有限责任，增加个人在社会保障中的参与度。在养老保障方面，世界银行于 1994 年提出了包括基本养老金、职业养老金和私人储蓄养老金的三支柱方案。2005 年，世界银行又将三支柱方案延展为包括非缴费的国民养老金的零支柱和家庭养老的四支柱，最终形成了五支柱的格局。从结果来看，社会保障的多支柱减轻了政府在社会保障制度中的财务负担，加强了个人在社会保障中的责任，同时使社会保障制度的内容更趋丰富，完善了制度的保障作用。

2. 改进计发办法，减少不必要的支出

各个国家在减少不必要的支出方面都想了一些办法，在养老金方面的节支措施有提高法定退休年龄、实行弹性退休制度、降低养老金的给付水平、严格养老金给付条件以及提高养老金的最低缴费年限等方法。如德国规定，从 2012 年到 2029 年，将逐渐把退休年龄从 65 岁提高到 70 岁；法国从 2012 年开始，将公共部门全额领取养老金的缴费年限从 37.5 年增加到 40 年。在失业保险方面，各国多以缩短领取失业保险金的时间，严格控制给付条件，延长领取失业保险金的等待期等方式减少支出。在医疗保险方面，通过改进医疗保险的付费方式，采取按病种收费来降低医疗费用支出。美国通过管理式医疗组织参与医疗保险市场，使医疗保险费用得到有效控制。

3. 改革缴费制度，提高缴费收入

一个最有效的措施可以在很大程度上解决目前社会保险基金的入不敷出问题，那就是增加缴费收入。近年来，一些发达国家提高了社会保险基金缴费率，日本养老保险缴费率从 2004 年 13.58% 起每年提高 0.354%，到 2018 年上调至 18.3% 后保持 100 年不变[①]；德国、法国也在 20 世纪 90 年代提高了社会保险缴

① 日本退休养老金制度公平公正，政府巨额财政补贴 [EB/OL].http://m.kdnet.net/share-12779890.html.

费率。此外，挪威、爱尔兰等国家通过对资源课税等方式建立国家储备基金，从而在一定程度上使社会保险基金的筹资压力得到缓解。

（三）发达国家医疗保障制度的改革经验

在社会保障制度中，信息不对称的问题在医疗中表现得尤为严重，这就导致医疗市场中更容易发生逆向选择和道德风险行为。近年来，随着医疗科技水平的提高，医疗费用也不断攀升，成为威胁各国医疗保障制度可持续性的主要挑战。医疗保障制度改革的主要目标就是要保证医疗保障制度的可持续性，保障医疗服务的可及性和公平性。

1. 整合分散的基金结构

各国纷纷改变了原有条块分割、高度碎片化的基金结构，试图实现更大范围内的互助共济，提高基金的使用效率和待遇的公平性。爱沙尼亚和波兰分别于2001年和2003年将分散的基金整合为一个全国基金。荷兰和德国等国也在市场竞争条件下逐步提高疾病基金市场的集中度，同时在全国范围内建立调剂金制度。

2. 医保机构从被动补偿走向战略购买

可以说，走向战略购买是医疗保障制度走出困境的关键。在改革实践方面主要有三个方面表现：一是购买者和服务提供者相分离，如英国、丹麦、芬兰、爱尔兰等国的医疗保障内部市场运动；二是购买者之间的竞争，通常指赋予参保者自由选择基金的权利，使医疗保险基金市场竞争化，如德国、荷兰、捷克等国；三是基于需求和风险预估的战略性资源分配。

3. 提高医疗保障制度的筹资能力

要想提高筹资能力可以从以下方面入手：一是放松原有缴费基数上限限定，增加高收入人群缴费量，增强制度筹资能力。

二是资金征缴责任中央化，中央政府直属系统负责筹资提高医疗保障制度的公信力，减少征缴过程中的损耗，提高筹资能力。三是改变筹资结构，部分国家增加医疗保障筹资中社会医疗保险费所占份额，缓解经济发展放缓可能带来的筹资能力不足问题，如中东欧国家；中央财政提高对医疗保障的补贴力度，增强对医疗保障制度的扶持，如荷兰、立陶宛等国都对医疗保障体系提供补贴；同时，强化私营医疗保险的保障作用，增加私人筹资在医疗保障中所占的比重。

4. 扩大医疗覆盖范围

医疗保障的目标是为了全体居民，因此，大多数国家都致力于扩大其医疗保障制度的覆盖范围。高收入国家致力于通过社会安全网计划为其社会弱势人群提供免费的医疗保障服务；低收入国家在各类国际组织的帮助下，努力为其全体国民提供基本的初级卫生保健服务；中等收入国家则在覆盖正式就业人群的基础上，将医疗保障制度向非正式就业人口和农业人口扩张。

（四）发达国家养老保险制度的改革经验

经过多年的发展和不断探索，近年来很多发达国家开始推行多支柱的养老金体系，这是发达国家养老保险制度改革的一个突出特征。在改革中，更多国家意识到，单一由政府管理的养老金体系并不是最优的。在世界银行以及诸多经济学家的倡导下，一些国家开始降低政府管理的公共养老金的给付水平，同时，以税收优惠、资金支持等方式鼓励发展职业年金和个人储蓄型养老金。美国的养老金改革计划一方面提高社会保障税的税率和缴费工资上限。1980 年美国社会保障税的税率为 10.16%，缴费工资上限为 29 700 美元；2018 年社会保障税的税率提高到 12.4%，缴费工资上限提高到 127 200 美元。[①] 另一方面，美国的职业年

① 2017 年美国调整了这三种税率，看看对你有影响吗？[EB/OL].http://www.glofang.com/news/show/70053/.

金计划在养老金体系中的作用越发重要,政府通过给予税收优惠鼓励职业年金的发展。

随着传统的养老金制度逐渐转变为多支柱的养老金制度,养老金财务模式也受到影响,逐步从现收现付制向基金积累制实现转变。上述转变使其给付模式由给付确定型向缴费确定型转变。所谓给付确定型,是指雇员未来领取的养老金的待遇标准是事前已经确定的,如事先规定雇员退休后所能领取的退休金为确定的金额或退休前工资的一定比率。而缴费确定型是指雇员退休后所能领取的养老金取决于工作期间的缴费额及其增值情况。养老金积累是一种长期的资金积累,缴费确定型养老金制度在这一过程中有可能会产生资金贬值,导致雇员退休后生活无法保证的风险。因此,对于发达国家来说,主要是通过养老基金在资本市场的运营获得保值增值来应对上面所说的风险。

一般来说,养老基金通过建立投资基金理事会或以信托投资方式参与金融市场,而私营部门作为基金的受托人、投资管理人和账户管理人,参与到养老基金的投资运营活动中,通过这种方式实现养老基金的保值增值。由于养老金进入金融市场投资,也增加了缴费者对基金投资的决策能力,一些国家的职业年金政策允许年金管理委员会选择不同的受托机构进行管理,形成相互竞争,从而使基金投资收益和安全性得到提升和保障。

政府在这个过程中的主要职能是对养老金的治理结构进行不断优化,对养老金投资运营加强监督和控制,从而有效提升养老基金投资的安全性。澳大利亚政府为了保障政府年金与超年金制度顺利实施和基金安全有效运营,采取了以下措施:由家庭和社区服务部负责政府年金计划和支付管理;由审慎监管局负责监督管理超年金信托机构,并确保超年金和个人自愿储蓄养老基金的安全;由证券投资委员会负责维护消费者利益,并确保市场公平竞争;由税务局负责确保雇主按时、按税务规定足额缴费,并监管小型基金。各部门各司其职,又相互配合,组成养老保险监管系统，以规范的制度确保养老金运营的安全。[①]

在养老金制度中，养老金尤其是职业养老金可携带性一直是一个比较难以解决的问题，随着经济的发展，人口流动性变得越来越强，这个问题变得更为突出。当雇员发生职业转换时，原企业承诺的养老金是取消还是保留。雇主往往认为，职业年金主要用以吸引员工和留住员工，如果员工离职，则意味着他们自动放弃职业年金计划。而员工则认为，职业年金是其劳动报酬的组成部分，不能因为职业流动而遭受损失。因此，一些国家规定了员工获得职业年金的资格，比如，为雇主工作一定时期才可得到一定比例或金额的职业年金权益。因此，许多国家更倾向于取消这种限制以便使养老金的可携带性得到提高。

（五）发达国家失业保险制度的改革经验

20世纪90年代以来，发达国家的失业率一直居高不下，有些国家的失业率高达百分之十。这种就业形势对于社会保障制度来说非常不利，因此，需要对失业保险进行改革。总的来看，失业保险制度改革多集中在以下方面。

1. 实行灵活的政策，鼓励企业减少裁员

从实际来看，有些国家对失业保险实行差别费率，对解雇率较低的企业实行较低的失业保险费率，反之，则实行较高的费率，以激励企业尽量保持较低的解雇率。一些国家在经济萧条期对企业进行补贴，使企业减少裁员。

2. 把失业保险与职业介绍、就业培训有机结合

原有的失业保险体系受到庞大的失业队伍的巨大冲击，为了改变这种状况，发达国家纷纷改进原有的救助式的、消极被动的失业保障。例如，日本将失业保险改为就业保险，强调以就业支持减少失业。德国将失业保险与职业介绍绑定，如果不接收职业

① 田小宝．澳大利亚养老保险制度改革管窥［J］．中国劳动，2001（04）：47-49.

介绍，就不能申请失业保险。而一些国家则通过政府支持的公共就业服务，帮助失业者进行培训和职业介绍，通过失业者的再就业来减少失业。此外，政府还可以采取对企业补贴、降低企业雇用失业者所需缴纳的社会保险金等方式，吸引企业招聘更多的员工。

3. 扩大失业保险的覆盖面

为了应对新形势，一些国家通过修改宪法来应对针对劳动力市场流动性提高和新的就业模式的出现，从而让更多的就业者纳入失业保险的范围。

总的来看，在第二次世界大战结束后，发达国家大力推进社会保障体系的建设，并且发展到了比较高的水平，但是随着社会发展，20 世纪 70 年代以来人口老龄化等客观因素的出现，让原有的社会保障体系的持续运行面临挑战，使得改革势在必行，通过一系列改革，发达国家构建起多层次、多方参与的社会保障制度，从而保证了社会保障制度的可持续性发展。

第三章　社会保障管理探索

社会保障管理作为公共经济与管理科学的一个重要组成部分,其是研究社会保障活动的合理组织及其规律性的科学。社会保障管理必须遵循公共经济与管理规律,一旦脱离实际情况,违背客观规律,都将会造成社会保障事业的停滞甚至倒退。与西方国家相比,我国启动社会保障制度改革的时间较为落后,然而改革步伐前进的速度却很快,我国的社会保障体系正在不断完善。在社会保障管理制度方面,我国广泛吸收和借鉴国外先进的管理经验,目前已初步建立起中国特色的社会保障管理体制。

第一节　社会保障管理的理念

建立社会保障管理机制、完善社会保障管理机构设置与组织结构、拟定社会保障管理原则之后,政府介入社会保障的管理职能应该怎样界定;政府在社会保障体制建设中越位、缺位、错位的问题如何解决;社会保障管理机构面对日益扩大的被保障人群怎样提高工作效率、改进服务方式、降低社会保障管理的运行成本、节约有限的社会保障资源、促进社会保障可持续发展,这些都需要解决社会保障管理的理念问题。

一、社会保障管理的服务意识

在管理学概念中,管理就是服务。在国外对社会保障管理模式的研究中,有学者认为公共社会保障机构的有力防御武器是其有能力支付福利金，与其他选择方式包括与私营部门经营的保险项目相比，有能力提供准确、高效与及时的服务。对国际社会保障协会成员组织过去十年的工作情况所做的调查表明，其工作最为显著和突出的特点之一是在引进革新项目、改善公众服务方面取得了巨大成功。政府参与社会保障事务行政管理的重要职能之一，就是提高服务水平。

在我国，根据政事分离原则，社会保障机构的协调与职权一般按上、中、下三个层次设置，国务院相关行政部门作为行政机构负责制定政策、立法及监督检查工作；各级地方政府相关行政部门负责本行政区域内社会保障基金的征缴管理和监督检查工作，并制定地方行政法规；社会保障业务机构负责社会保障基金的收缴、发放，建立和管理基本养老保险和基本医疗保险的个人账户以及对受保人群的服务工作等。

这种制度体系很好地缓解了政府在推进经济体制改革中所承受的巨大压力，政府介入社会保障管理的服务思想与服务理念发生了重大变化，主要表现在五个方面。

（一）努力扩大就业与推进就业服务

我国实施积极的财政政策，在治理通货紧缩与失业方面产生了明显的效应。党把促进就业作为全面建设小康社会的重要内容，作为经济与社会发展的重大任务。采取措施扩大就业，解除失业人员的后顾之忧，是国家政务的重中之重。在政府的宏观调控措施之下，截至 2017 年年末，年末全国就业人员 77 640 万人，其中城镇就业人员 42 462 万人。全年城镇新增就业 1 351 万人，比 2016 年增加 37 万人。年末城镇登记失业率为 3.90%，比 2016 年末下降 0.12 个百分点。全国农民工总量 28 652 万人，比 2016 年增长 1.7%。其中，外出农民工 17 185 万人，增长 1.5%；本地农民工 11 467 万人，增长 2.0%。[①] 此外，政府还通过财政转

① 国家统计局：中华人民共和国 2017 年国民经济和社会发展统计公报 [EB/OL]. http://www.stats.gov.cn/tjsj/zxfb/201802/t20180228_1585631.html.

移支付和各项优惠政策为落后地区提供均等的发展机会，改善落后地区的基础设施，利用落后地区的优势，促进生产要素向落后地区的流动与生产力的发展，大大释放了这些地区的潜在资源，促进了劳动就业的扩张。[①]

（二）关注弱势群体利益

弱势群体是指那些由于某些障碍及缺乏经济、政治与社会机会而在社会上处于不利地位的人群。2017年年末全国共有1 264万人享受城市居民最低生活保障，4 047万人享受农村居民最低生活保障，467万人享受农村特困人员救助供养。国家抚恤、补助各类优抚对象859万人。[②]进城务工农民社会参与及子女就学问题得到了一定程度的解决，农民工工资拖欠与追讨问题被列入政府的议事日程。政府同时加大了财政投入，逐步完善落后地区的基础教育和卫生保健等重要的公共服务，通过提高人民的生活品质和劳动力素质，使这些地区尽快进入经济增长的主流。

（三）推进养老保险管理服务

城乡居民养老保险关系到千千万万个城乡居民的切身利益，也是因为养老保险的制度解决了很多困难居民的生活问题，并且在维护人民群众切身利益方面也起到了很重要的作用。在目前信息化建设的时代，传统的档案管理已经跟不上时代进步的步伐了，因此，在城乡居民养老保险档案管理这一块还需要加强信息化的基础建设，从而为城乡居民养老保险的档案管理提供更好的保障。第一，政府要加强对信息化基础建设的投入；第二，管理部门要大力加强对管理人员的专业性培训；第三，在提高专业性的同时，也要提升档案管理人员的职业素质；第四，管理人员应该强化对于信息化设备保存的形式。

① 林毓铭．通货膨胀、失业与“痛苦指数”[J].价格与市场，2001（11）：16-17.
② 国家统计局：中华人民共和国2017年国民经济和社会发展统计公报[EB/OL]. http://www.stats.gov.cn/tjsj/zxfb/201802/t20180228_1585631.html.

（四）加强医疗保险与工伤保险管理服务

为规范医疗服务行为，降低成本，国家同步推进基本医疗保险制度改革、医疗卫生体制改革和药品生产流通体制改革。国家积极探索开展职业康复工作，对工伤职工进行工伤康复、心理康复、职业培训、就业指导，并在一些地区建立了职业康复中心和康复医院，帮助工伤职工克服由工伤带来的生理和心理障碍，恢复健康和工作能力，重返工作岗位。①

（五）推进社会福利社会化

我国社会服务的内容主要包括向年老、重病、生理或心理缺陷而丧失劳动能力、造成生活困难的社会成员提供服务。近年来，通过推进社会福利社会化，逐步形成以国家、集体举办的老年社会福利机构为骨干，以社会力量依法举办的老年社会福利机构为新的增长点，以社区老年人福利服务为依托，以居家养老为基础的老年人社会服务体系。全国各地还兴办了康复中心、弱智儿童培训班等社区孤儿、残疾人服务组织近万个。②不过与西方发达国家相比，我国社会保障管理还存在许多不足。不断提高政府社会保障的服务理念，改进粗放式的工作方式，理应成为中国社会保障的未来战略目标之一。

二、社会保障的可持续发展

（一）与时俱进

随着社会的发展，人口过度增长，在很大程度上造成了资源紧张和环境恶化，大大影响了整个生态及社会经济体制的良性发

① 中国的社会保障状况和政策[J].山东劳动保障，2004（10）：42-47.
② 中国的社会保障状况和政策[J].山东劳动保障，2004（10）：42-47.

展，导致了一系列的社会问题，如人口老龄化和人口高龄化现象普遍，这就加大了社会保障的支出占比，给政府用于社会保障的支出带来了支付压力，从而给经济增长与社会发展增添了阻力。客观来说，社会保障可持续发展对于实现人口、经济、资源、环境与社会的发展与和谐可起到一定的调节作用，这是当代对社会保障功能的再认识。

现阶段，我国用于社会保障的资源禀赋存在着不足，且面临着一系列的社会问题，如人口老龄化、转制成本高、社会保障发展层次极不平衡等，站在社会发展的全局高度去研究社会保障可持续发展问题，能够保证制度设计的连续性与长期有效性，可以在一定程度上降低社会管理成本，增加社会保障取得长期效益的机率，保障社会的可持续发展。

如布伦特兰（Brundtland）所言，社会保障可持续发展既要满足当代人的基本需求与保持社会稳定，又要不危及后代人满足其需要的能力的发展。衡量社会保障可持续发展主要涉及社会稳定、经济增长、社会保障制度设计几个方面，缺一不可。

社会的稳定发展离不开社会保障可持续发展的支撑，社会在发展与演变的过程中，各界社会因素会发生联系，其间不可避免地会出现各种社会矛盾与摩擦，由于市场经济存在着优胜劣汰的特征，必然要产生贫富差距与社会弱势群体，社会贫富分化等矛盾和摩擦直接影响到社会的稳定发展，社会保障可持续发展就是利用经济补偿的方式去达到化解社会各种矛盾与各种社会不稳定因素的目的。[①]

社会保障资源作为社会保障可持续发展的基础，同经济承载能力之间相互协调。社会保障资源包括社会保障基金存量与增量的供给，再生资源是社会保障可持续发展的重要问题。社会保障能否可持续发展，必须充分考虑社会保障资源供给的多元化，考虑政府、企业、个人对社会保障资源供给的长期承受能力，考虑

① 林毓铭．建立社会保障可持续发展的新理念[J]．社会工作，2004（03）：14-19.

社会保障资源的增值功能和造血功能对未来的影响。

在对社会保障制度进行设计的时候要将社会保障可持续发展的理念贯穿始终。社会保障制度的设计要从全局着眼,从促进社会经济发展出发,在技术与管理等方面做好社会保障制度的设计工作,秉持着不断发展的理念,发现社会保障制度存在的一些功能性缺陷,并加以矫正,以保证社会保障制度的职能得以实现,并且完成对公民的信用承诺。社会保障可持续发展坚持以人为本,强调公平公正,具体来说就是人们在获得社会保障权益与促进自身福利增进的过程中所享有的权利应该是平等的,不存在谁比谁多享受一些权利的说法。社会保障资源具有有限性,利用有限的社会资源去解决社会上存在的不平等和贫困问题对社会保障的意义重大。市场转型后,解决不平等和贫困问题唯一可行的办法是加速经济发展、缩小贫富差距、努力扩大就业,从而从根本上减轻社会保障的财政压力,只有这样,社会保障制度的可持续发展才具有生机和活力。

(二)创新发展思路

在世界经贸一体化的国际背景下,人口老龄化与社会保障负债严重是世界各国面临的共同问题。经济全球化带来的全球人口的流动冲破了各个国家自我保护的福利国家边界,使福利国家的财政不堪重负。社会保障制度创新要紧紧抓住社会发展的现实背景,在实施社会保障制度时要按照社会保障活动特定的组织架构、技术支持、市场化运作、监督机制、产权实现形式、政策工具、财政过程等,在这一过程中,如果制度背景发生变化以及出现其他一些新的风险因素时,社会保障制度本身要围绕以下几个方面进行相应的调整与创新。

1. 保持社会保障基金供求长期均衡

社会保障的提供是一个长期化的过程,从社会保障制度设计的角度看,按照现收现付制或是基金积累制运作都要考虑社会保障转型的沉淀成本、资金缴付状况以及未来中国人口老龄化的发展需要等诸多因素的影响；从个人账户（不管是养老保险个人账户、医疗个人账户还是年金账户）看，其资金运作要实现安全保障下的最大增值，才能真正降低年复一年且不断增长的财政负担。利用不同所有制企业职工年龄结构时间差的特性，扩大社会保障覆盖面，实现社会保障基金供给渠道的多元化。很显然，社会保障基金供求均衡化的过程极为复杂，也是坚持社会保障可持续发展的首要动机，如果社会保障的可持续发展缺乏相应的财务风险防范机制，就很难甚至不可能实现社会保障的其他目标。那么，怎样降低替代率就成了未来社会保障制度创新中最为重要的课题。

2. 建立社会保障制度运行的安全化机制

社会保障制度的低水平与制度刚性决定了社会保障是一个循序渐进的过程，制度的失误会造成巨大的改革成本，造成公民的信任危机与经济损失。[①] 要建立一个稳定的保障监督机制与高效的组织管理体制，强化制度监管力度与社会监督，来保障社会保障资金的社会化运作。社会保障基金保值增值过程中，更需要实施金融理论中的“四只眼睛”原则，按照投资理念运作社会保障基金，并建立强有力的财政支持，尽量避免或杜绝社会保障风险的发生。

3. 以高新技术支持社会保障的发展

社会保障制度的信息化与社会保障监管制度的创新，同样需要高效的技术信息支持，依赖于计算机网络技术的发展，在未来的社会保障改革与制度创新中，运用电子技术手段，建立统一的覆盖全国的社会保障技术支持系统，将社会保障基金的缴纳、记录、核算、支付、查询等，都纳入现代化的计算机管理系统，逐步实现全国联网。现行的社会保障制度尚无法规范这一新事物，这一

① 高宏伟，张民省．基于社会生态环境视角的我国社会保障管理创新 [J]. 生态经济，2011（06）：76-79.

制度创新在社会保障可持续发展中显得尤为重要与迫切。

（三）可持续发展实施战略

我们以人均社会保障资源为依据，度量社会保障可持续发展，其中社会保障资源供给包括基本养老供给水平、医疗供给水平、社会救济水平、就业供给水平、社会福利增量、社会保障基础设施增量等，只要未来的人均社会保障资源随着经济增长而增长，且能保持代际间占有资源适度的增长比率与代际公平，社会保障就是可持续的，它体现了可持续发展所包含的代际公平内涵，即在谋求当代福利提高的同时，又不损害未来尤其是我国人口老龄化高峰期人们谋求社会保障达到精神与物质满足的能力。

社会保障包括社会救济、社会保险、社会优抚安置等内容，可持续发展战略主要考虑社会救济（代内公平）与社会保险（代际公平）的可持续发展问题。

社会救济政策是决定社会救济可持续发展的关键要素，大多数拉美国家都相继建立了作为缓解贫困工具的社会基金，将贫困人口纳入政治保护范围。社会基金一是用于为扶贫项目提供基金支持，以创造就业岗位；二是投向扶贫解困并可长期持续发展的基础设施建设。但由于社会基金大都来源于国际捐助机构，基金被错误地用于政治选举，项目参与的公众性差，项目选择的可持续性差。在我国，社会救济两个较大的社会项目，即城镇居民最低生活保障制度和经济适用房制度未能发挥应有的社会效应，影响了社会公平与可持续发展。原因是城镇居民最低生活保障制度设计了货币补贴与实物补贴两部分，两部分的综合价值使享受城镇居民最低生活保障的低保者甚至超过了一些低保线之上的在职者的经济与社会待遇，公共政策的偏差使更多的人更愿意使自己“沦”为低保对象。经济适用房制度的出发点是解决低收入者的住房问题，但却引发了低价购进、高价转让或出租的投机性套利活动。社会保障公共政策的可持续发展一定要培养解决公共问题的适当的制度机制，激励公民个人、社群、企业组织和社会组织，与政府一起共同努力，矫正政策或制度设计本身的缺陷，防止投机与搭便车行为，共同解决公共政策中的不公平问题。

第一，在城镇居民最低生活保障制度实施“应保尽保”安全网政策的同时，要从组织机制上完善“家计”调查制度，以保证选择性原则与救助效率最大化原则的有机结合。

第二，要通过经济价值量的测算衡定低保对象实物补贴与货币补贴构成中的政策倾斜程度，防止出现劳动者的经济与社会待遇比低保者偏低的偏向，减少“依赖文化”和“懒汉文化”对社会保障的影响。

第三，对经济适用房的市场化改革，要借鉴其他国家采用廉租房方式解决无房的低收入者住房问题的措施，并通过收入杠杆随时调整廉租者资格；或者将经济适用房的暗补变成低收入者用于买房或租房的明补，以此解决经济适用房销售中的投机套利问题。

由此，对社会保险可持续发展应着力于以下四项重要的发展战略。

第一，社会保险可持续发展的宏观背景离不开经济的增长。首先，建立执行可持续社会保障政策的“责任政府”是关键要素，其为社会保障的政治可持续性打下坚实的基础。其次，要着力研究在人口老龄化深化的情况下社会保险基金筹集模式下的积累率及积累系数问题。再次，对通货膨胀的发生要有政府预期，考虑养老金发放在抵御通胀威胁中对参保者产生的心理影响，改革养老金指数化方式，用物价和工资相结合的办法代替养老金指数化以减缓养老金总体增长趋势，为养老金领取者提供一定程度的保护，防止单用物价指数造成的养老金长期相对贬值。最后，通过完善社会保险税征缴机制、强化社会保障基金预算管理和社会保险财政补助制度促进社会保险缴费率的提高和扩大社会保险覆盖面，巩固和扩大社会保险财力来源。

第二，社会保障基金筹集、运作、发放等管理手段的优化成为社会保障可持续发展的核心，代际之间的公平机制需要强大的社会保障资源加以维系，从我国目前的实际情况来看，社会保障基金的主体是养老保险基金，主要包括四大类：一是基本养老保险体系社会统筹账户上的滚存积累基金；二是基本养老保险体系个人账户上的基金；三是全国社会保障基金；四是企业年金。我国医疗保险个人账户滚存积累基金已达到了数百亿元的规模。随着社会保障基金规模的不断扩大，要认真研究社会保障基金在资本市场保值增值的有效对策，否则，就会出现类似日本养老金市场高官漏缴养老金引发民众不满情绪的尴尬局面。采用政府外包、订单制等措施促进社会保障基金富有实效的产业化投资、扩大海外投资份额，优化与国内外资本市场的互动研究。

第三，通过分割部分国有资产、加大财政预算中社会保障支出比重等措施，充实社会保障基金存量，逐步做实个人账户，解决养老保险个人账户、年金账户、医疗保险个人账户在资本市场的增值问题，以应对人口老龄化给社会带来的沉重压力。继续加大对社会保险基金的管理，一是加强对基金的审计管理，防止基金被侵吞或挪用；二是防止冒领养老保险基金事件的发生，避免养老保险基金流失。

第四，重视社会保险成本控制，降低养老保险金替代率、在适当的时机延迟退休年龄、延长领取终身养老金的最低年限、控制非统筹项目进入社会统筹、减少提前退休、推进养老金养老保险功能与扶贫功能的双重改革、在医疗保险中实施真正能够让利于民的药品与设备的政府采购改革、实行预算紧缩和提高服务意识降低社会保障行政管理成本等。在我国社会保障可持续发展对策中，要强化社会保障投入与产出的效益观，将社会保障绩效评估作为衡量社会保障可持续发展的重要参照系。

三、降低社会保障行政管理运行成本

目前，各国的社会保障机构一直面临很大的压力：怎样才能调动自身的积极性，在降低行政管理费用的同时，提供更好的保

险福利项目。社会保障管理目标事实上就是一个不断进行动态资源配置与优化的过程,有必要从制度本身与制度外部共同降低社会保障运行的内在成本与外在成本。只有将各种主动措施与被动措施都实施到位,共同降低社会保障制度运行与管理成本,有效地节约社会保障资源,才能真正实现社会保障制度可持续发展。

(一)GDP 增长、社会成本与社会保障成本

我国经济长期处于高投入、高消耗、低效益的外延粗放型增长形态中,为了营造地方政府官员的政绩工程与形象工程,许多地方的招商引资演变为“让利竞赛”,比地价谁低,拼税收减免。资本利用率不足、不良借款大量增加。GDP 增长的表面繁荣是社会成本的剧增。

环境污染、水源污染、噪音污染对居民健康造成严重损害,大搞开发区的跑马圈地造成失地农民与少地农民大量增加,并导致土地养老保障功能日渐衰减。进城务工农民为城市建设创造了大量的 GDP,而他们的养老、医疗、子女入学、劳工保护等社会保障却相对处于边缘化状态。流动工人没有得到应有的职业医学检查,造成职业病患者未得到及时的诊断与治疗,更有甚者,一些个体业主让工人从事没有任何保护措施的有毒有害作业,又在发病前辞退他们,致使这些打工者的健康受到严重伤害。农村务工人员工作的流动性、不稳定性以及接触职业危害的多样性、复杂性,造成职业危害的不可预见性明显增强,对务工人员的健康造成了难以估计且难以控制的影响。

不少企业为了追求经济指标而忽视卫生条件与劳动保护,造成恶性工伤事故或是职工职业病伤害,追求 GDP 增长与经济效益的背后,传统职业危害形势依然严峻,新的职业危害相继出现,职业病危害迅速从沿海地区向内地、中小城市及农村扩散,有害

作业范围迅速扩大，大大增加了工伤保险的支付压力。[①]

（二）以公平为基础、效率为主导

英国经济学家丹尼斯·斯诺沃（Denisn Snowo）认为，社会福利制度在工业化国家已成为广大中产阶级的战利品，成了人人有份的再分配机器，它越来越阻止不了最需要帮助的人的状况的恶化。社会保障制度的基本目标是实现社会公平，这是在市场信号失灵情况下政府的一种价值弥补。但社会保障可持续发展必须建立以公平为基础、效率为主导的社会保障政策导向机制，其中效率包括经济效率和社会效率，只有以效率为主导，才能保证实现公平最大化。20 世纪 90 年代之后，在社会福利开支难以为继的情况下，西方国家政府更加理性地矫正了传统的公平第一、效率第二的观点，更加强调有限的社会保障资源的使用效率，鼓励个人奋斗。在我国社会保障改革中，要把效率的观念贯穿于政策设计的始终。养老保险基金投资在安全基础上实现增值最大化、医疗保险中加强全民保健预防与降低疾病发生率以及努力控制医疗费用的非正常增长与实施政府采购、“三条保障线”向“两条保障线”并轨中尽力实现充分就业以减少失业保险基金与城市居民最低生活保障基金的财政压力、工伤保险中改善生产与劳动条件将工伤事故和职业病发生率降低到最低程度等，这些措施实际上都是为了实现社会保障可持续发展的经济效率目标。经济效率目标最大化，才能真正实现社会保障可持续发展的社会总体效率，即社会稳定、人民安居乐业、消费信心指数增加等。

在目前的改革中，建立以效率为主导的社会保障政策导向机制，较多地表现在社会救助中。社会保障中的生活救济，保证居民基本生活保障等措施，虽然有助于改善分配不均等状况，有助于低收入、无收入者的生活处境变化，但却有阻碍和损害效率之

---

① 林毓铭．低工资徘徊、工业伤害与“民工荒”的综合思考[J]．市场与人口分析，2005（05）：57-62．

嫌。如何理解社会救助中坚持效率为主导的原则？在我国，弱势群体是一个相对的概念，并非弱势群体中的每个个体都是绝对贫困者，给弱势群体提供社会救助体现了社会公平，但并非一味继承传统制度中的"阳光普照"。我们应理性地理解"应保尽保"政策的含义，将有限的资源用于救助那些真正需要救助的社会弱者。

社会保障以公平为主，还是以效率为主。传统的观点认为，企业讲求效率，社会讲究公平。从市场经济的内在规定性来分析，它是一种"效率型经济"。企业作为市场经济的微观主体，效率自然成为其生命线。当然在市场经济中也强调机会和交易规则的平等，但就其分配结果而言往往是不平等的，这是一种正常现象。[①] 从社会保障的本质规定性来看，寻求效率和公平的最佳结合点，只能是一种模糊决策，有时难免产生公平与效率的交替。

（三）从制度设计上降低管理与运行成本

社会保障经济发展成本是可持续发展的基本问题，管理成本与运行成本的最小化是社会保障可持续发展经济学的理论基础。目前社会保障可持续发展还存在极大的模糊性，按照布伦特夫人的定义，可持续发展要"保证当代人福利增加，不会使后代福利减少"。[②]

社会保障可持续发展强调代内公平和代际公平的结合，其实现的经济途径就是要使社会保障与经济、社会发展及人口发展保持协调，建立与经济、社会和人口发展相适应的社会保障制度安排与政策机制，使管理成本与运行成本最小化。可持续发展的社会保障制度安排，其激励和约束性可以对参保者或公民的行为起

① 常修泽．关于新阶段经济体制改革若干问题的思考[J]．经济学动态，2003(09)：15-19.

② 林毓铭．创新政府社会保障信息化管理与公共服务体制[A]．中国行政管理学会．"构建和谐社会与深化行政管理体制改革"研讨会暨中国行政管理学会2007年年会论文集[C]．中国行政管理学会：中国行政管理学会，2007：6.

到规范作用，强化可持续发展的成本观念，如库存理论和影子价格理论在药品采购中的运用、投入产出理论对政府扩大社会保障支出与社会保障效应的分析等。医疗保险中旨在控制医疗费用非正常增长的制度安排，可以解决有限的医疗资源利用效率的最大化问题。[①] 制度安排包括正式制度安排与非正式制度安排。正式制度安排着眼于三个方面：一是通过激励与约束机制，使企业和个人自觉并积极地缴费（税），减少搭便车的动机与道德风险；二是通过市场与价格机制，来合理地利用社会保障资源，并尽量生成社会保障自身的造血机能，如发展老龄化产业、以工代赈、社会保障基金投资于实体化产业等；三是加强政府的宏观调控，发挥政府在社会保障方面管理效能与风险规避的核心作用。非正式制度安排包括发挥非政府组织、民间资本对社会保障事业投资、社会关系网及慈善组织的作用，加强社会伦理与道德建设，建立更加经济、更加人性化的新型的社会、社区与家庭三者相结合的服务模式，有效降低社会保障可持续发展的管理成本与运行成本。

在实践中，降低管理成本和运行成本，节约有限的社会保障资源，面临着许多制度设计问题，这其中既有技术手段问题，也包括管理手段问题。我国目前养老保险制度设计中的非透明化在缴费与给付方面产生的“搭便车”和“失控”问题，其根源还在于制度设计方面。显然，运用投入产出的思想理念，加强政策效益与制度效益的研究，加强社会保障可持续发展绩效前评估，充分考虑制度设计的“寿命预期”问题，有助于社会保障的发展。

社会保障制度设计得合理与科学，是社会保障可持续发展的关键环节，要做好这一环节就要充分考虑人们在制度设计框架下所表现的行为反应，人的问题不解决，任何制度都可能被终结。养老保险“统账结合”制度所表现的瞒报工资总额、恶意拖

① 林毓铭．创新政府社会保障信息化管理与公共服务体制[A]．中国行政管理学会．“构建和谐社会与深化行政管理体制改革”研讨会暨中国行政管理学会 2007 年年会论文集[C]．中国行政管理学会：中国行政管理学会，2007：6.

欠、提前退休、挤占挪用社保基金、冒领养老金等道德缺失或搭便车动机，反映出制度设计本身缺乏有效激励机制与监控机制；医疗保险中非正常医疗费用急剧膨胀，关键是医疗保险制度、药品生产与流通制度、医疗卫生三项制度之间还缺乏有效的制度设计通道，参保人、医护人员、制度中的各种寻租者等行为主体的利益关系难以理顺，作为三项制度中道德风险最终受体的医疗保险制度，有所为而难以作为；失业保险制度中的人为因素表现在对失业保险基金的产权不明晰，除了政府行政行为超脱于制度之上的原因之外，还与失业保险制度设计本身包含过多的人为因素有关。为防止骗取低保现象的恶意泛滥，合适的办法是积极组织安排有劳动能力的低保人员再就业，对拒绝就业的人员，从制度上严格申请低保的条件。社会保障可持续发展的制度设计，直接牵涉到制度本身的"寿命"问题，加强对制度设计的效益与可持续性研究，降低社会保障的管理成本与运行成本，是非常需要引起足够重视的问题。

第二节 社会保障管理的内容

社会保障管理作为公共经济与管理科学的重要组成部分，是研究社会保障活动的合理组织及其规律性的科学，具体来说是研究对社会保障活动进行组织规划和调控等方面的规律性的科学。社会保障管理从内容上来说可以分为宏观管理和微观管理两个层次。

一、社会保障的宏观管理

社会保障的宏观管理主要是指中央政府对社会保障模式的选择、对社会保障政策的制定及对其贯彻过程的监督和控制。

（一）社会保障宏观管理目标

1. 保证社会保障体制与经济体制相配套

社会保障是社会经济的重要组成部分，有什么样的社会经济体制，就必须有相应的社会保障制度与之相对应，否则社会保障不仅本身难以发展，还会成为经济发展的桎梏。在我国，原有的社会保障制度已不适应建立社会主义市场经济体制这一形势的需要，成为国有企业改革的"瓶颈"，是经济体制转换的关键性障碍因素之一，因此必须建立起适应我国社会主义市场经济体制需要的、资金来源多渠道、保障方式多层次、权利和义务相对应、管理和服务社会化的社会保障制度，保证社会主义市场经济体制的建立与发展。

2. 保证社会保障金按时足额支付

社会保障金能否及时足额地发放到社会保障对象手中，是社会保障能否发挥其社会稳定器作用的前提条件，是事关一国社会经济能否平稳健康发展的大事。如果拖欠甚至克扣社会保障对象的社会保障金，就有可能引起社会保障对象的不满情绪，激发社会不安定因素，破坏社会的安定团结。

3. 保证社会保障有足够的偿付能力

社会保障有足够的偿付能力是社会保障制度正常发挥作用的必要条件。自20世纪70年代以来，世界性的社会保障改革，其实质就是各国为增强其社会保障偿付能力所推行的一系列措施。从这一意义上可以说，对社会保障偿付能力的管理是社会保障宏观管理的核心。

4. 提高社会保障基金运用的经济效益

追求社会保障基金运用的经济效益，并不是说要忽视社会保障基金运用的社会效益，而是说只有有效运作社会保障基金，才能使社会保障基金的积累规模扩大，更好地发挥社会保障的社会补偿功能。现在,世界上许多发展中国家开始重视社会保障基金的运用,我国也专门成立了全国性的社会保障基金投资机构,把社会保障基金的投资收益作为社会保障基金的重要来源,以此来增强社会保障的偿付能力。

(二)社会保障宏观管理的内容

1. 社会保障制度设计

建立什么样的社会保障制度,是各国社会保障管理首先需要决策的问题。与社会主义初级阶段和建立社会主义市场经济体制相适应,我国的社会保障制度总的设计思路是:根据国家财政和企业的实际承受能力,坚持社会保障只提供最基本的生活保障;坚持广覆盖,凡是法律规定应纳入社会保障范围的劳动者,都必须成为社会保障对象;坚持多层次,即发展多种形式的社会保障制度,例如,我国目前除推行社会统筹与个人账户相结合的城镇企业职工社会养老保险制度外,积极鼓励和发展企业年金、商业保险、个人储蓄保险等多种形式;坚持社会保障税(费)多方负担,改变保障税(费)完全由国家和企业负担的状况,个人也要合理负担一部分社会保障税(费);坚持有弹性和可转移,即社会保障方式和水平根据不同情况和条件的改变而适时变化,使社会保障更好地满足社会需要,社会保障管理部门应采取有效措施,保证社会保障关系能因被保障人工作地点转换而随时转移,从而促进全国统一的劳动力市场的形成,优化劳动力资源配置。

2. 社会保障管理体制建设

社会保障管理体制建设主要有三个方面内容:一是确立社会保障的管理原则;二是明确社会保障行政管理、业务管理和监督管理的责任、机构和分工;三是确立社会保障的管理方式和管理手段,以此提高社会保障的管理效率。从实践来看,高效的社会保障管理体制应符合的原则有:社会保障管理决策统一;社会保障的行政管理、业务管理和监督机构分开设立;社会保障实行社会化和现代化管理。

3. 社会保障的发展规划

社会保障的发展规划主要包括四项内容：一是社会保障的预测预警工作。规划的指导性在于它的前瞻性，而科学的预测预警是前瞻性的保证。二是社会保障发展的宏观环境分析。社会保障事业是国民经济和社会发展的组成部分，规划社会保障事业发展，要从社会经济发展的全局出发，全面分析宏观经济发展的重大政策和环境变动对社会保障事业的影响，如我国加入 WTO 的影响、西部大开发政策的影响，等等。三是根据社会保障事业发展的需要，规划社会保障法制建设的目标和具体步骤。四是跟上科技进步的步伐，确定社会保障信息网络建设的基本框架和目标水平。

4. 社会保障基金管理的监督

对社会保障基金管理的监督因社会保障模式不同而不同，对于现收现付制和部分积累制中的社会统筹部分基金，管理的要求是不被侵占、挪用、贪污等，重在保值。对于完全积累制的基金，除此之外，还必须使基金最大限度地增值。因此，其管理内容还应包括社会保障基金运作机构准入的资格认定标准、退出条件和程序以及社会保障基金运行过程中的监控制度等。

二、社会保障的微观管理

社会保障的微观管理，也就是社会保障自我管理，是指社会保障机构为运筹和实施经营决策而对社会保障各环节进行的管理，其主要内容有以下几个方面。

（一）社会保障的市场管理

社会保障市场管理，就是从事社会保障市场研究，分析市场对社会保障机构提供的各种保险保障的需求和购买力情况，以及影响社会保障市场供求关系的诸因素，对未来市场的发展做出预测。这主要是对社会保障市场化的国家而言的。

（二）社会保障的行政管理

社会保障行政管理主要包括六个方面的内容：一是拟定社会保障发展规划和计划，统筹协调社会保障政策，统筹处理地区之间的利益和矛盾；二是制定社会保障法律、法规和政策，具体规定社会保障的实施范围和对象、享受保障的基本条件、社会保障资金的来源、基金管理和投资办法、待遇支付标准以及社会保障各主体的权利和义务等；三是组织实施各项社会保障法律法规，并负责监督、检查；四是受理社会保障方面的申诉、调解和仲裁；五是建立和完善社会保障信息化、社会化服务体系；六是培养、考核、任免社会保障管理干部。

（三）社会保障的业务管理

社会保障业务管理是指对社会保障业务正常运转所必须经过的各个环节进行全面规范管理。依据社会保障基金的来源和流向，社会保障业务管理大体上分为缴税（费）核定、税（费）征集、缴税（费）记录处理、待遇审核、待遇支付等环节。另外，为了从量上来把握社会保障业务管理，还包括社会保障统计。

（四）社会保障的财务管理

社会保障的财务管理是社会保障机构经营管理的综合反映，既是标志着社会保障经营的好坏，又最终体现着经济效益的取得。在当前情况下，我国社会保障财务管理是指社会保障基金的财务管理，其目的重在保值增值，不发生流失和挪作他用等现象。

社会保障基金财务管理主要包括四个方面：一是依法筹集和使用基金。依法筹集和使用社会保障基金，不仅是财务管理的一项重要内容，也是其重要任务之一，既要及时、足额筹集资金，又要保证及时、足额支出的需要。二是建立健全财务管理制度。财务管理制度是日常财务活动和处理财务关系的规范，是从事财务管理的基本依据和行为准则。因此，社会保障基金财务管理工作必须建立健全科学合理的财务管理制度，使财务工作做到有法可依、有章可循，实现规范化管理。三是做好社会保障基金的计划、控制、核算和考核工作，反映基金收支真实状况。通过对基金的筹集、支付、营运等环节进行计划、控制、核算、分析和考核，真实、准确地反映各项社会保障基金的收支状况，及时发现问题和解决问题，是社会保障基金财务管理工作的基本任务。四是严格遵守财经纪律，加强监督与检查，确保基金的安全与完整。

第三节　社会保障统计与评估

社会保障的绩效如何，直接关系到广大公众的利益，公众也有权利和责任共同维护社会保障的正常运行，促进政府改进社会保障绩效，维护社会的安全与稳定。

一、社会保障统计

社会保障绩效评估，存在大量不确定现象与模糊现象，要如实描述社会保障绩效，需要建立相关的统计指标体系，以配合社会保障绩效评估工作的开展。

（一）社会保障统计指标的分类

进行社会保障绩效评估，要强调社会保障统计的整体性与系统性。按照不同的标准可以进行不同的统计指标分类。

1. 按社会保障制度构成项目分类

按社会保障制度构成项目，社会保障统计指标分为社会保险统计指标、社会救助统计指标、社会福利统计指标、住房保障统计指标、就业促进统计指标、财政社会保障统计指标、社会慈善统计指标等。该种分类直接反映社会保障制度结构，是社会保障统计中最基本的分类，在上述分类下还可按其细分项目进行多层分类。由于社会保障制度的复杂性和研究视角的多元性，社会保障构成项目分类多与其他分类复合使用。

2. 按社会保障基金收支情况分类

社会保障基金收支平衡是从全社会的角度反映社会保险基金从征集到支付的整个资金活动过程平衡关系的方法。按照社会保险基金筹集模式，实施短期平衡或中期平衡是最起码的要求。社会保险基金平衡指标包括各单项基金结余总额、社会保险基金积累总额、调剂率指标、单位或区域负荷程度、受益率指标、社会保障基金统筹状况指标等。现收现付基金筹集模式强调基金当年收支平衡，部分积累筹资模式强调基金收支的横向平衡与纵向平衡的结合，完全基金积累筹资模式强调基金收支的纵向平衡。社会保障效益指标主要有经济效益指标与社会效益指标，包括实征率、积累系数、增值率、社会保险金征收保险系数，还需要用社会保险社会化程度综合指数来反映效益情况，其代表性指标为区域覆盖率、单位纳入率、费用统筹率等。①

3. 按指标功能分类

按指标功能，社会保障统计指标可以分为覆盖指标、负担指标、待遇水平指标、资金指标、管理、运行状态指标，这六个维度组合能全面反映社会保障制度的基本状况。当然对不同的社会保障项目，上述六个维度会发生相应的变化。

（1）覆盖指标反映的是社会保障制度的实施范围，体现社会保障的普及程度和公平状况，包括社会保障实施的项目数、覆盖的人群及覆盖率、参保人数及参保率等指标。

（2）负担指标反映的是社会保障费用承担主体的负担情况，

① 林毓铭．社会保障可持续发展现象的统计归类与指标体系[J]．统计与决策，2005（21）：45-46.

包括社会保险缴费比例、养老保险制度赡养比、政府社会保障负担率、财政社会保险支持率，其实社会保障（社会保险）支出占国内生产总值的比例反映了整个经济的社会保障（社会保险）负担，也属于一种社会保障负担指标。

（3）待遇水平指标反映的是各项社会保障制度受益对象的受益水平和程度，如人均社会保障支出、社会保障待遇的替代率、医疗保险基金报销比例、最低生活保障标准等。社会保障待遇水平既关系到社会保障基金支出额度、社会保障费用负担程度，也关系到社会保障对象的生存权和生存质量，还关系到社会保障对象的就业积极性，进而影响到社会保障制度的可持续性以及同经济的协调发展。

（4）资金指标反映的是社会保障整体以及分项的资金收入、支出与结余情况，鉴于社会保障资金在社会保障制度运行中的重要性，社会保障资金统计指标在五大国际组织以及世界各国的社会保障统计中均占有重要地位。

（5）管理指标反映的是社会保障相关部门的管理效率和服务质量，其内涵体现在资金安全、管理高效、服务优质等方面，诸如社会保值资金案件数、社会保险基金保值增值率、社会保障管理费用占事业经费的比重、公众满意度等。

（6）运行状态指标反映的是社会保障制度运行的规模、速度、结构、成本、安全、效率及趋势等，对于政府管理社会保障事业、完善社会保障制度与政策、落实民众对社会保障的知情权、保证社会保障制度良性持续运行具有重要意义。

4. 按社会保障领域和主体分类

按社会保障领域和主体，社会保障统计指标分为财政社会保障统计指标、社会保险统计指标、其他社会保障统计指标。

财政社会保障统计指标反映政府作为社会保障实施主体所进行的社会保障活动。不论世界各国社会保障制度差异如何，政府在社会保障尤其是社会救助和社会福利领域中都居于重要地位，因此反映政府社会保障作用范围与程度的指标，如社会保障政府负担率、社会保险财政支持率、财政支出中社会保障支出比例等，都是社会保障统计指标中不可或缺的内容。

社会保险不同于政府社会保障来源于一般税收的再分配，而是来源于单位和个人的缴费，基于权利和义务相联系基础上的社会保险是社会保障制度中相对于政府的另一大领域，因此有关社会保险的统计指标，如社会保险参保人数和参保率、缴费比例和负担率、基金收支比例与结余率、待遇水平以及管理成本和效率、安全运行等指标都是社会保障统计指标体系中的重要内容。

除了政府财政、社会保险两大主体外，慈善组织以及企业和社会团体等社会组织和个人也在不同项目上、以不同方式支付社会保障费用、捐献社会保障资金。作为社会保障的重要补充力量，他们的社会保障活动构成了其他社会保障统计指标的内容。

5. 按指标的作用分类

按指标的作用，社会保障统计指标分为基础指标、评价指标、中间指标。基础指标类似于统计学中的原始统计指标，是经过统计工作直接汇总得出的统计指标，是评价指标和中间指标的计算基础。评价指标是用来分析、观察、考核社会保障制度运行结果和社会保障工作实绩的统计指标，是依据基础指标计算而形成的绩效分析指标。在基础指标和评价指标之间的各种分析指标即为中间指标，中间指标可以根据研究的目的进行广泛选择。基础指标必须在统计年鉴中予以公布，评价指标应该公布，而中间指标则可以公布也可以不公布，由需要者根据基础指标自己计算得出。

（二）社会保障统计指标体系举例

进行社会保障绩效评估，可能涉及社会保障各个领域，并与宏观经济观景、社会环境、人口环境等因素密切联系，以下指标按社会保障内容进行分类，并综合考虑相关指标对社会保障各内容的影响。下面我们以社会福利统计指标体系及社会救济与救助统计指标体系为例(表3-1),列举由主观指标与客观指标所组成的社会保障统计指标体系。

表3-1 社会保障统计指标体系举例

社会福利统计指标体系	社会救济与救助统计指标体系
城市福利院、敬老院数量 平均每千人拥有床位数 残疾人服务组织数量 孤残儿童康复中心数量 残疾人就业率 残疾人事业经费增长率 社会福利基金募捐额及年度增长率 住房公积金贷款额 经济适用住房竣工面积 廉租住房平均每平方米租金	城镇居民最低生活保障补助额 城镇居民最低生活保障平均救济强度 自然灾害救济额占灾害损失的比率 城乡居民因大病返贫率 低保人员享受各种减免的平均折合价值 当年社会捐赠额

二、社会保障绩效评估

(一)社会保障绩效评估主体内容

我国政府社会保障管理部门涉及人力资源和社会保障部、民政部、财政部等多家行政职能机构,属于典型的公共部门。

从外部性看,绩效评估的主体内容应体现效果为本的主体思想,政府主导型社会保障在社会稳定与弥补市场缺陷方面所产生的积极影响,通过一系列实际效果指标反映受保障群体在社会保险、社会救济、社区服务等方面所享受的社会保障服务,表现人民生活福利指数的变化及一系列政策变量所产生的政策效应、社会保障成本控制及投入与产出的经济效益与社会效益状况。

从内部性看,政府社会保障绩效评估体系评估政府社会保障部门自身建设的成就,比如政府社会保障职能转变的水平、政府行为法制化水平、政府决策民主化水平、政务信息公开化水平等。

政府社会保障职能与管理方式是社会保障绩效评估的核心,政府职能是根据社会需求,政府在国家和社会管理中承担的职责和功能,公共行政管理的目的是更好地界定政府职能,提高政府效率,促进人类社会的福利。一般从政治、社会、经济等各个领域论述政府职能,将政府职能分为政治职能、经济职能和社会管理职能,但是政府职能并不能够自动实施,而要通过适当的方式将之转化为现实形态,新公共管理学派关于政府改革的许多建议基本上都是从管理方式方面入手去改进政府绩效的,例如契约外包、凭单制、政府委托管理等都是实现政府职能的新管理方式。

(二)社会保障绩效评估指标体系

埃莉诺·奥斯特罗姆、拉里·施罗德和苏珊·温共同开发了一套评价制度绩效标准,他们将评价制度绩效的标准分为两类:一类是总体绩效标准,一类是间接绩效标准。总体绩效标准重点分析五个方面:经济效率、通过财政平衡实现公平、再分配公平、责任和适应性。社会保障制度绩效评估也基本包括上述内容,社会保障经济效率、财政转移支付、社会保障再分配、社会保障服务责任与效应、制度的适应性即公众对社会保障制度的态度与参与等均是需要测评的内容。

建立社会保障绩效评估指标体系,有不同的测评标准。所谓职能绩效指标,是政府在其职能范围内所表现出的绩效水平,它具有直接性和主体性,如社会保障问题、社会稳定问题等是政府应解决的基本问题,这方面出了问题,政府部门要负直接责任。影响指标,体现效果为本,是用来测量政府管理活动对整个社会经济发展成效的影响和贡献,它具有间接性和根本性。这一指标直接考察的是政府的所有作为,反映在人民生活中的实实在在的效果。潜力指标是测量潜在发展动力。

一般来说,政府的绩效最终要表现在经济增长、社会进步和人们生活质量的提高上,要恰如其分地评估社会经济发展中政府社会保障的地位和作用,特别是在转型期政府在主导社会保障制度,以弥补市场经济缺陷方面所付出的努力,目前形成的大政府和全能政府的社会保障管理模式,在相当长时期内还将保持强势政府的态势；影响指标反映的是社会保障活动所带来的社会经济发展的最终成果，按照全面发展的思路，应包括经济、社会和人口与环境等内容；潜力指标，反映的是政府社会保障内部的管理水平，它是履行社会保障职能的基础，也是政府绩效持续发展的保证，同时也体现政府管理廉洁、公正、高效的政治要求，因此潜力指标在整个体系中占有重要地位，与影响指标一样是职能指标的重要补充。潜力指标实际上测量的就是政府在自身建设和内部管理方面的工作效果。[①]

由于社会保障内容繁多，统计分析指标错综复杂，对社会保障绩效评估也不可能面面俱到，本章按照社会保障所包含的内容分别设计职能绩效指标、影响指标与潜力指标三大类。下面是社会救助与再就业工程绩效指标（表 3–2）。

表 3–2　社会救助与再就业工程绩效指标

	城市居民最低生活保障	灾害救助	流浪乞讨人员救助	社会互助	再就业工程
职能绩效指标体系	1. 享受城市低保人数 2. 财政资金投入额及增长率 3. 人均领取低保资金 4. 领取低保人数占“应保尽保”人数比率 5. 实物补贴和优惠政策折合价值量	1. 财政救灾资金额及年均增长率 2. 享受灾害救济人员占受灾人数的比重 3. 灾害保险赔偿额及对损失的补偿程度	1. 救助管理站数量及增长量 2. 救助流浪乞讨人员人数及救助金额	1. 社会捐赠接收站点数量 2. 捐款捐物折合价值及年均增长率 3. 送温暖活动惠及人数及人均数额 4. 职工互助保障组织数量及受惠人数占有比率	1. 人员再就业率及女职工再就业率 2. 失业人员转岗培训人次及比率 3. 转业教育符合市场化程度 4. 自谋职业享受政策优惠人数及比率

① 林毓铭 . 社会保障可持续发展的政府绩效评估指标体系 [A]. 中国行政管理学会 .“落实科学发展观推进行政管理体制改革”研讨会暨中国行政管理学会 2006 年年会论文集 [C]. 中国行政管理学会：中国行政管理学会，2006：7.

续表

	城市居民最低生活保障	灾害救助	流浪乞讨人员救助	社会互助	再就业工程
影响指标体系	1. 低保制度对社会稳定的影响 2. 进入与退出低保人员比例系数 3. 公众对城市最低生活保障制度合理性的评价	1. 开展生产自救创造价值量 2. 灾害损失对居民经济生活或生产的影响	1. 流浪乞讨人员重返减少率 2. 流浪乞讨管理对城市文明的影响 3. 公众对流浪乞讨人员的同情指数	1. 优惠者对捐赠财物的满意程度 2. 社会互助对净化社会风气的影响	1. 失业人员社会保险延续率 2. 失业两年后未就业人数及所占比率
潜力指标体系	1. 财政扶助低保人员就业支持力度严格 2. 家计调查制度等对低保基金节余率	1. 政府对重大灾害应急预案的财政能力 2. 重大扶贫计划年均拨款额	1. 市民对政府处理流浪乞讨人员的看法、态度或建议 2. 城市收容所对流浪乞讨人员的处置能力	1. 社会服务志愿者人数及预期增长率 2. 非政府组织参与及影响程度	1. 城市以工代赈支付资金占社会救济资金的比率 2. 经济增长计划对就业的拉动效应 3. 对劳动力需求信息系统的改造与投资效用

第四章　中国老年社会保障研究

老年社会保障指的是人类社会区别于传统家庭养老的正式的老年保障制度，是国家和政府以立法的手段来推行的保障老年人生活的社会制度和政策，是国家和政府的基本职责之一。① 在当前老龄化的背景下，在我国深化社会保障体制改革的形势下，对老年社会保障进行研究具有重要意义。

第一节　老年社会保障的重要性

随着社会发展的不断加快，再加上中国人口基数较大，中国的老龄人口数量在纾解上是最多的；人口老龄化的程度与经济发展之间呈现出不平衡发展的态势；我国还没有建立完善的养老险制度，人口老龄化就到来了，老龄社会随之形成，所以，在这种情况下要满足我国的养老保障是比较困难的。但我国政府一直也没有放弃努力，政府通过各种措施来保障和完善我国养老保险制度，社会养老服务水平逐渐提高，老年社会保障取得了很大的进步。在此基础上，我国养老保险制度若想进一步得到提高，就需要我们抓住老年社会存在的主要问题，对症下药，逐渐完善和发展我国老年社会保障制度。

一、社会老年群体存在的主要问题

近半个世纪以来，世界人口发展的一个重要趋势就是人员结

① 葛安琪．我国社区养老及政府责任研究[D]．延安大学，2017.

构的老龄化，这已经成为当今世界的一个突出社会问题。随着老年群体的日益庞大，老年人口问题已经成为各国社会政策和社会工作面对的一个重要问题。

（一）空巢老人和孤寡老人的照顾问题

空巢老人主要是指子女因工作、结婚、学习等原因离家后，只留老人在家。空巢老人主要包括单居或夫妻双居，因为长期处于无子女在身边的状态，很多人会出现“空巢”综合征。家庭“空巢”综合征常常表现出的症状是心情郁闷、沮丧、孤寂，食欲减低，睡眠失调，平时愁容不展，长吁短叹甚至流泪哭泣，常常会有自责倾向，认为自己有对不起子女的地方，没有完全尽到做父母的责任；另外也会有责备子女的倾向，觉得子女对父母不孝，只顾自己的利益而让父母独守“空巢”。①社会针对老年人的电视节目少、健身娱乐设施不足，导致老人的精神生活贫乏。再加之空巢老人社会活动减少、子女关怀不够，极易引发精神疾病。目前国内对“空巢”老人的关注已逐渐提升，但合理安抚老人、提供精神慰藉、专门做好此类老人的照顾工作的水平，还有待提高。目前，社会能够为这类老人做到的有组织志愿者、义工不定期探望、安排专人定期走访，但很多社区在操作过程中仅局限于形式，并未做到体系化管理，将“空巢”老人的相关照料列入日常工作范畴。

孤寡老人主要是指无配偶、无子女，且无人照顾、基本失去劳动能力的老人。此类老人在社区中属于最为边缘化的一类，且极容易产生自卑的情绪，常常会因为自身的处境，产生厌世的想法。

孤寡老人因为身边没有人陪伴与照顾，往往生活中的事务都需要自己来承担，从日常的煮菜做饭，到繁重的家务劳动。一些对生活质量要求不高的老人，很容易出现邋遢的生活状态，包括饮食、生理等卫生方面不够注意，小病小痛自然就比其他老年人

① 黄润洪，张宇红．基于农村空巢老人情感空缺设计对策研究[J]．大众文艺，2011（20）：89-90.

多。很多孤寡老人在遇到小病痛的情况下，首先会考虑经济问题，再者单独去医院又非常不方便，就医过程中又无人照顾，较多孤寡老人会利用以往的生活经验，采取忍痛不治疗的方式挺过去，而正因如此，孤寡老人生活中最容易出现意外。由于孤寡老人生活中并无共同生活的伴侣，遇到病痛如果不能及时就医的话，很容易出现病倒在家中、无人知晓的状况，随时会有生命危险。

目前国家规定此类老人在农村可以作为五保户供养，在城市作为三无人员，享受相应的国家政策。对于生活困难的此类老年人，社区会协助申请医疗救助基金等国家规定的相关福利政策。但对于孤寡老人的精神慰藉和长期照料方面，就像空巢老人一样，社区管理中仍未形成系统的照护体系及运作机制，仍有很大的提升空间。

（二）高龄自理老人的照顾问题

高龄自理老人主要是指身体健康，生活能够自理的老人。这部分老年人在日常生活中会遇到许多琐碎的问题，例如修理家中损坏的电器设备、更换电灯泡等问题。而在社区周边，提供维修家电水管等生活服务的商家相对较少，有的商家能够提供维修材料，但是却不能上门服务，给老年人的日常基本生活带来了不少难题。

目前社区居委会等相关政府机构的工作尚不能辐射到居民基本生活服务方面，对老年人的社区服务和社会保障尚有待完善。

（三）半失能老人和失能老人的照顾问题

半失能老人可以分为借助老人和介护老人。借助老人主要是指老人在日常行动中需要依靠拐杖等其他助力工具才能完成基本的生活功能，但尚不需要有人进行护理服务；介护老人则是特指老人在失去部分自理能力的前提下，需要他人进行护理照料才能完成基本的生活功能。大部分生活在社区中的老年人基本都居住在高层住宅中，尤其是老式住宅没有电梯，行动不便的老年人出行成了一个很大的问题，一个行动不便的老年人如果需要从家中通过楼梯到社区公园散步，需要至少两名成年男子协助才能完成。

介护老人在家中的照顾问题，一直是家庭照顾的负担，与配偶一起居住的半失能老人，一般由配偶全权负担老人的照顾问题；配偶已离世的老人，基本由子女轮流照顾，子女工作无法顾及的，则由家庭保姆负责照顾。目前社区半失能介护老人的照顾人员，都没有经过专业的培训。半失能老人的照顾包括洗浴、如厕、身体活动、穿衣、吃饭等生活琐事。短时间的照顾，子女包括保姆都能适应。但长此以往，很多照顾者包括家人，会滋生对老年人的厌恶，从言语、精神上开始对老年人不尊重，甚至谩骂。对半失能的老人来说，这是人格的践踏、尊严的丢失。最后导致的结果是，久病无孝子，而老人其实也未得到真正的妥善照顾，反而导致了生理、心理上的双重伤害。

在半失能老人出行方面社区居委会尚未提供这方面的服务，一般都是在由邻居协助完成或者是志愿者服务过程中完成。志愿者服务基本不定期，而且针对居家老人的志愿者服务相对更少。

在老年人居家照顾方面，目前能提供解决办法的只有民营家政公司，社区在这方面的力量相对较弱。国家目前推出的社区综合服务中心，能为半失能老人提供日间的照料，以使其家庭中配偶、子女的日常工作不受影响，晚上接回家中再进行照顾。但目前国家推行日间照料中心的项目，很多实验省份还未真正落实，部分地区也只是做好硬件设施的配置，真正的日间照料服务未能跟上，很多社区的半失能老人仍未能享受到此项政策带来的福利。

与半失能老人相比，失能老人对居家照顾人员的要求更高。除了要做到半失能老人的照顾要求外，还必须全天定期给老人翻身、按摩等。失能老人常常伴随着大小便失禁、脾气暴躁、性格多变等问题，给照顾人员生理上、心理上带来很大的负担，很多情况下就会演变成打骂老人，将老人看作累赘，全然无视老人的尊严。

社区对失能老人的照顾，一般都止于家庭，社区居委会基本都不参与照顾。部分社区会定期前往探望，但大部分社区只是做到数据上的统计，很少顾及此类老年人的照顾问题。

（四）失智老人的照顾问题

失智主要是指老人进入老年期后因为身体机能的退化或者受疾病的影响，脑功能下降，在日常行动能力不受影响的情况下，对日常的外界信息无法做出正确的回应，甚至过去的记忆也产生混乱。对此类失智老人的照顾难度更大，因为老人无法辨别可预见性的危险，很容易出现走失、不小心触电、误食药物等问题。对此类老年人的照顾比失能、半失能还要辛苦。很多家庭因为条件较差，家中的劳动力必须外出工作，根本无法顾及家中失智老人的日常照顾问题。家人经常将失智老人反锁在家中，防止其外出走失。这种方法除了能保证老人的一日三餐温饱，对老年人的照顾非常有限。

二、为老年人提供社会保障具有重要意义

（一）老年社会保障是社会保障的核心部分

一般来讲，老年是人生中劳动能力减弱的阶段。这一点不同于失业现象，通常来说，失业并不意味着劳动能力的减弱或丧失，失业者还可以重新回到工作岗位；而老年则意味着人基本丧失了劳动能力，意味着永久性的“失业”。从这种意义上说，由年老导致的无劳动能力是一种确定性的和不可避免的风险。其他社会保障项目如工伤保险、残疾人保障等，虽然如工伤等事件导致劳动能力丧失的程度可能比年老更严重，但是其人数和需要的资金量大大少于老年保障，其对社会经济的影响力是不能与老年社

会保障相比的。

（二）养老金支出在社会保障支出中占主要份额

1979—1983 年，美国和联邦德国的养老金支出占到全部社会保障支出（包括养老金、医疗、工伤、失业保险和家庭补贴）的 50.3% ~ 55.1%，英国和法国占到 41.3%，巴西占到 53.7% ~ 62.9%，马来西亚占到 94.3% ~ 95.9%。1990 年统一后的德国的社会保障总支出为 7 000 亿马克，养老金支出占支出总额的 1/3，医疗保险支出占 1/5，两项合计占社会保障总支出的 50% 以上。

近年来，随着我国老龄人口的逐渐增多，老年社会保障占社会保障资金的比例也越来越大。我国离退休人员的保险福利费占全国保险福利费的比重，1995 年为 65.30%，1996 年为 66.70%，1997 年为 67.96%。①2013 年，全国五项社会保险（含城乡居民基本养老保险）基金收入合计 35 253 亿元，其中养老保险基金收入 24 732 亿元，占到了 70.2%，是医疗保险基金收入的 3.1 倍，是失业保险基金收入的 15 倍，是工伤保险基金收入的 47 倍，是生育保险基金收入的 84 倍。伴随着我国人口老龄化的不断加剧，退休金占社会保障乃至占国民生产总值的比重快速上升。

在老年保障项目中，养老保险是一项比较复杂的管理和运行系统，涉及国家政府、每一个社会组织和社会人口的主体，因此，养老保险又是老年社会保障的重点。

第二节　老年社会保险的基本原则

21 世纪以来，人口老龄化问题越来越突出，老年社会保险相应就成了世界各国共同关注的焦点，面对人口老龄化的巨大压

① 杨超．论建立符合我国国情的社区居家养老运作模式 [D]. 河北大学，2009.

力，怎样使养老保险制度得以正常运行，怎样适度控制养老保障水平，同时不能无限度地增大政府的负担甚至应逐渐减轻政府的支出，是目前各国政府和理论界研究的重点和热点。

一、享受保险的权利与资格条件对应的原则

在世界各国，实施这一原则主要通过以下四种形式。

（一）享受老年社会保险的权利与劳动义务对等的原则

通常情况下，享受老年社会保险的主体是指达到了一定劳动年龄而退出工作岗位的人。一般来说，国家和政府对公民的劳动年龄上下限都在立法或制度方面做了规定，退休年龄是指劳动年龄的上限。劳动者在达到了退休年龄以后，国家根据有关政策和制度，一方面安排他们退出原来的工作岗位，另一方面对他们的基本生活给予一定的保障，使他们在退休之后能够享受到社会帮助和自身应享有的权利。一般来说，劳动者在达到退休年龄之后，不管其是不是丧失劳动能力都必须按照相关规定办理退休。这既是他们为社会贡献了自己的青春和能力之后应享有的权利，也是他们能够获得老年社会保险而必须履行的义务，也就是说，一旦劳动达到一定年限后，就放弃劳动行为。

根据享受的社会保险权利和劳动义务对等的原则，必须依据劳动者在实际的生产生活中所做贡献大小和付出的劳动时间来确定老年社会保险的条件和待遇水平。实行国家保险型老年保障模式的国家大都采用这种方式。

（二）享受老年社会保险的权利与投保对等的原则

遵循这一原则的国家多要求享受老年社会保险的人也承担保险费用，即当人们达到退休年龄后，要获得老年社会保障的权益，必须以参加社会保险并且缴纳保险费（税）为条件。具体实施上，有的国家是以解除劳动为条件，有的国家如那些缺乏劳动力

的国家，则鼓励延长劳动时间和投保时间，并且在退休金上给以优惠。

通常来说，享受到的老年保险待遇和缴纳保险费的时间成正比，即缴纳保险费的时间越长，享受到的老年保险待遇就越高；超过法定的投保年限，可享受更高的待遇。有的国家如日本规定，不到法定投保年限不能得到退休金。西方多数发达国家采用这种享受权利与投保期限或投保额对等的原则，如德国、美国、法国、丹麦、瑞典等。

（三）享受老年社会保险待遇与工作贡献相联系的原则

虽然现代老年保险和福利以及社会服务制度是在承认所有老年人都对社会有贡献的前提下实行的，而且在很多福利国家，老年人的社会待遇水平较高，社会福利的覆盖面很宽，但是在社会保险或社会待遇的实际操作上，也是根据老年人的历史贡献而有所区别。在经济水平较低的发展中国家，对老年人的保障和待遇标准的差别就更加明显。例如，大多数国家退休金标准的制定都要根据原来的工资标准和职位的高低。在具体实施中，退休人员享有的养老金和福利待遇不能仅凭某一项条件来评估和确定，而是要综合考量，根据贡献大小、工作时间等多种因素来确定。

目前阶段，我国对历史贡献不同的老年退休者在享有的退休待遇上存在的差别比较明显。其中最突出的是离休人员的养老金以及生活福利待遇要高于退休人员。此外，对在以往的工作生产中有过突出贡献的科学技术人员实行政府津贴制度；对特殊工种实行一定的退休优惠政策；等等。

（四）享受老年社会保险的权利与国籍或居住年限相联系的原则

实行这一原则的国家只要求是本国居民或在本国居住达到一定年限即可，而没有工作时间和投保年限的规定。这类国家主要是新西兰和澳大利亚等实行全民保险的国家。

二、保障基本生活水平的原则

当劳动者到达一定年龄走下劳动岗位之后，老年社会保障制度为其提供的养老金就成了他们的主要生活来源。所以说，要使老年人的基本生活需要得到保障，就必须充分发挥养老金的作用，照顾到老年人的生活各方面。养老保险是老年人终生享受的待遇，实际是按一定周期（通常按月）、一定标准持续不断领取的，在老年人的有生之年，其实际养老金的水平或社会购买力会受到社会经济因素变动的影响，如受到通货膨胀和物价波动的影响，而同一标准的养老金待遇，在不同的物价水平下，享有的消费资料和社会服务是不同的。为了保障老年人的基本生活，使之不受通货膨胀和物价波动的影响，必须按通货膨胀和物价指数适时调整养老金及社会救济金的水平。目前，世界上很多国家通过立法来保证老年人的基本生活不受经济波动的影响。

三、分享社会经济发展成果的原则

老年人的社会保险水平必须随其他社会成员收入和生活水平的提高而提高，其中的一项重要内容就是随着在业者工资水平的提高而相应地提高。这主要基于以下两方面原因：第一，老年人所做的工作为当前及以后的经济发展奠定了基础，创造了条件，他们为经济发展贡献了自己的青春和力量，已经尽到了劳动的义务，承担了社会发展的历史责任，我们在享受他们创造的劳动成果的同时不能忘记他们做出的贡献。第二，社会发展必须体现出公平的原则。为了使退休者与在业者之间的收入保持在合理的范围之内，避免差距悬殊而产生大量的低收入人群，必须使老年人的收入得到相应的提高。

第三节　中国老年社会保险制度的发展和改革

随着中国经济发展模式的转变，传统社会保障体系已不再适应变化了的社会经济条件和民众对社会保障的要求，存在许多弊病与缺陷，甚至还阻碍了中国进行更深入、全面的改革。因此，中国不得不就社会保险制度进行一些必要的改革。

一、中国老年社会保险制度的发展

（一）计划经济时代的养老保险制度

1. 养老保险制度初创时期（1949—1958年）

（1）城镇企业养老保险制度的建立：实行城乡分立

中华人民共和国成立初期，由于政权更替和经济调整，在人员安置、劳动就业方面形成了十分严峻复杂的局面。1949年9月，中国人民政治协商会议通过的《中华人民政治协商会议共同纲领》（以下简称《共同纲领》）第32条规定，在企业中“逐步实行劳动保险制度”。1951年2月政务院颁布了《中华人民共和国劳动保险条例》（以下简称《劳动保险条例》），中央劳动部会同中华全国总工会制定了《中华人民共和国劳动保险条例实施细则草案》，这是中国第一部社会保障法规，标志着我国初步建立起企业职工的养老保险制度。

鉴于当时国家财力有限，暂时不能在所有企业实行劳动保险制度；由于缺乏经验，只宜采取“重点实行，逐步推广”的办法；百人以上的单位，生产经营比较正常，具有支付保险费的能力，所以《劳动保险条例》（以下简称《条例》）先在百人以上的国营、公私合营、私营和合作社经营的工厂、矿场及其附属单位，以及铁路、航运、邮电三个产业所属企业和附属单位实行。虽然保障水平不高，但在当时仍极大地鼓舞了职工的劳动热情。

1953 年 1 月，政务院对《条例》进行了修改，劳动部同时颁布了《中华人民共和国劳动保险条例实施细则修正草案》，中华人民共和国成立初期，我国城镇企业的劳动保险制度基本确立。它的实施深得广大职工的拥护，职工们普遍反映“社会主义好，生老病死有劳保”，成为中华人民共和国社会主义经济建设的主要力量。

这一时期养老保险制度的特点主要有以下几个方面：第一，中国企业养老保险制度建立在明确的法律基础之上。在《共同纲领》第 32 条规定的基础上，1954 年宪法第 93 条采用了苏联宪法中“劳动者在年老、疾病或者丧失劳动能力的时候，有获得物质帮助的权利”，重申“国家举办社会保险”。第二，中国企业养老保险采取现收现付的待遇确定型（DB）体系，根据职工的工作年限和退休前的工资水平确定其养老年金的标准。当时人口结构比较年轻，养老金的替代率较高（50% ~ 70%），缴费率很低（3%），而且缴费不仅用来支付养老金，也用于医疗和伤残等其他保险支出。第三，养老金的领取条件以及待遇标准与当时国际上通行的做法类似。第四，仿效苏联、东欧模式，中国养老保险同样采取的是企业缴费、职工个人不缴费的办法。第五，企业间实行了全国范围的保险费用统筹。3% 的缴费中，30% 上缴中华全国总工会作为社会保险统筹基金，70% 存于企业工会基层委员会，用于退休金、医疗保险、工伤保险、救济金、丧葬补助等开支，每月结算一次，余额转入地方工会组织或产业工会委员会，作为保险调剂金，不足时则向上级工会组织申请弥补。[①] 第六，政策制定、监督和执行分别由不同机构承担。劳动部负责政策制定和监督，工会系统负责具体的保险经办，二者之间形成相互监督和制衡机制，有利于提高效率，防止腐败。

这一时期养老保险制度存在的主要问题主要有以下几方面体现：第一，保障与就业高度重合。在传统体制下，城镇中的劳

① 黄晓．中国基本养老保险基金收支均衡政府责任及其策略研究 [D]. 西南交通大学，2007.

动年龄人口由政府劳动部门按照计划分配的指标安置就业,一旦其成为国有企业的正式成员,就自然而然地进入了社会保险制度的保护网络;如果由于某种原因未能被安置就业,或就业后又丧失了工作,则被排除在社会保险制度之外。第二,覆盖面窄,城镇企业养老保险制度基本上局限于国有企业和集体企业的正式职工,不包括城镇的个体劳动者和临时工。第三,保险体系层次单一,所有责任都由政府承担,而且采用的是现收现付模式,除少量调剂金外,基本没有形成资金积累。第四,实行城乡分立制度,以体现"城乡差别"。

(2)农村养老保险制度的建立:重点实行"五保"

农村养老制度主要是以1956年通过的《一九五六年到一九六七年全国农业发展纲要》和《高级农业生产合作社示范章程》为政策依据,重点体现在"五保"上;在医疗上实行的是农村合作医疗制度,即由农业生产合作社、农民和医生共同筹建保健站,通过缴纳少量的保健费,农民可以免费享受预防保健服务及免收挂号费和出诊费。①

中华人民共和国成立之后经过土地改革,农村个体农户之间的贫富差距逐渐拉大,出现了部分农户因贫困出卖土地的现象。毛泽东认为走农业合作化的道路,可以解决这部分农民的困难,防止两极分化。1953年10月,毛泽东提出了走农业合作化道路、办大社的思想,其中就有通过农村集体组织来解决贫困农民养老问题的内容。②

1956年6月30日,中华人民共和国第一届全国人民代表大会第三次会议通过的《高级农业生产合作社示范章程》中明确规定:"农业合作社对缺乏劳动力或者完全丧失劳动力,生活没有依靠的老、弱、孤、寡、残疾的社员在生产和生活上给以适当安排

① 郑秉文.中国社会保障制度60年:成就与教训[J].中国人口科学,2009(05):2-18+111.

② 李静,柯冉兵.毛泽东计划经济时代的社会保障思想及其实践[J].中共杭州市委党校学报,2012(04):43-49.

和照顾，保证他们的吃穿和柴火的供应，保证年幼的受到教育和年老的死后安葬，使他们生养死葬都有依靠。”①

（3）机关事业单位养老保险制度的建立：实行干企差别

中华人民共和国成立初期，我国延续了革命时期的供给制传统，对机关事业单位人员实行供给制，其生、老、病、死、伤、残均由组织负责。1950 年 3 月，政务院颁布了《中央人民政务院财政经济委员会关于退休人员处理办法的通知》，该通知适用于当时的党政机关以及海关铁路、邮电等单位中实行工资制的工作人员，通知中所规定的退休金标准较低，而且是一次性给付。

1955 年 12 月 29 日，国务院制定颁发了《国家机关工作人员退休处理暂行办法》（以下简称《办法》），将一次性发放的退休金改为按月发放，干部待遇也有了较大幅度的提高。《办法》规定，“各民主党派、各人民团体和国家机关所属的事业费开支的单位，都可以参照这个命令所颁发的各项办法和规定执行”。这意味着，在上述制度实施之初，事业单位与机关单位的政策和待遇就被捆绑在一起。这个文件的发布标志着机关事业单位养老保险制度的正式建立。

机关事业单位与企业实行分立制度，以体现“干企差别”。《国家机关工作人员退休处理暂行办法》对于未在机关单位实行和企业一样的养老保险制度，给出的理由是：“现在国家机关工作人员还不能和企业职工采取同样的办法计算工龄，国家机关和企业部门的工资标准也有差别，因此，在国家机关工作人员中还不能立即实行劳动保险条例。”这反映了当时企业与机关事业单位两个部门工资决定机制相互独立、人员相互不流动的状况。②

在中华人民共和国刚刚成立的过渡时期，企业部门实行的是由企业负担的具有社会统筹性质的劳动保险制度，而机关事业单位的养老则由财政直接支付；机关事业单位养老制度实行的是

① 蒲丽娟．试析毛泽东农民养老思想 [J]. 南昌工程学院学报，2009，28（05）：7-10+22.

② 朱恒鹏，高秋明，陈晓荣．与国际趋势一致的改革思路——中国机关事业单位养老金制度改革述评 [J]. 国际经济评论，2015（02）：9-28+4.

与工龄挂钩的差别替代率,医疗实行的是公费医疗制度;而企业实行的是劳保医疗制度,由企业和保险基金双方支付。二者在养老保险制度政策设计之初的显著差别,是目前我国养老保险“双轨制”的直接起源。

2. 养老保险制度调整时期(1959—1966 年)

(1)城镇企业养老保险制度的调整

1959—1966 年是我国城乡养老保险制度的调整时期。这一时期城镇社保制度开始显现出了财务危机。随着财务危机覆盖面逐渐扩大,公费医疗和劳保医疗费用呈现出逐渐上涨的趋势,给政府财政支出带来了很大的压力。为了减轻财政负担,中央政府不得不出台一些限制性措施。于是,旨在控制费用上涨而设立的干部特权和等级制度在这个时期逐渐形成。城镇社保制度出现了覆盖面扩张和待遇水平收缩两种趋势并存的态势,旨在减轻财务负担。

(2)农村养老保险制度的发展潜力

这一时期农村社保覆盖面得以进一步扩大,尤其是农村“五保”制度与合作医疗制度,人民公社制度的确立与实施进一步刺激了该制度覆盖面的扩大,并逐渐成为农村社保制度的一个经济支撑和实施平台,农村出现前所未有的制度发展潜力。

(3)机关事业单位养老保险制度的调整

1957 年以后,我国对机关事业单位养老保险制度进行了调整,尤其是针对机关事业单位人员和企业职工养老保险制度相互独立的问题进行了完善。1958 年 2 月,国务院发布了《国务院关于工人、职员退休处理的暂行规定》,适用于企业、事业单位和国家机关、人民团体的工人、职员,将机关事业单位干部的退休办法与企业职工的退休办法统一了起来。

机关事业单位人员和企业职工的退休条件为:一般情况下,男工人、男职员年满 60 周岁,女工人年满 50 周岁、女职员年满 55 周岁,连续工龄满 5 年,一般工龄满 20 年,可以退休。对从事井下、高空、高温、特别繁重体力劳动或者其他有损身体健康工作的工人、职员，条件相对宽松。机关事业单位人员和企业职工每月退休金的标准为本人工资的50% ~ 70%，对于社会有特殊贡献的工人、职员的退休金，可以酌情提高，但是提高的幅度最高不得超过本人工资的15%。这个文件的出台增强了养老保险制度的公平性与统一性。

（二）改革开放以来的养老保险制度

1. 养老保险新制度探索时期（1978—1990年）

（1）解决历史遗留问题

1978—1990年是我国养老保险制度部分恢复旧制度与试点探索新制度阶段。改革开放之初，百废待兴，在新制度建立之前，对于一些亟待解决的历史遗留问题需要恢复部分旧制度。为此，1978年颁发文件首先解决了机关事业和国有企业职工200万人始终没有办理退休手续的问题，该人数于1979年增加到596万，1980年达到816万。1982年确立了“离休制度”，应退未退问题得到妥善解决。到1991年底，离退休人员已达2 433万。[①]

（2）确立干部离休制度

干部离休制度是干部退休的一种特殊形式，是新的历史发展时期以后建立起来的一项新的干部安置制度。1978年国务院颁布的《关于安置老弱病残干部的暂行办法》中，对干部和工人的退休制度进行了区分，增加了离休制度。离休制度主要适用于中华人民共和国成立前参加过新政权筹建工作的人员。1980年国务院颁发了《关于老干部离职休养的暂行规定》，规定第一、二次国内革命战争时期参加革命工作的干部抗日战争时期参加革命工作的副县长及相当职务或行政十八级以上的干部，中华人民共和国成立以前参加革命工作的行政公署副专员及相当职务或行

① 郑秉文．中国社会保障制度60年：成就与教训[J]．中国人口科学，2009（05）：2-18+111.

政十四级以上的干部，年老体弱、不能坚持正常工作的，应当离休。1982 年国务院又颁布了《关于老干部离职休养制度的几项规定》，对干部离休的条件、年龄限制，以及可以享受的政治待遇和生活待遇做了明确要求，其原则是基本政治待遇不变，生活待遇略为从优。至此，干部离休制度正式建立。

（3）探索试点新制度

这一时期对新制度的试点探索主要体现在两个群体的制度上。

第一，集体企业退休人员。1984 年劳动人事部与中国人民保险公司联合发文，建立了一个“半商业化”养老制度。20 世纪 80 年代初农村以“去集体化”为特征的家庭联产承包责任制，极大地提高了中国农村生产率。80 年代末，农村养老保险制度的试点在一些相对发达地区展开，有的由政府主导，有的由集体经济自愿组织开展。由于农村经济发展水平和农村居民组织化程度的差异，农村养老保险在制度推广上并没有走整齐划一的模式。①

第二，合同制工人。1986 年国务院颁布了《国营企业实行劳动合同制暂行规定》，决定国营企业新招收的工人一律实行劳动合同制，并把企业职工养老保险范围扩大到劳动合同制工人，规定了劳动合同制工人退休养老保险办法，实行城镇企业职工个人缴纳养老保险费用的制度，确定企业缴费 15% 和个人缴费 3% 的积累制养老保险制度，并开始在县、市级实行统筹，使养老金开始由企业完全负担向多方负担转变，此后，个人缴费制度逐步推广到全部企业职工。1991 年全国 96% 的市县实行了养老保险统筹，标志着社会保障制度改革进入了实质性阶段。②

① 陈丰元，Athar Hussain，蔡泽昊．中国农村养老保险：政策回顾与评价 [J]．东吴学术，2013（06）：80-89.

② 穆光宗，苗景锐．中国社会保障制度的回顾与展望 [J]．人口学刊，2002（01）：30-38.

2. 养老保险新制度形成时期（1991—1998 年）

（1）养老保险制度从“单位保障”走向“社会保障”

1991 年国务院在总结部分省市试点经验的基础上，发布了《关于企业职工养老保险制度改革的决定》，确定“社会统筹”为养老保险制度改革的方向，并改革组织形式，规定企业、国家机关事业单位和农村（含乡镇企业）的养老保险制度改革，分别由劳动部、人事部、民政部负责；提高社会化程度，解决企业间负担不均的问题，从而使企业从各自负担退休人员的“自我保险”变为社会互济、共担风险的社会保险；确定养老保险统筹从县市起步、向省级统筹逐步过渡的原则。该文件的颁布是我国养老保险制度从“单位保障”走向“社会保障”的一个重要里程碑。

自 1991 年实行养老保险社会统筹，到 1998 年底，全国有 8 500 万企业职工参加了基本养老保险社会统筹，占企业职工总数的 81%；有 2 700 万企业离退休人员参加了离退休费社会统筹，占企业离退休总人数的 98.5%。但是尚存在的问题是它仍是现收现付制，给付标准未变；覆盖面仍是国有企业职工；社会化程度低，体制内抚养率高的问题没有解决。

（2）多层次

1991 年国务院决定将中国企业职工退休制度过渡到多层次的社会养老保险制度，首次提出企业职工养老保险制度由基本养老保险、企业补充养老保险、个人储蓄性养老保险三个层次组成，养老保险费用实行国家、企业、个人三方负担的原则，并正式规定职工个人缴纳养老保险费用；确立“以支定收、略有节余、留有部分积累”的养老保险基金统一筹集原则；基本养老保险缴费的税前提取原则，养老保险基金专户储存、专款专用；与工资增长和物价指数相联系的养老金调整原则。

（3）确定统账结合

1993 年中共中央十四届三中全会提出了养老保险体制改革的一些新原则，明确提出了“实行社会统筹与个人账户相结合”“社会保障管理和社会保险基金经营分开”“发展商业性保险业,作为社会保险的补充”等制度性要求。

1995年国务院发布了《关于深化企业职工养老保险制度改革的通知》,该文件提出了两个具体实施方案:第一,按照完全的缴费确定型(DC)模式设计;第二,按照待遇确定型(DB)和缴费确定型(DC)的混合模式设计,以供地方政府根据本地实际情况选择。由于两个方案并存,在制度设计和管理上也带来新的混乱,造成各地在养老金的缴费方法、支付标准等方面存在很大差别;社会统筹资金和个人账户混合运作为挪用个人账户资金提供了方便,社会统筹挪用个人账户资金的结果,是个人账户出现了大量的空账。

(4)明确统账比例

鉴于1995年改革中的两个方案并存导致的混乱,1997年国务院颁布了《国务院关于建立统一的企业职工基本养老保险制度的决定》,要求按照社会统筹与个人账户相结合的原则,建立一个全国统一的企业职工基本养老保险制度,该文件统一和规范了养老金缴费费率,进一步明确了统账比例,这标志着我国养老保险制度的改革与发展又进入了一个新的阶段。

(5)实行省级统筹

1998年《国务院关于实行企业职工基本养老保险省级统筹和行业统筹移交地方管理有关问题的通知》提出进一步的改革内容:第一,加快实行企业职工基本养老保险省级统筹,目的是逐步解决地区间的负担不平衡问题;第二,将铁道部等11个部门的基本养老保险行业统筹移交地方管理,为统一全国企业职工的基本养老保险制度铺平道路;第三,要求将养老保险金的收缴与拨付方式由差额缴拨改为全额拨付,并实施养老金社会化发放,以保证企业离退休人员基本养老金的按时足额发放。①

行业统筹移交地方管理的主要原因是,1998年随着国务院

① 陈佳.中国事业单位养老保险制度改革研究[D].南开大学,2009.

机构改革和行业管理体制的变化，原来负责行业统筹的政府部门，有的已调整或合并，难以继续承担行业统筹任务。实行养老保险行业统筹的企业改为参加地方统筹，这是深化养老保险制度改革、建立全国统一的养老保险制度迈出的重要一步。

省级统筹是指在一个省的范围之内，不以用人单位所有制、劳动者用工形式、用人单位隶属关系为政策分界，实行适用于城镇各类企业职工及个体劳动者的统一的基本养老保险制度，在管理工作中做到统一标准、统一管理、统一机构、统一调剂使用基金。

（6）引入非缴费型制度：城乡低保

随着改革开放的深入和市场经济体制的建立，城镇贫困人口的构成和规模都发生了很大的变化。尤其是在调整所有制结构，建立现代企业制度的过程中，城市中包括一部分在职、下岗、失业和退休人员中的贫困人口有所增加。然而，传统的社会救济制度范围较窄、标准较低，迫切需要进行改革和完善。

1993年，上海市结合本地实际，借鉴国际上制定贫困线进行救济的经验，率先出台了城市居民最低生活保障线制度，取得良好效果。1997年国务院发布《关于在全国建立城市居民最低生活保障制度的通知》，到1999年9月，全国667座城市和1 638个有建制镇的县人民政府所在地，全部建立了这项制度，这标志着中国社保制度的不断完善和非缴费型制度的正式引入。

建立最低生活保障制度是弥补旧制度缺陷的一种努力。除了城市居民最低生活保障制度以外，部分地区积极探索农村最低生活保障制度，到2002年全国绝大多数省份实施了农村最低生活保障制度。2007年国务院决定普遍实施农村最低生活保障制度。于是，最低生活保障实现了制度全覆盖。

（7）机关单位养老保险制度改革

1993年8月，《国家公务员暂行条例》（以下简称《条例》）正式颁布，《条例》适用于各级国家行政机关中除工勤人员以外的工作人员；《条例》从年龄、工作年限和身体状况等方面规定了公务员退休的条件；公务员不需要为养老缴纳任何费用；退休待遇标准以在职时最后一个月工资为基数，职务工资和级别工资按比例发放，基础工资和工龄工资全额发放；其中，职务工资和级别工资发放的比例为，离休人员按100%发放；退休人员工作满30年的按87%发放，工作满20年不满30年的按82%发放，工作不满20年的按75%发放。对按国家政策规定退休（退职）的工作20年以下的人员，退休时工作年限满10年不满20年的，基础工资和工龄工资按全额发放，职务工资和级别工资按60%计发；工作年限不满10年的，基础工资和工龄工资按全额发放，职务工资和级别工资按40%计发。

（8）事业单位养老保险制度改革

1993年12月国务院发布了《事业单位工作人员工资制度改革实施办法》，1994年1月人事部发布了《关于机关、事业单位工资制度改革实施中若干问题的规定》，规定事业单位退休人员的退休金，按本人职务工资与津贴之和的一定比例计发。其中，退休时工作满35年的，退休金按90%计发；工作满30年不满35年的，按85%计发；工作满20年不满30年的，按80%计发。对于按国家政策规定退休的工作20年以下的事业单位人员计发退休金的比例，规定为工作年限满10年不满20年退休的，退休金按本人原工资的70%计发；工作年限不满10年退职的，退职生活费按本人原工资的50%计发。退休金的计发基数为本人离退休当月的职务工资和工资构成比例所规定的津贴两项之和。

根据国务院关于深化科技体制改革的精神，为适应国务院机构改革和社会主义市场经济的发展要求，经国务院批准，原国家经贸委所属的10个国家局管理的242个科研机构、中央所属的178家工程勘察设计单位以及建设部等11个部门所属的134个科研机构改革了管理体制，实行属地化、企业化管理。[①] 转制为企业的事业单位，从1997年7月1日起，单位和个人按当地政府规定的比例，分别以1999年7月的工资总额和个人缴费工资为基

① 余仲华.事业单位养老保险改革基本述评[J].劳动保障世界（理论版），2011（06）：9-11.

数缴纳基本养老保险费，建立基本养老保险个人账户。1999年7月1日以前的连续工龄视同缴费年限，不再补缴养老保险费。关于养老保险待遇，转制前已经离退休的待遇标准不变；转制前参加工作，转制后退休的人员，基本养老金计发办法按照企业的办法执行；转制后参加工作的人员，按照规定执行当地企业职工基本养老保险制度。

3. 养老保险新制度完善时期（1998年至今）

（1）做实个人账户试点

随着养老保险新制度的实施运行，由于旧制度在向新制度转轨过程中所产生的成本支出没有得到妥善的解决，同时为了使当期养老金的支付有所保证，有关部门不得不大量挪用本应用于积累的个人账户养老基金。由于回避转轨成本的做法加重了国有企业的负担，挪用个人账户基金用于支付统筹账户的缺口造成了个人账户的“空账”规模巨大。2000年国务院发布《关于完善城镇社会保障体系的试点方案》，该方案着眼于解决养老保险制度改革中的转轨成本问题。[①]

自2000年起，我国先后在东北3省进行完善城镇社会保障体系试点，试点的一项重要内容就是逐步做实个人账户，重点着力解决城镇养老体制框架下的个人账户空账、提高统筹层次、解决历史欠债和扩大养老保险覆盖面等一系列深层次问题。到2005年底，辽宁、吉林和黑龙江3省分别做实个人账户201亿元、27.3亿元和37.4亿元。[②]

在全面总结东北3省试点经验的基础上，国务院于2005年12月发布《关于完善企业职工基本养老保险制度的决定》，改革的政策措施重点是做实个人账户，同时以养老金征收和发放两个角度解决养老金缴费激励不足与参保积极性不高的问题；要求把城镇各类企业职工、个体工商户和灵活就业人员都纳入基本

① 冯小溪．俄罗斯养老保险制度研究[D]．沈阳师范大学，2015.

② 李灵．社会养老保险基金投资风险分析及控制[D]．西南财经大学，2008.

养老保险的覆盖范围,进一步扩大做实个人账户试点。2006 年劳动和社会保障部扩大在全国 8 个省市做实个人账户试点,天津、上海、山西、山东、河南、湖北、湖南和新疆 8 个省区市被列为 2006 年做实个人账户的新增试点地区。

2008 年人力资源和社会保障部、财政部联合发布《关于提高做实企业职工基本养老保险个人账户比例的通知》,批复天津市、山西省、河南省、湖北省、湖南省、新疆维吾尔自治区将做实个人账户比例从 3% 提高到 5%,中央财政按规定给予补助。

(2)做小个人账户

按照国务院《关于完善城镇社会保障体系的试点方案》的规定,坚持社会统筹与个人账户相结合的基本养老保险制度,基本养老保险费由企业和职工共同负担。该方案主要明确了企业和职工个人养老保险的缴费比例,调整了个人账户规模和养老金计发办法,确定了可以参加企业职工基本养老保险的条件,要求自由职业者、城镇个体工商户参加基本养老保险,完善了基本养老保险费征缴机制和基本养老保险基金管理制度。

2005 年 12 月国务院发布《国务院关于完善企业职工基本养老保险制度的决定》,在确保基本养老金按时足额发放、扩大基本养老保险覆盖范围、逐步做实个人账户、改革基本养老金计发办法、建立基本养老金正常调整机制等方面作出了明确规定。

(3)建立全国社会保障基金

为了更有效地应对未来养老金支出高峰的挑战,我国建立了全国社会保障基金。这是一个战略性的储备基金,它成为养老保险基金的重要补充性储备力量。我国于 2000 年 8 月成立了全国社会保障基金,之后采用包括财政拨款、国有股权划拨、委托代理投资等多种渠道不断扩充该基金的规模,使其在未来成为保障城镇职工基本养老保险制度健康、可持续运行的重要力量。

全国社会保障基金采用了委托代理的投资管理模式,通过委托专业的投资机构使基金积累的年均投资收益率达到了 8.13% 的高水平,远高于同期的通货膨胀率水平,有效地实现了全国社会保障基金的保值增值。全国社会保障基金的发展既为将来预筹了重要的补充性养老基金储备，同时也为我国公共养老保险基金的投资管理积累了宝贵经验，为实现基本养老保险基金的保值、增值创造了条件。

（4）确定养老保险制度法制化

2011 年 7 月起实施的《中华人民共和国社会保险法》（以下简称《社会保险法》），对基本养老保险、基本医疗保险、工伤保险、失业保险、生育保险、社会保险费征缴、社会保险基金、社会保险经办等内容进行了规范，这是我国社会保障制度走向法制化的重要标志，为我国社会保险事业的发展奠定了法制基础。[①]

它的颁布实施，是中国人力资源社会保障法制建设中的又一个里程碑，对于建立覆盖城乡居民的社会保障体系，更好地维护公民参加社会保险和享受社会保险待遇的合法权益，使公民共享发展成果，促进社会主义和谐社会建设，具有十分重要的意义。[②]

（5）建立城乡居民养老保险制度

1998 年，管理农村社会养老保险的职能从民政部划入当时劳动和社会保障部。2008 年，管理农村社会保险事务的职能又从劳动和社会保障部并入新组建的人力资源和社会保障部。2009 年底，国家启动“新型农村居民养老保险”试点，标志着农民养老保险制度进入试验性阶段。参保对象是拥有承包土地，并直接从事农业生产的劳动者；实行统账结合、现收现付、循序渐进、全国统一的制度安排；采取个人缴费加财政补贴的筹资模式；采取待遇确定、财政兜底的给付模式以及集中、统一管理的管理体制。

2011 年 6 月，国务院发布了《国务院关于开展城镇居民社会养老保险试点的指导意见》，探索建立城镇居民养老保险制度。2014 年 2 月，国务院发布了《关于建立统一的城乡居民基本养老保险制度的意见》，决定合并新型农村社会养老保险和城镇居民

① 王延中．中国“十三五”时期社会保障制度建设展望 [J]. 辽宁大学学报（哲学社会科学版），2016，44（01）：1-14.

② 王颖．我国失业保险制度的评估与发展完善 [D]. 辽宁医学院，2012.

社会养老保险,建立全国统一的城乡居民基本养老保险制度,统一覆盖符合条件的城乡居民;同时,人力资源和社会保障部还完善了《城乡养老保险制度衔接暂行办法》,积极推进城乡居民养老保险制度的衔接、整合与一体化发展。[①]

为进一步完善城乡居民基本养老保险制度,2018 年 3 月 26 日,人社部、财政部印发了《关于建立城乡居民基本养老保险待遇确定和基础养老金正常调整机制的指导意见》。根据《指导意见》的要求,人社部、财政部研究提出了 2018 年提高全国城乡居民养老保险基础养老金最低标准的方案建议,报请党中央、国务院确定,于 5 月份印发了《关于 2018 年提高全国城乡居民基本养老保险基础养老金最低标准的通知》,启动了城乡居民基本养老保险基础养老金最低标准正常调整工作。

(6)机关事业单位养老保险制度改革迈出关键步伐

近年来,我国一直在探索机关事业单位养老保险制度改革,进行了大量的实践探索与理论研究,但是一直徘徊不前。党的十八届三中全会将"推进机关事业单位养老保险制度改革"明确列入了深化改革的重要内容,并且列入了 2014 年政府工作任务。2014 年,机关事业单位养老保险制度改革取得了重大突破,社会各界期盼已久的机关事业单位养老保险制度改革迈出了重要步伐。2014 年 12 月 24 日,时任国务院副总理马凯向全国人大常委会报告了机关事业单位养老保险改革的基本思路,即"一个统一、五个同步"[②]。2015 年 1 月 3 日,国务院下发《国务院关于机关事业单位工作人员养老保险制度改革的决定》,明确了机关事业单位养老保险制度改革的适用范围、制度模式和具体设计,标志

① 肖严华.劳动力市场、社会保障制度的多重分割与中国的人口流动[J].学术月刊,2016,48(11):95-107.

② "一个统一"是指党政机关、事业单位建立与企业相同的基本养老保险制度,实行单位和个人缴费,改革退休费计发办法,从制度和机制上化解"双轨制"矛盾。"五个同步"是指机关与事业单位同步改革,职业年金与基本养老保险制度同步建立,养老保险制度改革与完善工资制度同步推进,待遇调整机制与计发办法同步改革,改革在全国范围同步实施。

着为社会各界高度关注的机关事业单位养老保险制度改革方案正式明确。这一重要的改革举措，对于增强我国养老保险制度的公平性与统一性、促进社会公平正义、完善社会保障体系具有重要意义。

二、中国老年社会保险制度的改革与完善

经过40年的改革探索，我国已经有了一套新的养老保障体系，并且发挥着重要作用。但是应该看到，这套体系的运行效率不算高，某些时候运行不畅，尤其是基本养老保险制度的公平性不足，可持续性令人担忧。在完善养老保障体系的过程中，应着重解决以下问题。

（一）建设多层次养老金体系

尽管从20世纪90年代开始，国家就确定了多层次养老金体系建设的思路，且20多年来一直不变[①]，但事实上，迄今为止，多层次养老金体系还没有真正形成。对于广大的工薪劳动者（含机关事业单位工作人员）而言，其年老后的收入主要依靠基本养老保险制度所提供的养老金，由职业年金、商业保险或互助合作保险所提供的养老金很少，有人称这种情况为“基本养老保险独大”；对于其他社会群体（农民为主体）而言，基本养老金还很低，事实上，作为养老金体系中的第一层次，基本养老保险是以国民基本权益和政府基本职责为基础而形成的制度安排，其政策目标是保障每一位老年人具有购买基本生活资料的能力，必须体现“结果公平”，这是社会保障的公平性原则所决定的。作为补充保

① 20世纪90年代，国家确定社会保障改革的基本方针是“广覆盖、低水平、多层次”；进入21世纪之后，改为“广覆盖、保基本、多层次、可持续”；2012年，党的十八大进一步改为“全覆盖、保基本、多层次、可持续”。“多层次”一直是其中的关键词。其他形式的养老金几乎没有，他们的基本生活资料主要依靠家庭（主要是子女）和自己的积蓄。这就使我们不得不重新审视现行基本养老保险制度的定位。就职工基本养老保险而言，在一定程度上已经偏离了“保基本”的原则；就城乡居民基本养老保险而言，目前的保障水平还不能说已经具备了“保基本”的职能。

障的职业年金和其他养老金，则是社会成员根据自己的情况自主决定、自愿参加的行为。一般情况下，收入较多的社会成员有较高水平的职业年金或其他养老金(个人储蓄、商业保险等)，而收入较低的社会成员，其职业年金和其他养老金也较少，甚至可能没有。这种差异是正常的，社会应该理解并接受这样的结果。

就当前而言，社会成员举办、参加或购买补充养老保障的动力不足主要是这一领域存在严重的结构性矛盾：有购买能力的人缺乏购买意愿，有购买意愿的人缺乏购买能力。具体地说，城乡居民因其基本养老金过低而需要补充养老保险，但他们当中大部分人自身缺乏缴费能力；工薪劳动者的基本养老金不低且还有进一步上涨的预期，因而对补充养老金没有浓厚的兴趣。[①] 所以，需要积极创造条件，逐步提高城乡居民基本养老保险的养老金给付标准；对于职工基本养老保险制度而言，其养老金可以保障基本生活，但离充分保障还有一定距离，需要制度优化。建议现行制度实施“统账分离”，形成合理的“基本”与“补充”两个部分，使统筹基金所对应的部分承担“保基本”之责，个人账户所对应的部分向职业年金发展。以此为基础，经过一段时间的努力，就有可能形成全国统一的基本养老保险制度，以体现国民权益的平等和中央政府的基本职责。同时，稳定职工基本养老金给付标准，保持其购买能力，使全社会形成基本养老金的合理预期，形成工薪劳动者参加或购买补充养老保障的内在动力和有效需求。当然，作为提供补充养老保障服务的供给者，商业保险和互助合作保险机构需要进行客户细分，开发更多更适宜的养老保险产品，以满足中高收入各类群体的老年收入保障需求；同时努力提高保险资金的投资回报率，以增强养老保险产品的市场竞争力，通过优质的服务，为多层次养老保障体系建设做出贡献，并获得

① 何文炯.建立健全多层次老年收入保障体系[J].经济研究参考，2017(30)：41+47.

自身发展。①

（二）全国范围内统筹基本养老保险

从学理上讲，基本养老金制度（又称“公共年金制度”）以保障国民在年老之后具有持续稳定的基本收入为己任，必须体现国民权益的平等和中央政府的职责，体现劳动力市场一体化的要求和人口自由迁徙的精神，因而必须全国统一制度、统一政策、统一管理。② 从国际上看，有的国家采用公共福利模式，通过国家税收直接支付国家养老金；有的国家采用保险模式，通过统一的机构征收养老保险费或养老保险税筹集资金，实行全国统一的管理。也就是说，凡采用社会保险模式的国家，都实行全国统收统支的基本养老保险基金管理方式。在我国，职工基本养老保险（1997年）是较早实施的制度，当时明确由地方政府承担基本养老保险基金的管理责任，因而就出现了一个独特的词汇——基本养老保险统筹层次，这是指基本养老保险基金管理的行政层级，这一层级的政府，在执行国家统一制度框架和养老金待遇政策的前提下，对于本地区基本养老保险基金的收入、支出和基金平衡承担责任。由于各地情况不同，实际上各省份的统筹层次也不同，有的实行省级统筹，有的实行地市级统筹，但大多数地方实行县级统筹。这样的做法，在当时具有一定的合理性，但后来由于地区间政策不统一，逐渐暴露出种种弊端。学界和业界都为之着急，希望提高统筹层次，直至全国统筹。但事实上，这件事的操作难度变得越来越大。

许多学者认为，这主要是因为20年来陆续实施的基本养老保险各项制度均实行地方统筹，导致了地区利益的固化和路径依赖，因而必须下决心调整这种利益关系。这一判断是正确的。同

① 何文炯．建立健全多层次老年收入保障体系[J]．经济研究参考，2017（30）：41+47.

② 何文炯，杨一心．基本养老保险全国统筹学理基础辨析[J]．中国社会保障，2015（7）：30-32.

时,我们还可以从制度定位和制度设计来审视基本养老保险全国统筹的困难所在。事实上,全国统筹意味着基本养老保险作为一种互助共济机制,其资源调剂的范围由地区扩展到全国。调剂资源的难度,不仅与调剂的范围有关,而且与所调剂的资源规模(量)有关。现行职工基本养老保险实行“社会统筹与个人账户相结合”(简称“统账结合”)的基金管理模式,而且名义上虽是部分积累制,但实际上是现收现付制,这就意味着在统筹范围内所调剂的资源不仅包括统筹基金还包括个人账户基金。因此,实施全国统筹,就要将包括个人账户基金在内的所有资源都进行全国性的调度,这就必然增加资源调度的成本。2005年以来,职工基本养老金持续快速增长,使得需要调度的资源规模迅速膨胀,如果持续这种待遇增长方式,则需要调度资源的规模会变得更大。所以,为了便于全国统筹的推进,应将需要调度的基本养老保险资源控制在适度的范围之内。结合现行制度设计建议注重两点:(1)按照“保基本”的原则,保持养老金适度水平。作为全国统筹的公共养老金制度,应当不忘初心、恪尽职守,致力于保障老年人购买基本生活资料的能力不下降,切忌短期行为,据此建立合理而有效的养老金待遇调整机制,使得通过制度所调动的资源保持在合理的水平上。(2)实行“统账分离”。在推进全国统筹的过程中,需要明确统筹基金和个人账户基金各自的功能定位。我们注意到,官方有关文件中关于全国统筹的提法有所不同,一说是“基本养老保险基金全国统筹”,另一说则是“基础养老金全国统筹”。事实上,如果个人账户相应的部分真正独立且能实现自求平衡,则不需要讨论其统筹层次问题,但若继续实施现行混合管理的办法,就不是单纯的基础养老金全国统筹了。从这个意义上说,实现基础养老金全国统筹,需要以统账分离为前提。据此,建议改变统筹基金和个人账户基金混合管理的局面,实行统账分离,使统筹基金相应的部分成为真正全国统筹的公共养老金制度。至于个人账户部分,则交由指定的专门机构负责投资运作并保值增值。此外,严格意义上的全国统筹,必须是中央政府统一管理基本养老保险基金，实行统收统支，但必须以各级政府的责任清晰并有效落实为基础，否则中央政府的责任无穷大。现阶段实行统收统支式全国统筹的条件一时难以具备，因而调剂金式全国统筹可能是一种现实的选择，可以作为过渡性方案。

（三）改革基本养老保险个人账户

20多年来，我国基本养老保险制度设计贯彻了“统账结合”的原则。采用“统账结合”模式，意味着将两种截然不同的筹资模式结合起来置于同一基本养老保险制度之中，本意是为了发挥两种筹资模式各自的优势。但这样的结合势必要求更高的管理运行能力，实践中应按照两种筹资模式各自的逻辑运用不同的管理方式。如果只是用一种方式管理两个制度，则不仅难以实现各自的优势，反而会引发新的问题。

回顾20年左右的实践，我们应当充分肯定养老保险制度改革和建设取得的巨大成就，但同时也应当看到存在的问题。职工基本养老保险制度中虽然设置了个人账户，但一直未能按照当时的制度设计要求做实，即便是政府采取种种措施，几经努力，收效不大。这本身就说明了制度设计需要改进。更重要的是，这种“统账结合”的模式，在基本养老保险制度运行中产生了诸多问题。（1）按照个人账户基金给付规则，早逝者个人账户储存余额归由家人继承，长寿者储存不足由统筹基金“兜底”，这就必然使个人账户基金总体上始终存在缺口，而且如果实际寿命超过制度设计时设定的预期寿命，则统筹基金将承担更多的支付责任，从而引致总基金的长寿风险。（2）统筹基金与个人账户基金“混合管理”，导致总基金的产权不清晰。虽然个人账户资金权属个人，但参保者对于账户中的资金运营管理缺乏参与；社会保险机构只对统筹基金拥有产权，但却要承担个人账户的资金缺口责任；财政在名义上只承担统筹基金的筹资和兜底责任，但事实上也承担着个人账户资金缺口责任，因而这种混合管理的模式面临诸多潜在风险。（3）按照近些年的做法，基本养老金待遇调整时，统筹基金与个人账户基金两个账户“捆包”调整，使得统筹养老金与个人账户养老金的职责变得模糊。个人账户养老金仅仅具有待遇计发功能，直接导致基本养老保险基金支出增长过快，使制度有偏离“保基本”的趋势，同时加重基金支付危机。（4）个人账户本应具有职业年金性质，但被作为基本养老保险制度一部分之后，职工基本养老保险之外的职业年金（含企业年金）发展空间被压缩，多层次养老金体系建设难以全面落实。事实上，就大多数用人单位而言，缴纳基本养老保险费之后，再缴纳补充养老保险存在较大困难；而参保职工在缴纳 8% 的个人工资后也难有动力购买补充养老保险。

基于上述分析，基本养老保险制度必须实行“统账分离”。究竟是选择“统”，还是选择“账”，是一个基础性问题。事实上，世界上绝大多数国家的基本养老金制度采用“统”的方式，其基本方式有两种：（1）以国家税收方式筹集资金，为全体老年人或中低收入老年人提供基本养老金，例如英国、荷兰、加拿大、澳大利亚等；（2）建立基本养老保险制度，要求全体社会成员参加，通过参保者及其雇主缴费，形成养老保险基金，为参保的老年人提供基本养老金，例如德国、法国、美国、日本等。无论采取哪一种方式，其养老金给付标准按照“保基本”的原则确定，即确保老年人具有购买基本生活资料的能力，而并不保证其能享有富裕生活。

当然，也有国家采用“账”的方式，即建立强制性的储蓄制度，要求每个社会成员为自己将来的老年生活提前储备资金，有工作单位者，雇主必须相应配套缴费，年老之后的养老金由个人账户中的储存额决定，比较典型的国家是新加坡和智利。但从几十年的实际运行情况看，这两个国家制度运行效果并不理想。新加坡担心长寿风险和养老金可能下降带来的老年收入不稳定，而智利则发生了大规模的抗议活动，严厉批评当年的基本养老金制度改革。事实上，基本养老金制度是应对长寿风险的一种基础性制度安排，如果采用纯粹的个人账户制则长寿风险难以处理，部分人可能准备不足而缺乏保障，部分人可能准备过多而降低效率，也可能因多数人基于稳健考虑而储备过多资金,导致全社会后备基金过度积累,这是社会资源浪费的一种表现。因此,无论基于学理,还是基于世界各国正反两个方面的经验,基本养老金制度应当采用"统"的方法,即以现收现付为主要实现形式的社会保障税制度或基本养老保险制度,保障老年人有基本的收入来源,这不仅能够给全体社会成员以稳定的预期,而且因为实行互助共济方式,使全社会养老资金的使用效率大大提高。基于这样的理解,我们的基本养老金制度不宜扩大个人账户规模,或者推行"全账户"模式。

当然,现收现付制的基本养老金制度容易受人口结构变动的影响,在人口老龄化背景下,制度赡养率会不断提高,制度的可持续性令人担忧。但是,只要把基本养老金支付标准锁定在一个合理的范围之内,再辅之以其他手段,实现制度持续健康运行并非难事。随着劳动生产率的提高,我们坚信,只要有合理的制度安排,年轻人有能力为上代人提供基本生活的保障。这里有一个关键,即养老金的给付标准。如果标准过低,则无法保障老年人的基本生活需要;如果标准过高,则所需资金量过大,年轻一代的负担过重,必然导致代际矛盾。因此,基本养老金制度必须恪守"保基本"的原则。事实上,只有保基本,才能全覆盖;只有保基本,才能可持续;只有保基本,才能建立起多层次的养老金体系。所以,基本养老金给付标准的确定与变动必须有清晰的学理基础、严格的法定程序和科学的计算方法。

据此,需要把握三点:(1)明确基本养老金制度定位。廓清老年保障体系中各项目的职责分工(如改进老年基本医疗保障,加强失能老年人照护保障),明确基本养老金制度以保障老年人具有购买基本生活资料的能力为基本职责,为基本养老金制度"减负",实现老年保障资源优化配置。建立健全精算平衡机制,确保养老金给付,并使社会各主体的负担公平合理。(2)将个人账户从基本养老金制度中逐步分离。按照"统账分离"的原则,改造现行基本养老保险制度,将统筹基金对应的基础养老金这部分改造成一个全国统筹、现收现付、互助共济的基本养老金制度(国民年金制度),将个人账户所对应的那部分转变为职业年金(含企业年金)。在过渡期,个人账户继续作为基本养老金制度的一部分,但不再扩大。(3)发展补充养老金以形成多层次老年收入保障体系。引导工薪劳动者对基本养老金及其增长的合理预期,理解并认同"基本养老金保基本"的原则,从而增强其对补充养老金的有效需求。在基本养老金回归"保基本"的基础上,逐步减轻用人单位职工基本养老保险缴费负担,将节约的资金用于办理职业年金。同时,鼓励商业保险和互助合作保险机构办理养老保险。总之,通过各种途径让中高收入群体能够有相应的补充养老金,使各阶层老人各得其所,和谐相处。

第五章　中国就业社会保障研究

进入20世纪，失业保险制度逐步在西方国家建立，政府以此作为缓解就业压力与保证社会稳定的手段。随着社会的进步与经济的发展，政府越来越认识到解决就业问题的重要性，并不断修订失业保险制度，逐步建立起较为完善的就业保障制度。就业社会保障体系主要包括失业保险、失业预防、就业扶助三个内容，能够在一定程度上保障人们的基本生活，以及促进失业人员再就业。

第一节　失业保险基本理论

关于失业问题的研究，西方起步较早，可以追溯到古典经济学家，而在西方真正开始形成失业理论的时间则在20世纪30年代的经济危机时期。目前，西方很多经济学派已经形成了自己相对完善、自成体系的失业理论，如凯恩斯学派、货币学派、发展经济学派等。而在目前的我国，从某种程度上来看，失业理论可以说还是一个空白与盲点。虽然说目前理论界对转型时期我国失业理论和就业问题进行了一定程度上的分析与思考，但是并未形成理论上的突破，更别说建立真正意义上的“理论体系”了。因此，为了构建符合本国实际的失业理论，有必要对西方失业理论的基本内容作概括介绍，以期达到借鉴之目的。

一、失业概述

（一）失业的定义

1. 失业

国际劳工组织关于失业的定义是：一定年龄范围之内的劳动人口，同时满足下述三个条件的视为失业：（1）本人无工作，没有从事有报酬的职业或自营职业；（2）本人当前具有劳动能力，可以工作；（3）本人正在采取各种方式寻找工作。我国劳动保障行政部门对“失业”一词的界定是：失业是指劳动者在有劳动能力并确实在寻找工作的情况下不能得到适当职业而失去收入的状态。根据以上界定，那些处在法定劳动年龄，但正在学校读书、在军队服役的，或没有就业意愿的无业者，不属失业的范畴。

2. 失业率

失业率是反映一个国家或地区失业状况的主要指标。国际上通行以失业人数同在业人数与失业人数之和的比例反映失业率，即：失业率 = 失业人数 ÷（在业人数 + 失业人数）× 100%。

我国使用的城镇登记失业率，是计算城镇登记失业人数同城镇在业人数与城镇登记失业人数之和的比例，即：城镇登记失业率 = 城镇登记失业人数 ÷（城镇在业人数 + 城镇登记失业人数）× 100%，以此反映失业率。我国失业登记仅限于具有城镇户口的人员，登记失业率不能准确反映失业实际状况。为此，近年我国劳动保障行政部门和国家统计行政部门联手开展了“调查失业率”统计，作为政府行政决策的参考。调查失业率是指符合失业条件的人数占全部常住经济活动人口的比率。其中常住人口指在城镇居住满半年，并不要求其户籍在调查所在地，故可反映登记失业率中未被涵盖的农民工等群体。

3. 失业保险

失业保险是指国家通过立法强制实行的、由社会集中建立失业保险基金，对失业者失业期间提供基本生活保障并促进其再就业的社会保险制度。此概念包含下述要点：(1)失业保险是社会保障体系的重要组成部分，是社会保险的主要项目之一。社会保障体系包括社会保险、社会救济、社会福利、社会优抚安置等方面，其中社会保险包括养老保险、医疗保险、失业保险、工伤保险和生育保障五个项目。(2)失业社会保险与其他社会保险项目具有同样的性质，它是由国家通过立法形式强制实行的一种社会保险制度。(3)失业保险的目的是使法定范围内的劳动者失业时具有基本的生活保障，以满足劳动力再生产和社会稳定的需要。(4)失业保险的对象是失业者。失业保险中的保险事故仅限于法定范围内的劳动者中的非自愿性失业，而不包括自愿性失业。(5)失业保险的核心内容是由社会集中建立失业保险基金，以分散个人就业风险，使处于失业状态的劳动者的生活获得基本保障。(6)失业保险具有双重功能，即既保障失业者的基本生活，又促进其实现再就业，从而减少失业。

(二) 失业的类型

1. 根据失业者的意愿划分

(1)自愿性失业

自愿性失业，是指能够胜任某项工作的劳动者拒绝考虑这项工作即由于本人的原因而没有工作的现象。其本质在于劳动者不愿接受现行的工资水平和工作条件而失去工作机会。经济学家指出，引起自愿型失业的因素大致有以下几点。一是相关机构支付给失业者的保险金数额超出正常保障水平，甚至高于失业者参加工作所能获得的工资，最终导致失业人员寻找工作的积极性逐渐降低。二是失业人员期望过高的工资待遇，不愿接受工资待遇较差的工作，最终导致其长期处于失业状态。三是失业人员有

继续深造的意愿。四是失业人员性格懒散,不愿意参加劳动,宁愿赋闲在家无所事事

所以,自愿性失业可以分为下面三种。一是提前退休。也就是劳动者在未到法定退休年龄时自行退出劳动者队伍,回到家中进入休息状态。这种情况,可能使劳动市场上出现了职位空缺,解决了一部分人的失业问题,但是却导致市场流失大量技术经验丰富的专业人才,在一定程度上对劳动力市场造成了浪费。二是沮丧的劳动者。一部分失业人员在寻找工作的过程中屡屡受挫,其找工作的积极性逐渐降低,最终发展为宁愿赋闲在家也不再寻找工作,这种情况造成了劳动力的浪费。三是隐蔽性失业。在西方许多就学于电视大学(开放大学)、函授学校的人口及家庭妇女均属此类。他们从事家务劳动或上补习班仅仅是“第二选择”,而非“第一选择”。他们的第一选择是就业,却找不到适当的机会。[①]

(2)非自愿性失业

非自愿性失业,是与自愿性失业相对的概念,是指在就业(劳动)年龄阶段内,有就业能力和就业愿望而积极寻找工作的劳动者,由于非本人所能控制的原因而没有工作的社会经济现象。其本质在于劳动者愿意接受现行的工资水平和工作条件而仍然不能得到工作机会。非自愿性失业主要由凯恩斯提出来的,他认为,形成非自愿性失业的原因,主要是有效需求不足。根据造成失业的客观原因的不同,又可将非自愿性失业分为以下五种类型。

1)技术性失业

技术性失业是指由于技术进步即由于使用新机器设备和材料、采用新的生产工艺和新的生产管理方式而出现社会局部劳动力过剩而导致的失业。人们不断地将发明和创造出的各种更加节省劳动力的新材料、新工艺、新设备以及新的、自动化程度更高的机器引入生产领域,势必会对劳动者的就业产生影响。一些研究报告对于技术改进对失业或就业的影响曾得出以下结论:“第

① 何军.劳动与社会保障[M].大连:东北财经大学出版社,2002,第80页.

一，被技术排挤的工人，解雇后平均失业几个月，失业的平均长度大体是年龄、技术的函数。第二，研究报告发现，技术上被排挤的工人再就业时，不得不接受较低的年度所得，因而生活水平显著下降。第三，研究报告表明，被排挤的工人再就业时，一般地不满意于新的工作，特别是老年技术工人，在地位和收入方面，会遭受更大的损失。"①

因此，技术改进到底是创造了新的岗位还是造成了失业，人们意见不一。一般来说，从短期效果看，引进节省劳动力的先进技术、先进的生产方法和完善的经营管理必会使一部分工人被解雇，使失业增加。但从长期看，技术进步会创造出更多的、大量的就业机会和就业岗位。一方面，如果引进的新技术降低了一种产品的生产成本和销售价格，而这种产品的需求弹性又很大，那么，由于需求的增加，被解雇的工人就会被重新召回，甚至有更多的人得到雇用。另一方面，如果这种产品的需求弹性很小，虽然该产品的价格下降，也不能引发更多的需求，在消费函数不变的条件下，消费者多余的购买力将花在其他商品上，这也会创造出新的工作岗位，如设计、创造、操作、维修部门、服务业和社会福利事业等，被解雇的工人会逐渐地在那些新增加产品需求的行业或设计、创造、操作、维修部门、服务业和社会福利事业等部门中找到就业机会。

总而言之，引进节省劳动力的新技术，可能增加失业，也可能创造新的工作岗位。但是，从总的发展趋势看，随着资本有机构成的提高、生产技术的改进，资本对劳动力的需求相对地甚至是绝对地减少了，在人口和劳动力数量增长甚至是保持不变的情况下，都会产生失业。这类失业是效率提高的结果。

一般地说，技术性失业有以下特点：①产品的需求弹性越大，对失业的影响越小；②工资的弹性越大，对失业的影响越小；③以新方法生产现有的产品与生产新产品的技术比较，前者对失

① （美）C·A·摩尔根．劳动经济学[M]．北京：工人出版社，1984，第253页．

业的影响程度大；④技术进步对非熟练工和半熟练工的影响大；⑤技术进步所替代的工人的平均年龄越高，对失业的影响越严重。解决技术性失业最有效的办法是推行积极的劳动力市场政策，强化职业培训，普遍地实施职业技能开发。

2）结构性失业

结构性失业，是指一定时期由于劳动力的供给和社会对劳动力的需求在职业、技术、区域等结构方面的不平衡而引起的失业。当结构性失业发生时，劳动力市场上同时存在职位空缺及失业者，不过职位空缺的行业与失业者所处的行业并不相同。

竞争是市场经济条件下唯一的法则。企业要想在激烈的市场竞争中保持旺盛的活力，就要不断地对产品、技术和组织结构进行调整。而新技术的采用、新兴行业的大量涌现、传统行业被淘汰、工艺流程不断更新，势必引起产业结构的变化，因而对劳动力的需求也发生了结构性变化。如果劳动力的供给结构不适应这种需求，即可出现劳动者的技能类型与现有就业岗位不一致而造成失业和职位空缺并存的局面；资源的枯竭，人口增长速度的变化，消费兴趣的偏好变化以及政府政策的变化，也可以引起结构性失业。如资源性产业，在经过一段时间后，随着资源的枯竭，产业就要消失，随之而来的就是在这一产业中就业的工人大量失业。目前，结构性失业在我国越来越多。

结构性失业人口的规模主要由一定时期社会经济结构的层次变化，以及劳动者对这种变化的调适能力所决定。而后者在一定程度上又取决于政府和社会能否为劳动者增强这种调适能力创造必要的条件。因此，缓解结构性失业的最有效的对策是加强劳动力市场的情报工作，推行积极的劳动力市场政策，包括超前的职业指导和职业预测、广泛的职业技术培训，以及低费用的人力资本投资计划等。

3）季节性失业

季节性失业，是指由于某些行业生产条件或产品受气候条件、社会风俗或购买习惯的影响，使生产对劳动力的需求出现季节性的变化而形成的失业。这种失业在很大程度上受行业自然状态的影响，是一种由客观条件影响和决定的失业，一般在季节性较强的行业中这种现象较为常见，例如，农业、建筑业、商业部门中的冷食部门、采矿业、一些内陆航运业、旅游业、制糖业、晒盐业等。这些部门或行业，都可能受气候条件的影响、季节的变化而对劳动力的需求产生较大的波动。另外，由于地区节日风俗或购物习惯的不同而产生的季节性生产，其特征也表现得比较明显，例如西方国家生产圣诞节专用产品的行业，中国生产与中秋节、春节等与节日用品有关的产品的行业，对劳动力的需求都会有季节性的变化，节日一过，他们就要把工人解雇。

与其他类型的失业相比，季节性失业通常具有如下特点：①地理区域性。具有鲜明季节变化的地区与季节变化不明显的地区相比，这种类型的失业程度有较大的差异。②行业性。一些行业是明显的“季节性行业”，这种行业因季节影响导致对劳动力的需求变化较大。③规律性。一般地说，生产或消费旺季时需要较多的劳动力；而在需求进入淡季时，对劳动力的需求相对减少。这种类型的失业有明显的高峰和低谷之间的差异，且并不是均匀地分布在全年。秋季降至最低点，冬季达到最高点。④失业持续期的有限性。完全由季节变化而失业的劳动者，一般情况下，不仅知道何时失业，而且知道失业期限有多长，等等。随着科学技术的进步，季节性失业有减少的趋势。例如建筑业等，以前受季节性变化的影响很大，某些建筑项目的露天作业冬季不能进行。但现在，由于技术工艺方法的改进，季节的影响程度已大为降低。[①]

由于季节性失业具有上述特征，季节性失业的工人一般不会转移到其他行业。不过，因为季节性失业的人并不是完全集中在一个季节里，而且由于季节性失业的时间和持续的时间基本上是可以预料的，因此，季节性失业问题相对来说比较容易解决，工资

① 吕学静．各国失业保险与再就业[M]．北京：经济管理出版社，2000，第7页．

制度、劳动用工制度以及完善的社会保险，有利于缓解这种失业所造成的影响。

4）周期性失业

周期性失业又称循环性失业，是指在经济发展的周期性波动中由社会需求下降、经济萧条引起的劳动力供给过剩而产生的失业。在市场经济条件下，经济的运行往往呈现出周期性的波动，有人把这种波动周期划分为扩张和收缩两个阶段，也有人把这种波动周期划分为繁荣、衰退、萧条、复苏四个阶段。在经济的这种周期性波动中，在收缩或衰退和萧条阶段，失业会明显增加，这时增加的失业即是周期性失业。它是随经济增长的周期性波动而波动的。如果经济波动剧烈，发生了严重的经济危机，则会导致大量的工人失业。这种失业是经济衰退的重要标志，也是经济危机向政治危机转化的直接因素。由于这种失业的出现具有不定性和普遍性，持续时间和幅度也变化不定，因此，往往是无法预料的，尤其是失业规模更难以测度。因此，周期性失业也是对社会危害最大的一种失业状态。它以不同方式影响不同行业与工人，生产资本货物的行业最易受影响，对低工资和非熟练工人影响最大。导致这种失业现象产生的主要原因是社会对商品和劳务的需求不足，由于这种商品和劳务的需求不足导致生产和流通环节减产和裁员，引起就业岗位的相对和绝对减少，失业人口增加。正是由于如此，缓解这类失业的根本途径是刺激社会需求，并由需求的增加带动就业岗位和就业人口的增加。

5）摩擦性失业

摩擦性失业又称异动性失业，是指劳动力市场因暂时的或偶然的供需失调而引起的失业。它反映了市场经济中劳动力资源配置的动态性，表明劳动力经常处于流动过程之中。通过这种形式的失业，劳动力不断地从衰落的企业、行业、地区，从对个人或社会较少有益之处流动到对个人或社会更有益的地方。摩擦性失业是一种正常现象，是竞争性劳动力市场的自然特征，是高效率利用劳动资源的需要，即使劳动力市场处于劳动力供求均衡状态时也会出现这种类型的失业。其时间的长短和规模的大小主要取决于劳动力流动的频率，也受劳动者职业稳定程度的影响，它与劳动力流动的频率成正比例关系，与劳动者职业稳定程度成反比例关系。

以上五类失业是动态的市场经济中经常性存在的正常性失业，之所以为正常失业，是因为在劳动力市场上当劳动力供给与劳动力需求保持总量均衡时这几类失业也会存在。通过上述失业可以实现生产要素的优化配置，使劳动者从对个人和社会较少收益的就业岗位转移到个人和社会有较大收益的就业岗位，反映了劳动的发展。

2. 按劳动利用程度来划分

（1）完全失业

完全失业是指失业者有劳动能力但找不到合适的工作岗位，劳动力处于完全闲置状态。国际劳工组织 1988 年《促进就业和失业保护公约》规定："凡能够工作、可以工作并确实在寻找工作的劳动者不能得到适当工作而没有收入的"，为完全失业。

（2）部分失业

部分失业是指有劳动能力的人，由于非个人因素，虽有工作但达不到一定的标准或不足以谋生，一般以工作时间不到正常工作时间的三分之一且工作收入不到法定的最低工资标准为衡量指标。那些临时短缺工作时间引起收入损失的，临时停工使收入中断、就业关系未终止的等就业不足、形式上在工作而实际上不得其用、无生产性等都属此类。如临时工、季节工因工作时间不足而导致收入水平低下，还有像目前一些"开关"工厂的职工经常就处于停工或半停工状态，他们都属于部分失业人员。

3. 按失业者的状态来划分

（1）显性失业

显性失业即是充分暴露出来的失业现象。很多国家以失业人员到职业介绍结构进行求职登记为准，一般用失业率这个概念反映。

(2)隐性失业

隐性失业是指未曾表现出来但事实上确实存在失业或就业不充分的现象。如我国在计划经济体制下国有企业的大量窝工现象、机关事业单位的冗员现象及农村大量剩余劳动力沉淀在有限的耕地上等等都属于隐性失业的表现,其失业状态一旦显性化,就使我们感到措手不及,忙于应付。[①]

此外,从对社会经济产生的危害程度上划分,可以将失业分为正常性失业和非正常性失业。正常性失业是指在某一特定时期内,不会对社会经济产生严重危害的一定水平以内的失业。在西方发达国家,一般认为,“正常”的失业率大约为3%~6%,即劳动力就业率若在94%~97%的范围内即是“充分就业”。[②]与之相对应,非正常性失业是指超过前者“正常”水平而对社会经济产生严重危害的失业。从失业所包括的范围来划分,可以分为狭义失业和广义失业。狭义失业即指完全失业;广义失业即指劳动力不得其用,包括完全失业和部分失业。按失业者失业时间长短来划分,可以分为长期失业与短期失业。连续失业半年(6个月)以上的称为长期失业,连续失业时间不到半年(6个月以下)的称为短期失业。

二、西方主要失业理论

(一)古典失业理论

1929年资本主义世界经济大危机出现以前,“供给自身创造需求”的萨伊定律在西方经济学界占据支配地位长达一个世纪。在此基础上形成的古典失业理论认为:失业实际上是劳动力市场上供求不相称的结果,而供求不相称的关键.在于劳动力市场

① 张彦,陈红霞.社会保障概论[M].南京:南京大学出版社,1999,第232页.
② 童星.社会保障与管理[M].南京:南京大学出版社,2002,第205页.

上的工资率（或称实际工资水平）定位不当，当实际工资水平过高时，劳动力市场上的供给就会大于需求，因而治理失业的主要方法是调整工资水平。

萨伊定律是市场自发均衡理论的代表。在古典经济学家看来，产品市场总是处于均衡状态，货币工资也是灵活变动的。当劳动力供给大于劳动力需求时，货币工资就会下降；当劳动力供给小于劳动力需求时，货币工资就会上升，从而使得劳动力市场总是处于均衡状态。也就是说，充分就业是经济中的正常状态，资本主义不会出现持续的大规模的失业现象。在非均衡调整到均衡状态的过程中失业只是暂时的，市场经济通过价格机制这只"看不见的手"的自发调节，可以实现充分就业。持续的大量失业人口的存在一定是非市场的因素（如工资制度、工会的抗衡）的阻碍使得工资水平不能充分调整。

由此可见，古典失业理论的基本信念是，只要让劳动力市场充分发挥其作用，大规模的失业人口是不可能存在的。它隐含地反对政府干预经济，主张自由放任的市场。

（二）凯恩斯失业理论

1929—1933年的世界性经济危机席卷了主要资本主义国家，危机从美国发端，紧接着就波及严重依赖美国投资的德国，然后是奥地利、英国及美洲、大洋洲国家，最后蔓延到了法国。持续了四年之久的经济危机，震荡了整个资本主义世界的经济、政治体系，造成了2 500亿美元的损失和3 000多万工人的失业、数千万农民的破产。凯恩斯建立在"有效需求"概念基础上的宏观经济学应运而生。1936年，凯恩斯发表了他的引起经济学革命的名著《就业、利息和货币通论》，批判了经典学派劳动力市场上自我均衡的假说，提出了政府干预经济、实现充分就业的主张。

凯恩斯认为，失业和危机一样是资本主义真正的经济病症，它不仅给失业者带来苦难，而且对整个经济运行以及全体国民生产、生活产生影响。在对失业产生的原因进行深入分析后，凯恩斯将其分为三类：一是摩擦性失业；二是自愿失业；三是非自愿失业。在凯恩斯看来，摩擦性失业只是暂时的，可以通过对劳动力的技能训练和提供就业信息而得到迅速解决，自愿失业属于劳动者的自愿选择，这两类失业即使在劳动力市场处于均衡状态时也会存在，不能算作真正的失业。凯恩斯意义上的失业是劳动力市场处于非均衡状态下的失业。凯恩斯认为，劳动力需求是一种"引致需求"。在经济周期性波动中，当国民经济总需求或总产出下降时，对商品和劳务的需求也会减少，这种最终需求的变化又会引起劳动力这种中间需求的变化。其他条件不变，尤其是工资刚性的情况下，国民经济有效需求不足会排斥就业，形成需求不足型失业。而在资本主义社会，一般情况下均存在"有效需求不足"，即总供给价格和总需求价格达到均衡时的总需求量不足，由此造成较多的不充分就业，使失业成为资本主义经济一个持久不断的现象。

由此可见，在凯恩斯失业理论架构中，导致失业的根本原因是有效需求不足，而不是过高的实际工资水平。对这一类失业的治理不可能通过实际工资的变动得到解决，只能提高总的有效需求，消除商品市场供大于求的状况，才有可能使劳动力市场重建充分就业。为此，凯恩斯主张摈弃古典经济学派自由放任、排斥政府干预的政策，通过国家干预，实行反周期性的扩张性宏观政策的拉动社会有效需求，扩大社会就业。正是这一"国家干预""充分就业"的政策和理论使资本主义走出了 20 世纪 30 年代大危机的阴影。

（三）菲利普斯失业理论

长期以来，西方一些经济学家受凯恩斯学说的影响，认为工资、通货膨胀与失业不会并存，美国战后一段时间的经济发展也证明宏观经济政策确实有效地控制了通货膨胀，降低了失业率，并促进了经济增长。但到了 20 世纪 60 年代，失业和通货膨胀显著上升，通过财政和货币政策降低失业率的宏观经济政策已经变得无能为力。于是许多经济学家认为宏观经济政策不可能永久地改善失业状况,降低失业率必然要以通货膨胀风险为代价。这就促使人们开始研究失业、工资与通货膨胀的关系问题。

最早研究失业与通货膨胀关系的是英国经济学家 A·W·菲利浦斯。他在 1958 年的一篇论文中研究了 1861—1957 年英国历史上失业率与货币工资变动率的关系,绘制出一条表示失业率与货币工资变动率之间关系的曲线。在这个曲线中,横轴为失业率,纵轴为货币工资变功率。曲线斜率为负,反映了失业率与工资变动率的相反关系。西方经济学家把这种表示失业率与货币工资变动率之间此消彼长、相互交替关系的曲线称作菲利浦斯曲线。

通过研究,菲利浦斯发现,失业率与货币工资增长率彼此是逆相关或负相关的。在失业率高时,相应的货币工资变动率较低甚至为负,而当失业率较低时,货币工资的变动率往往较大。也就是说,失业减少,工资增长就快;失业增加,工资增长就慢。理由是失业率低意味着劳动力的短缺和较高的总需求水平,这时雇主竞相雇用劳动力,结果引起工资较快增长;反之,失业率高,意味着劳动力过剩和较低的总需求水平,工资的增长也就会放慢。

(四)货币学派“自然失业率”理论

货币学派的失业理论是在西方世界失业率与通胀率相互促进的现实背景下产生的。20 世纪 70 年代,西方各国普遍出现了“滞胀”局面,高通货膨胀和低经济增长并存,高通货膨胀率和高失业率并存。在此背景下,凯恩斯学派的“有效需求不足”原理和菲利浦斯曲线原理无法解释现实世界,货币学派便提出了自己的失业理论——“自然失业率”假说。货币学派主要从需求方面探讨如何抑制总需求的过度膨胀,将失业率降至正常水平。其代表人物是当代美国著名经济学家、1976 年诺贝尔经济学奖获得者弗里德曼。

20 世纪 70 年代,美国芝加哥经济学派的代表人物弗里德曼提出了“自然失业率”的概念。在市场经济条件下，经济运行的波动性、周期性和不平衡性决定了经济活动对劳动生产力的需求是不断变化的，这就从客观上要求社会必须备有调节劳动力供求的“蓄水池”，也就是要有一定的，与经济发展相适应的适量失业人口。西方经济学将这种失业人口形成的失业称为“自然失业”，其对劳动人口的比率被称之为自然失业率。

货币学派认为，自然失业率的水平，取决于劳动力市场及商品市场的状况，包括市场的不完全性、供求变动的随机性、劳动力流动的费用、劳动力供求信息搜集的费用等，而与通货膨胀无关。因此，只要发挥市场竞争因素的作用，提供市场信息，增加劳动力的流动性等，就有可能把“自然失业率”降低；反之，如果阻碍市场竞争，市场信息不充分，劳动力流动受到阻碍，那么，自然失业率就有可能上升。

为了降低失业率，货币学派提出了一些积极措施，从更有效地发挥市场机制的调节作用出发，开辟新的就业领域。具体措施有：(1)改进劳动力市场工作，消除各种人为障碍和限制，提高工人的劳动性。(2)加强失业人员培训。(3)建立效率更高的职业介绍所，为失业者及时地获得工作空位信息创造条件。

货币学派纠正了凯恩斯主义通过刺激需求可以随意降低失业率的错误观点，使人们认识到，就业的增加在一定时期是有一定限度的，是不能强求的。显然货币学派还没有认识到一定的社会生产能力只能容纳一定的就业量，并且忽视了没有政府的适当干预，市场经济不可能靠自身力量实现总需求与总供给均衡的事实，但他们提出的“自然失业率”不可逾越性和盲目追求充分就业会引起高通货膨胀与高失业同时并存，并相互加强的结论，对于克服滞胀危机和确定政府的政策目标则起了积极作用。在他们的影响下，西方国家政府不再为降低失业率而滥发货币，肆意扩大财政赤字，而是在保持较低的通货膨胀率的基础上，谋求经济增长和就业增加。

（五）发展经济学派失业理论

发展经济学是以研究发展中国家经济发展为对象的新兴学科。它于20世纪40年代初问世，于20世纪70年代末被引进中国。20世纪60年代和70年代是其全盛时期，70年代后期开始趋于衰落。

发展经济学派是旨在研究和解决发展中国家经济问题和经济发展的经济学流派，其代表人物是美国著名经济学家刘易斯（W·A·Lewis）、费景汉（J·Fei）和拉尼斯（G·Ranis）以及托达罗（M·P·Todalo）等。刘易斯、弗景汉和拉尼斯主要探讨了二元结构发展模式下的失业问题。所谓二元结构，是指发展中国家的经济由两个不同的经济部门组成：一是传统农业部门，二是现代工业部门。刘易斯等人认为，传统农业部门的劳动生产率很低，边际劳动生产率甚至为零或负数，这里有大量的非公开性失业，而现代工业部门的劳动生产率相对较高，但从业人数较少，其相对较高的工资水平可以吸引传统农业部门劳动力的转移。刘易斯等人强调现代工业部门资本积累的重要性。他们认为，加快现代工业部门的资本积累，可以增强其吸纳传统农业部门劳动力的能力，最终达到解决二元结构失业问题。

刘易斯等人强调现代工业部门资本积累的重要性。他们认为，加快现代工业部门的资本积累，可以增强其吸纳传统农业部门劳动力的能力，最终达到解决二元结构失业问题。托达罗在刘易斯等人的二元结构发展模式的基础上，探讨了劳动力转换下的失业问题。托达罗强调了收入预期在农村人口转移中的重要作用。与刘易斯等人不同，托达罗看到了解决发展中国家失业的艰巨性和困难性。他断定，发展中国家城市中的失业和乡村中的过剩劳动力或非公开性失业会长期存在。

此外，发展经济学家还就发展中国家城市中公开性失业问题提出了统筹解决的一揽子政策。

以上简要地回顾了西方的主要失业理论，可以看出，西方经济学家从社会化大生产和现代市场经济中存在的某些共性问题出发,对失业产生的根源进行了有益的和富有成效的探索,并得出了一些正确的结论。但是,各种理论往往用单一因素来解释复杂的失业现象,这就使得每一种理论都难以避免有不同程度的局限性。中国有着自己独特的国情和有别于西方国家及其他发展中国家的发展历程和发展道路,因此,全盘接受或片面应用西方失业理论对于中国实践会有一定的局限性。

第二节 失业保险制度的主要内容

失业保险是就业社会保障体系中最重要的项目,它对保障失业者的基本生活、促进再就业、弱化失业负效应、稳定社会秩序起着重要作用。目前,失业保险制度正朝着“就业导向型”发展。尽管不同国家的失业保险制度的类型不尽相同,但其基本内容却大致相同。其内容主要包括失业保险制度的覆盖范围、失业保险金的领取资格、失业保险金的给付标准和给付条件、失业保险基金筹集和失业保险的管理体制等。

一、失业保险覆盖范围

失业保险的对象不是一般劳动者,而是因非个人原因而失去工作从而失去收入来源的劳动者,即失业者。在失业保险制度的发展史上,失业保险对象的范围经过了一个由严到宽、由小到大的过程。最初的失业保险对象仅限于参加区域经济活动,有稳定职业而暂时失去工作的工资劳动者,不包括职业不稳、不正规的季节工、农业工人、临时工等劳动者,也不包括职业稳定、无失业风险的国家公务员,更不包括有独立收入的个体劳动者及已毕业但尚无工作的青年学生求职者。后来又把上述原先未被列入的保障对象也包括进来而一并成为失业保险的对象。如今,对失业的界定已经不仅仅指失去工作、收入中断，一些国家把工作负荷达不到一定标准也视为失业。如德国规定，每周工作不到18小时即为失业，就可以按失业的有关规定对待。因此，现在失业保险的对象相对来讲要比原来宽泛得多。

二、享受失业保险的资格条件

从立法上看，失业保险并不一定将全部就业人员都作为失业保险的对象，而是有严格的条件限制。一般来说，享受失业保险的具体资格条件，归纳起来，大致有以下几个。

第一，失业者必须符合法定劳动年龄条件，即必须在法定的劳动年龄段内（处于法定最低劳动年龄与退休年龄之间），由于失业社会保险是一种在职保险，因此，它不为低于法定劳动就业年龄和超出法定劳动就业年龄的人提供保险。这是因为，未达到法定劳动就业年龄的人不存在就业问题，所以就谈不上享受失业保险；对未达法定劳动就业年龄而参加劳动的童工，属非法用工，不包括在就业者的范围之内，同样不能享受失业保险；对超过法定劳动就业年龄而仍在工作的劳动者，失业后作退休处理而不应享受失业保险；对超过法定劳动就业年龄已经退休后又重新就业的，不存在失业和享受失业保险的问题。

第二，失业者必须是非自愿失业，即失业必须是非本人原因而是出于个人无法控制的社会因素引起的，才有申请失业社会保险的资格。凡是由个人的原因造成的失业应由个人负责，国家和社会没有义务提供失业保险；而非自愿性失业是由社会的、自然的等非失业者个人所能控制的因素决定的，国家和社会有责任为他们提供失业保险。对此，世界各国均有一致的规定，主要是为了防止人们故意失业而领取失业保险金，形成“不劳而获”的惰性，进而影响全体社会成员参加生产劳动的积极性。

第三，失业者必须在失业前工作达到规定的期限，方可享受失业保险待遇。如此规定的主要目的，在于确认失业者曾是社会劳动者队伍中的一员，并确因失去工作而丧失收入来源，以保证其属于受保护人员范围；当保险经费来源靠职工缴纳筹集时，保证补贴制度的财政平衡。如德国要求失业前3年工作至少76周；法国规定，失业者在最近8个月内至少工作了4个月；卢森堡规定失业前1年，工作满12个月等。

第四，失业者必须达到规定的缴纳保险费期限。失业者必须缴纳过一段时期的失业保险费，方有享受失业保险待遇的资格。如此规定的目的，主要是为了体现保险中的权利义务对等关系。如爱尔兰规定，失业者须缴纳保险费26周，初次申请者，为24个月中缴费52周；西班牙规定，失业者在最近18个月内已缴纳保险费6个月者；意大利规定，失业者需投保两年，并在最近两年内缴纳保险费52周；奥地利规定，失业者在失业前12个月中已缴纳保险费20周，如系初次申请，则必须在24个月内缴纳保险费52周并有工作能力及工作意愿的登记就业者。但大多数国家规定，享受失业保险待遇的合格期限，为失业前一年内已缴费6个月。当然，目前有一些发达国家规定，毕业后的青年学生未能立即找到工作者，同样有资格领取失业津贴。

一般而言，具备上述条件后便可以享受失业保险的有关待遇，但是几乎所有国家都明确规定，具有下述情形之一者，同样要取消其享受资格，以期限制失业者故意造成保险事故、擅自离职：因失业者品行不端而被开除、革职者；拒不接受职业介绍机构提供的适当工作的失业者；拒不参加职介机构为失业者再就业所举行的职业技术培训的失业者；无正当理由自动离职者；因参加劳动争议罢工离职者，等等。

三、失业保险给付标准

失业保险待遇一般应包括：在规定期限内给付失业者本人的失业津贴（有的国家也称其为失业保险金）、超过规定期后发给失业者的失业救济金以及提供给失业者家属的生活补助金。

（一）失业保险待遇的给付原则

失业保险待遇的给付标准一般取决于一个国家的社会经济发展水平和社会的生活水准，但为使失业保险待遇既能确保失业者及其家属的生活需要，又不致诱导失业者形成对保险制度的“惰性”，失业保险待遇的给付水平既不能完全以当事人或其雇主为其缴纳的失业保险金的数量为依据，也不能只考虑当事人的基本生活需要。失业保险待遇的给付一般应遵循以下几个原则：一是保障失业者及其家属基本生活的原则；二是保险待遇水平低于失业者原工资水平的原则；三是体现权利和义务相对等的原则，即失业前缴费越多、工龄越长、工资水平越高者可领取的失业保险金额就越多，反之越少；四是有利于促进重新就业，不对再就业产生阻碍的原则。

（二）失业保险待遇的给付标准

关于失业保险待遇的给付标准，国际劳工大会在1988年第75届会议《促进就业社会保障》报告五（2B）中作了较为详细的说明：当津贴数额以受保护人所缴的费用或以其名义缴纳的费用或以前的收入为依据时，其数额应定为以前收入的50%以上。对津贴的数额和所考虑的收入可规定最高限额，例如，这一限额可与技术工人的工资或者有关地区工人的平均工资挂钩。当津贴数额不以所缴纳费用或以前的收入为依据时，应按不少于法定最低工资或一个普通工人工资的50%或按其基本生活费用的最低额确定。一般来说，失业保险待遇的给付往往与失业者的工龄、投保期限、工资水平及年龄、有否供养配偶及其他亲属等因素相关。

（三）失业保险待遇给付额度的计算方法

失业保险待遇给付额度的计算方法，主要有以下三种。

（1）工资比例制。许多国家以平均收入的40%～70%作为计算失业待遇给付额度的基数，有的国家还有最低标准和最高限额。有些国家采取失业津贴按失业工人最近一个时期平均周工资的一定百分比计算。按失业前工资的一定比例计付失业津贴时，有的国家采用逆相关办法，如日本规定，基本失业津贴按失业前工资的60%～80%计付，工资越低，适用的比例越高。

（2）平均制。平均制，有的也叫均一制，即对符合规定的失业者一律按同一基数或同一数额标准给付失业津贴，而不考虑失业者过去工资的多少。

（3）混合制。混合制就是将工资比例制和平均制结合起来的计发办法，一部分按失业前工资收入的一定比例给付，另外部分则按一定绝对数额给付。

四、失业保险给付期限

失业保险的给付期限包括失业者领取失业保险津贴的期限和等待期。

（一）等待期

劳动者失业后不是立即给付失业保险金，而必须要等待一定时期，时间的长短，取决于这个国家的就业政策，以及失业保险基金的规模和财政状况。许多国家的失业保险制度都规定了等待期，即确定失业保险待遇在一定时期后才能开始给付。这样规定，是出于以下四方面的考虑：一是有助于防止冒领失业保险待遇的行为；二是有助于减少种种有意制造非自愿失业的行径；三是在摩擦性失业中，两次工作之间的短暂间隔是正常的，无需看成是应予补偿的失业；四是有助于减轻社会保险经办机构的管理、审批、核算业务。20世纪50年代初期，在工业化国家里，大多规定了7天的等待期，1988年第75届国际劳工大会建议，领取失业保险待遇的等待期最多不超过7天。[①]

（二）享受期

失业保险待遇的给付并不是无限期的，而是有一个给付期上限。国际劳工组织第44号公约规定，失业津贴的给付期每年至少156个工作日（26周），在任何情况下都不得少于78个工作日（13周）。自从国际劳工组织第102号公约通过以来，很少有国家的最长给付期超过26周。但自20世纪70年代以来，由于失业率上升，大多数工业化国家都不同程度地延长了最长期。目前各国失业津贴的给付时间最短的为8周，最长的，如我国，是24个月，在其他国家最长的一般是26周、36周。对失业保险待遇给付时间的确定，不同的国家以不同的条件为依据。有的国家以失业前缴纳保险费的持续时间或受保时间为依据，确定给付失业津贴的连续时间；有的国家根据失业者的年龄以及重新调配老龄工人的困难程度来确定失业津贴的给付时间；有的国家则根据本国的失业严重程度对失业津贴的给付时间进行调整。

五、失业保险基金筹集

失业保险基金的筹集是指失业保险基金的来源。失业保险基金一般来源于雇主、雇员缴费，政府补贴。即：雇主按雇员工资总额的一定比例缴纳失业保险金，雇员按自己工资的一定比例缴纳失业保险金，政府财政提供一定数量的补贴，如英国、西班牙、瑞典、瑞士、日本、德国等。基金筹集与基金支出基本相当是失业保险基金筹集的基本原则。失业保险基金的筹集方式，目前世界上绝大多数国家采取的是现收现付的筹集方式。

由于各个国家的政治、经济、文化以及失业情况不同，所以在失业社会保险基金筹集的具体渠道和负担比例上各国存在着很大的差别。目前，除了雇主、雇员和政府三方共同负担的情况外，

① 史敏.社会保障制度干部读本[M].北京：中共中央党校出版社，2003，第100页.

一些国家和地区还存在以下几种不同的情况:(1)雇主和雇员共同负担,即失业保险基金由雇主和雇员筹集,政府不给予任何补贴,如加拿大、荷兰、以色列和希腊;(2)雇主和政府共同负担,即雇主缴纳失业保险费,政府补贴亏空,雇员个人不缴费,如意大利、美国、丹麦、乌克兰、波兰、冰岛;(3)雇员和政府共同负担,即雇员缴纳失业保险费,政府补贴亏空,如卢森堡;(4)雇主全部负担,如伊朗、约旦、哥伦比亚、印度尼西亚;(5)政府全部负担,即雇主和雇员均不缴费,由政府提供全部资金,如澳大利亚、匈牙利、新西兰、新加坡、智利等。

第三节　失业保险制度的改革和优化

在新的经济社会背景下,需要从我国的实际出发,借鉴国际经验,构建积极的失业保险制度,通过改革,实现以下基本目标:到 2020 年,建立一个法律法规完善、覆盖范围广泛、资金渠道稳定、保障水平合理、管理手段科学、衔接相关制度,集保障基本生活、促进就业和预防失业功能为一体的失业保险制度。

一、扩大保险覆盖范围

判断一个国家失业保险制度的完善程度,通常会看其保险覆盖范围。当前我国正在继续推进与深化改革开放制度,城市与农村出现越来越多的剩余劳动力。逐步扩大失业保险的覆盖范围,一方面能够更加充分地发挥失业保险的作用,另一方面也能够促进企业继续深化改革,建立规范完善的劳动力市场。当然,这里所说的扩大失业保险覆盖范围,其真正意义并非是失业保险覆盖范围内的人员都能享受到失业保险待遇,而是其中达到失业保险保障条件的人,才可以享受失业保险的保障。我们可以在借鉴西方各国先进的失业保险制度立法经验基础上,建立专门的失业保险资格审核机构，根据科学合理的标准对保障人员进行审核。在实践过程中，可以从下面几个方面入手。[①]

（1）明确规定失业者必须是适龄劳动者。不满足劳动年龄的人，在法律层面上达不到就业标准，所以不能被定义为失业人员，无法领取失业保险金。超出劳动年龄的人员，处于退休待遇的保障范围之内，就算再次就业，也不能被归入到失业人员的范围之内。所以失业保险的保障范围一定是适龄劳动者。

（2）必须规定明确的就业期。就业期，即我们所说的失业前的工作年限。现行《条例》及实施办法中没有相关的参考依据。按照社会保险制度中权利与义务一致的原则，只有当失业人员工作年限达到标准之后，其进入失业期才能享受应有的保险待遇。

（3）规定享受失业保险待遇的等待期。等待期，即人员失业之后到获得失业金为止所经历的时间。为了防止有关人员在领取失业金的同时存在隐形就业情况，失业保险制度要对这一期限作出明确规定。当前国内的相关制度尚未对等待期作出明确规定，国际上较为规范的失业保险制度大都对此进行了明确规定，以此来保证失业保险金发挥真正的救济作用，同时督促失业者尽力寻找新的工作。

（4）获取失业保险待遇的资格条件应是并列条件。失业人员想要领取失业金一定要同时满足以上所有标准，否则不符合失业金的领取条件。

除此之外，以下的几类失业人员不在失业保险制度的保障范围之内：因个人过失而遭遇单位开除的失业单位人员；在失业期间拒不接受就业培训的人员；有过骗取失业金前科的人员等。

二、强化促进就业及再就业功能

（1）统一再就业部门，加强再就业培训。要大力推进与完善

① 王福君．浅谈我国享受失业保险待遇资格条件的认定[J]．鞍山师范学院学报，2001(12):44-45.

社区再就业服务，统一再就业部门，并在立法中对其职能和地位加以规定，以促进再就业款项得到更加充分的利用，也使得社区为居民提供的服务更加多面。在对失业人员进行培训时，要与职业介绍、失业保险、生产自救联系起来，根据当前产业发展要求有针对性地制定培训内容，以提升职业培训的效率，缩短失业者等待的时间。

（2）通过立法调整失业保险基金的使用结构，保证将基金的一部分按法定比例用于促进再就业。纵观全球，当前许多国家将失业保险基金中的部分款项用于开展技术培训、转岗培训，以此来提升工作人员的技能水平，增强其再就业的实力。

（3）建立失业证、就业培训合格证、生产自救基地工作证相互结合的制度，促进再就业。当人们处于失业期时，要到失业登记机构进行登记，领取机构人员发放的正规失业证；经过机构再就业培训且通过考核的人员，领取培训机构发放的合格证；参加生产自救的失业人员，领取专业机构发放的生产自救证书。

（4）完善再就业激励机制，限制裁员的随意性。政府可以在工商、税收、银行贷款等方面，制定相关鼓励政策促进失业者尽早就业。当失业者的失业期限较短时，机构将给予较高的失业金保障额度，当失业期限逐渐延长时，机构给予的失业金额将会越来越低。机构可以给予跨区就业人员一定的交通、住宿费用补贴；机构应给予接纳失业人员的企业一定的保险金额，作为扶持生产的资金或用于贷款贴息；等等。

三、完善失业保险支付机制

失业保险的支付应该遵循权利与义务对等的原则，坚持只有符合享受条件，履行了义务，才能享受相应的待遇。要从两方面把握上述原则：一方面是严格审核失业保险金领取者的资格，要排除隐性就业者。因为如果隐性就业者也领取了失业保险金，将加重失业保险的支付负担。另一方面是在支付上要灵活和有差别。为达到上述目标,要作出下面几项制度创新。一是确定合理的失业保险金给付标准,二是缩短失业保险的给付期限。失业保险金的给付期限与失业保险金的替代率相配合,可以达到减少失业保险制度中道德风险的目的。因此,失业保险的给付期限是短暂的,与较高的失业保险替代率相配合的方式,既能够减少信息不对称造成的道德风险,又能维持失业者的基本生活水平。当然,失业保险金的给付期限应当以保证失业者寻找工作以及再就业所需的培训时间为前提。

四、创新失业保险的筹资机制

在实行失业保险制度的国家中,失业保险基金的筹集主要有两个途径:一是征缴保险费;二是征收失业保险税,如美国。大多数国家采取征缴保险费方式。目前,我国也是采取征缴保险费方式来筹集基金。但是,不同于西方国家的是,虽然我国失业保险属于强制型的社会保险,但由于法制建设尚不完善、思想认识不足等方面的原因,失业保险费的征缴却异常困难。由此借鉴国外社会保障的成功经验,总结我国收费不规范的教训,建议采取开征失业保险税的方式筹集失业保险基金。征收失业保险税是当前世界上多数国家采取的一种通常做法。到目前为止,在建立社会保障制度的160个国家中,征收不同形式的社会保障税的国家已有80多个。以失业保险税代替失业保险费,首先,有利于统一主体,提高工作效率。收税是国家税务机关的职责,其他机关就不能够去征收。使主体归属税务机关,就可以形成一个以税务机关负责失业保险税的征收、财政部门负责编制失业保险预算、失业保险管理部门负责失业保险金的日常发放的运行机制,为失业者提供就业培训和就业指导。这样,机构精简,权限分明,任务明确,便于操作和节约征管费用,提高工作效率。其次,具有更强的约束力,有利于失业保险基金的稳定、可靠。税收是国家强制征收的,具有强制性,任何机关都不能拒绝交税,否则,将会受到法律的惩罚。实行失业保险税以后,失业保险税的征收、管理和支付等都有严格的法律规定,具有较强的法律约束力。这样,企业就不能以各种理由来抗交失业保险税金,从而稳定了失业保险基金的来源。同时也将失业保险基金的收支过程纳入法制化、规范化的管理轨道,有利于克服失业保险费征缴方式存在的收支随意性和不规范性的缺陷。最后,有利于将失业保险的收支纳入预算管理,提高失业保险基金的统筹层次,更有利于失业保险金的调剂。

要想抵御更大规模的失业风险,必须提高统筹层次。一般来看,统筹层次越高,失业保险基金的调剂余地就越大,基金的使用效益也就越显著。根据我国的实际情况,我们的目标应该是实现“省级统筹,中央调剂”的统筹模式。失业保险基金在省级统筹并在中央建立国家级失业保险调剂金,调剂金由各省、自治区、直辖市按照一定比例向中央缴纳,在统筹地区的失业保险基金入不敷出时,由中央调拨调剂金进行补充,同时加以地方财政补贴。因为省一级是地方政府的最高级,它有权根据宪法决定某些事项。同时,从守土原则的角度来看,失业保险基金实行全省范围统筹,也有利于均衡不同地区负担,实现省区的协调发展。这样,就可以有效克服统筹层次过低带来的基金规模小、地区间不平衡、调剂余地小等弊端,切实支持困难省份的失业保险工作。

第四节　失业预防和就业扶助

仅仅给予失业者基本生活的帮助和介绍再就业,还不能应对现代社会严重的失业问题。全方位的就业保障还包括失业预防和就业扶助,其具体内容有:对企业解雇的约束,建立失业预警系统,实施就业指导和再就业培训,政府支持再就业的政策措施等。

一、失业预防

（一）约束企业解雇行为

为了保障劳动者的就业权，防止企业随意解雇工人，许多国家都制定了相应的法律，约束企业的解雇行为。例如，规定解雇必须有正当理由，必须事先通知政府有关部门、法院、工人代表或被解雇者本人；必须征得政府有关部门或工人代表的同意；必须支付一定数额的解雇费等。企业解雇员工有单项解雇和集体解雇两类，二者在解雇的原因、解雇的规模以及由此造成的后果方面相差甚远，所以各国立法时多分别加以不同规定。

1. 单项解雇

单项解雇按原因可分为过失解雇和无过失解雇。前者指雇员因为犯罪、严重渎职而被解雇；后者是因为雇员能力欠佳，与此企业的要求不适应而被解雇。如果是因为本人有过失，企业可以立即实施解雇，并且无须给予相应的经济补偿；如果是前一种原因，则涉及一定的法律程序、事先通知和最低限度的经济补偿。欧洲和日本的解雇程序相近，严格而复杂；美国例外，解雇无立法约束，仅仅受约于个人雇用合同或集体协议。除美国之外的发达国家都规定有解雇通知期，通知期的长度与被解雇者的就业时间长短、收入水平和年龄有关。

2. 集体解雇

集体解雇的规模及造成的后果都超过单项解雇，因此，除美国外的其他发达国家对企业实行集体解雇都有不同程度的法律约束。其中，欧洲的约束最严格，解雇程序复杂，必须事先通知政府有关部门和被解雇者，必须给予最低限度的经济补偿（补偿期是服务年限的函数）。日本除了复杂的解雇程序外，企业解雇必须满足一系列先决条件，解雇是企业做出一系列努力之后的无奈之举。

（二）制定失业预警制度

监测失业并适时采取对策，将失业率控制在安全水平以下，即建立失业预警制度，是就业社会保障制度的一个环节。

失业预警制度应该包括失业控制目标的确立、失业监测系统、失业控制对策及实施等几个环节。确定失业控制目标是在调查分析和综合考虑社会经济因素的基础上，划定良性失业线、失业警戒线、恶性失业线，作为失业监测和预警的依据标准。失业监测系统是对失业的调查、统计、预测、报告的系统。失业控制对策可以分长期对策和短期对策，涉及的领域非常多，如金融政策、财政政策、税收政策、物价政策、经济发展规划、产业规划、人口规划、教育培训规划等。

（三）开展职业教育及培训

职业教育和职业培训是促进就业的一条重要而有效的途径，同时具有开发人力资源、培养适合经济发展需要的劳动力、确保经济稳步增长等多种功能，而且职业培训本身也成为一个吸引就业的新行业，因而受到各国政府的重视。综观世界各国的职业教育和职业培训，有下述几个特点。

1. 职业教育和职业培训有法可依

为了保障职业教育和职业培训的正常进行，许多国家建立了相应的法律，规范和指导培训活动。近几年，西欧国家等还在对其职业教育法规不断进行修改，使职业教育和职业培训适应经济发展与劳动市场变化的需要。

2. 合力担负职业培训工作

在很多国家，政府的职能部门直接组织开展职业培训与政府资助企业、个人和社会组织举办职业培训并举。为此，政府要负担大量开支。政府对举办培训的企业和社会各界提供一系列优惠政策，包括提供培训补助、优惠贷款等，鼓励多渠道开展职业培训。参加者除免费参加培训外，受训期间可获得工资补偿或失业保险金，跨地区参加培训者享受交通费报销、住房补助等一系列资助。

3. 职业教育中加强了就业指导

由于普及教育年限的延长，学生的职业观普遍建立较晚，加之学生毕业后的出路复杂多样，所以很多国家增加了就业指导教育。就业指导是为学生提供广泛的职业信息，培养学生的职业兴趣及独立选择职业的能力，帮助学生了解自己的个性，以此为基础来确定就业的目标，为就业做好准备。

4. 从供给导向型向需求导向型转变

20 世纪 90 年代以来，高新技术的发展和全球竞争的加剧，使工作岗位创造与消失速度明显加快，劳动者要适应变化就需要不断学习。国际劳工组织提出，要提升教育和培训对市场变化的快速反应能力，从供给导向型向需求导向型转变。

二、就业扶助

就业扶助主要是通过政府对就业市场的指导和干预，以优惠政策鼓励积极就业，提供全方位就业服务等，来推动失业者实现再就业。就业扶助的主要做法和经验包括：拓展新的就业领域，创造就业岗位，实行职业轮换，以减免税收、小额信贷、就业补贴等政策鼓励失业者自我创业、鼓励企业提供就业岗位等。

（一）鼓励失业人员创业

许多国家以发给津贴、小额补助或贷款的方式扶助失业者创办小企业，以创造就业岗位。例如在法国，失业者凡兴办或接管企业或从事其他不靠工资谋生的正当职业，一定时期内有权享受国家补助，补助金额按失业者的类别和失业时间长短而有所不同；如果为他人创造了有工资的就业机会，补助还可以增加。英国实行的企业津贴计划规定，凡符合条件（失业时间13周以上，18岁以上、退休年龄以下）的失业人员创办企业，政府每周支付“兴业津贴”，支付时间上限为一年。韩国在亚洲金融危机后，也启动了“创造就业计划”应对失业问题，由政府财政提供津贴给企业，以要求企业维持就业岗位，对于破产的个体户也发给津贴，缓解失业压力。

（二）开发社区工作岗位

组织失业者从事社区服务是与失业斗争的最古老的形式，一方面可以使失业者获得临时工作和收入，以“劳动福利”替代“生活福利”；另一方面可以使地方建设事业因此而获益。许多国家采取这一形式创造就业岗位，例如，法国的“区域工作方案”是以16—21岁离校青少年为对象，以每星期工作20小时以上为原则，工作项目包括对社区有意义的上作，如整理社区环境、整理校园、帮助无人照顾的老年人等。工作待遇由中央政府补助和主办地方机关筹措。英国的“区域就业方案”以促进社区发展为任务，由中央政府主管部门监督实施，各地方社区为主办单位，经费由中央补助，报酬以当地工资率为给付标准。方案以长期失业者为受益对象，参加者可获得最长一年的就业机会。

（三）开辟家庭雇工

家庭雇工是一个很有潜力的就业领域。随着收入水平提高、工作节奏加快、双职工家庭增加、人口老龄化、生活观念转变等，家庭对帮工的需求量增大。许多国家采取多种措施支持家庭劳务市场，使这一领域提供了相当数量的就业岗位，社区家庭服务在很多国家已经成为一个产业。据统计，意大利从事家庭服务的工人约占全部劳动力的4%。法国规定，如果一个家庭雇用一个帮工，其支出的50%由政府补贴，以支持开发家庭劳动市场。

（四）促进各地区劳动力流动

地区之间劳动力供求不平衡总是客观存在的，促使失业者在地区之间流动，一方面解决失业问题，另一方面解决劳动力短缺问题。但是，劳动力流动是要付出流动成本的，包括精神成本和物质成本两方面。为鼓励地区间流动，许多国家制定了一系列优惠的跨地区就业政策。例如，向在地区间流动的失业者支付调动奖金、家具搬运费、安置费、旅费和两地分居补贴；向流动到劳动力短缺地区工作的人支付一系列补贴，包括本人和家庭旅费、旅途补贴、家具搬运费、安家费，旅途时间及搬家所需时间可领取全工资。类似地区工作的工人享有月薪补贴、额外带薪假和更优惠的医疗补助。

（五）扶持就业困难群体

在各国，都存在一个就业困难群体，为此，各国政府都采取了一定措施，帮助他们实现再就业。

（1）自 20 世纪 70 年代开始，OECD 成员国纷纷推出“特种雇佣计划”，定向解决失业问题。这类计划专为特定失业者创造就业机会，政府为就业岗位提供者发放补贴。各成员国推出的较有影响的雇佣计划有：联邦德国的“AMB”方案，法国的“就业训练与契约方案”“区域工作方案”，英国的“区域就业方案”“兴业津贴方案”“青年训练方案”，爱尔兰的“工作经历方案”，丹麦的“工作供应方案”，瑞典的“公共救济工作方案”等。英国政府从 1998 年 6 月起开始实施一项被称为“新政”的失业救济计划，以帮助失业 6 个月以上的失业者告别救济，重新就业。

（2）启动个人利益杠杆，奖励和刺激缩短失业时间。就业困难群体寻找工作不断受挫，往往失去就业信心，再加上享有一定的社会保障，影响了其继续找工作的积极性。为此，需要采取有力措施，奖励和刺激缩短失业时间。例如，美国曾推出名为“经济增长和工作创造”的一揽子经济振兴方案,其中包括“个人再就业账户”政策。“个人再就业账户”政策规定,符合条件的失业者可以获得一个一定额度的个人账户,再就业需要的开支可以用账户资金支付。如果能在13周内实现再就业,账户上的余额留作对本人的奖励,以此刺激更加努力地再就业。

(六)实施职业轮换制度

职业轮换制度即企业招聘失业人员临时替代接受培训的正式员工。企业借助职业轮换制度顺利地开展在职员工培训工作,使员工提高了素质和适应新技术的能力;同时,失业者通过职业轮换学到了求职所需的技能和经验,并同某个单位建立起了联系,增加了就业机会。

(七)提供全方位就业服务

全方位的就业信息和就业服务是促进就业的基础措施,目前,各国政府越来越重视这方面的工作。建立完备的就业信息网络是劳动市场良性运转的必要条件之一。就业信息包括两方面:一是有关失业者的信息;二是有关职业职位的信息。许多国家政府建有专门机构,负责就业信息的收集、处理,实行全国联网的就业信息管理,并有失业者登记制度和企业职位空缺登记制度。就业信息管理部门负责将这些信息整理、上网,供需要者咨询。求职者通过网络可以直接获取劳动力市场信息,方便了就业。

除上述就业扶助的措施外,一些国家还采取了以下措施促进就业:缩短就业者个人工作时间,把就业机会分给更多的人;降低退休年龄、鼓励提前退休,腾出就业岗位;提供临时工作岗位,增加就业机会;等等。

第六章　中国医疗保障研究

医疗保障在很大程度上解决了人们看病难的问题，为人民提供了基本的医疗卫生保障。自从改革开放以来，尤其是21世纪之后，我国加快了建设与完善医疗保障制度的步伐，极大地改善了居民的医疗卫生条件。然而，就当前的医疗保障体系来说，其中仍然存在许多需要改进的地方，政府需要继续提升国民基本医疗服务，以及提高国民整体的健康水平。2018年3月，新组建的国家医疗保障局成立，站在新的历史起点上，中国医疗保障事业面临新的机遇和挑战。

第一节　城乡医疗保障制度的发展

中华人民共和国成立以来，医疗保障制度经过了从无到有、试点探索、全民覆盖、新一轮完善等发展阶段。医保制度70年的演变脉络表现为：制度架构从多元分割到逐步整合，保障体系从单一到多层次，保障责任从个人缺位到多方分担，保障对象从部分到全民普惠，管理体制从集体管理到社会化管理。纵观我国医保制度70年的历史演进，一方面，预防为主、注重初级卫生保健、强调全民参与，最终实现卫生领域的低投入与高产出是计划经济时期的突出成就；另一方面，经济体制、卫生服务体系与医疗保障制度之间的协同发展构成了整个医疗保障变迁的内在规律。

一、计划经济中的福利与城乡医疗保障

(一)城市职工公费和劳保医疗

劳保和公费医疗制度、企业职工退休金制度和企业职工福利制度构成了城市职工单位福利制度。国营单位职工和国家机关、事业单位职工享有最全面优厚的福利保障,包括养老、医疗、工伤等,还有单位举办的疗养、困难补助和生育补助,而对于集体所有制企业职工而言,他们仅能享受养老待遇,待遇水平相对较低,国营单位职工养老金工资替代率为80%,而集体企业仅为40%~65%。[①] 该传统体制始终以"工人"与"干部"的身份进行区别,人群覆盖面相对而言较窄,社会化程度偏低,类似于"免费午餐"。

1. 劳保和公费医疗制度

(1)企业职工的劳保医疗制度

中华人民共和国成立之初,关于企业职工的劳保医疗制度就明确确立了,于是惠及了全民所有制工矿企业和部门的职工及其供养直系亲属,相关经费主要由企业行政予以承担支付,由企业行政和工会共同进行管理,具体待遇是在按税前职工工资总额的3%提取的劳动保险基金项目下支付职工非因工负伤治疗超过6个月时的补助费;之后将企业医疗卫生费、福利费和奖励基金合并为"企业职工福利基金",统一按照职工工资总额的11%提取,若不够,完全可以用职工福利基金进行一定的弥补,由此劳保医疗变为全部由企业自提、自付、自管的"企业保险"模式。[②]

(2)国家机关、事业单位公费医疗

公费医疗制度是与企业职工劳保医疗同时建立的,而且是针

① 郑秉文.社会保障分析导论[M].北京:法律出版社,2001,第55页.
② 郑功成.中国社会保障30年[M].北京:人民出版社,2008,第98-99页.

对国家机关、事业单位工作人员所实行的一种能够免费治疗的福利制度。覆盖对象主要对国家机关和全民所有制事业的单位工作人员、离退休人员和退休人员，二等乙级以上革命残废军人，以及国家正式核准设置的高等院校在校学生这三大类人群进行了涵盖。

公费医疗经费由财政按机关事业单位额定的编制人头数量拨付，实行专款专用、统筹使用，不足部分由地方财政补贴；差额预算管理和自收自支预算管理单位从提取的医疗基金中开支①。

2. 患者就医流程和特点

对于传统的计划经济体制而言，许多大型国营企业都建有属于自己的医院，负责为职工看病就医；许多单位也有自己的医务室和诊所，配备医务人员和简单的药品与医疗服务。因此许多国营企业的职工看病就医的第一站是去自己单位的医务室和医院。

医疗服务定点医院与医疗保障分等分类特点相一致，市级机关和事业单位职工定点一家三级医疗机构，区级机关和事业单位定点区中心医院，而地段医院则是街道机关和小学教师等的定点医院。就医首诊只能去这些医院，去其他医院需要医生转诊。请病假开药都要仰仗医生手中那支笔。由于基本是定点医疗，因此医患之间关系较熟悉，看病时医患会聊聊家常。而医院除了药品，也有一些保健品，甚至有些与医疗相关的生活用品，和医生关系好就能多开点，包括开更长的病假等。

一般来说，医院都属于事业单位，所以关于房子和简陋的设备费用乃至医务人员的工资都是由财政进行承担的，在整个经济资源供给紧缺的情况下，医院的建设很简陋，设备相对而言较为陈旧，药品品种极其有限，而且医院都会自产试剂和药品，由于都是拿有限的固定工资，医生的工作动力也相对较小。因为三级医疗机构体系还不健全，一、二、三级医院间存在相应的转诊服务。

① 郑功成．中国社会保障30年[M].北京：人民出版社，2008，第99-100页．

3. 劳保和公费医疗制度的不足[①]

（1）制度演变

公费医疗和劳保医疗制度在20世纪60年代期间，遭受到较为严重的破坏。具体来说，主要包括：①管理企业职工劳保医疗制度的中华全国总工会被冲垮并被迫停止了活动，医疗保险金停止基金积累，经费来源与使用方式也以年度为结算单位，实行“现收现付”；②医疗费用在不同企事业单位的职工之间不具有可调剂性，从而造成了企业负担畸轻畸重。不仅如此，原有的劳保医疗制度也无法得以再延续，这就使得带有社会保险性质的公费医疗制度和劳保医疗制度从此演变成了一种“单位保险”。

（2）不足之处

此后有些地区进行了初步改革，但是其弊端依旧难以克服。一是公费医疗管理机构不健全，管理松弛，随意扩大享受公费医疗范围和报销范围。二是国家和单位对职工医疗费用包揽过多，职工不负担或负担很少的医疗费用，缺乏自我保障意识，医疗费用增长过快，浪费严重，如药品浪费严重，经费超支很多，财政和企业不堪重负。三是医疗保障以单位自我保障为主，职工医疗费用社会互济程度低，管理和服务的社会化程度低。新老企业之间、不同行业之间，职工医疗费缺乏统筹互济，职工医疗待遇苦乐不均，阻碍了劳动力的流动和统一的劳动力市场的形成，许多经济不发达地区和效益差的企业职工基本医疗待遇得不到保障，引发大量的社会矛盾。而且由于劳保医疗分散在各个企业自行管理，企业“办社会”现象十分严重。四是只覆盖国有集体企业，覆盖面窄，到改革开放时期，新发展起来的外商投资企业、股份制企业、私营企业及职工和个体工商户，基本没有纳入社会医疗保障的范围之中。

① 王东进. 中国社会保障制度的改革与发展[M]. 北京：法律出版社，2001，第109页.

4. 公立医院补偿方法[①]

（1）“收支两条线”管理（1949—1959 年）

财政对医院实施“收支两条线”管理，医院收支结余不能留用，必须全部上缴财政，这是这一阶段医疗制度最主要的特征。到了 1953 年，原来的“统收统支”改为“以收抵支，差额补助”，1954 年明确为以床位计算补助的“全额管理，定额补助”，1955 年又改为“全额管理，差额补助”，即核定收支计划，根据收支差距补助差额部分。

差额补助的范围主要包括人员工资、零星设备补充和大修缮的费用在内，关于新增的基本建设与固定资产设备购置，则需要向主管部门另外申请，但收支结余仍然要求全部上缴财政。

在“收支两条线”的相关管理下，医院需按照政府定价对患者进行相应的收费，同时，医院职工按照事业单位标准发放工资，而且医院管理层经营自主权十分有限。

（2）医院可留用结余（1960—1978 年）

在这一阶段，虽然医院多余的经费可以留用，但是关于财政补偿的范围得到大幅度收缩，结余可用的范围因此也被严格限定。由此前的“全额管理，差额补助”进一步改为“全额管理，定项补助，预算包干”，即医院全部人员的基本工资及 3% 的附加工资均由财政拨款一并予以解决，至于其他的一切支出都由医院自行解决。

（二）农村合作医疗制度[②]

中华人民共和国的农民在自愿互助的基础上，建立起来的集体医疗保健制度就是农村合作医疗制度，它随着 20 世纪 50 年代中期农业合作化高潮的兴起而产生，一路曲折发展，于 20 世纪

① 朱恒鹏，昝馨，向辉．财政补偿体制演变与公立医院去行政化改革[J]．经济学动态，2014（12）：61-71．

② 赵翠生．我国社会结构与农村合作医疗制度的变迁[J]．江西金融职工大学学报，2007（04）：84-85．

60年代广泛普及而走向鼎盛。

传统农村合作医疗制度建立发展的原因主要是，中国传统的农村合作医疗制度特色是扎根基层，赤脚医生背着药箱走向田头和农民家中，并延续中医治疗的简、便、廉特点，一根银针连万家，解决了农民最基本的看病问题，提供了初级卫生保健，也受到了国际社会的普遍推崇，其影响深远。

但是，整体来说，中国农村合作医疗并非只是一种简单的、农民之间的互保，而是由政府、农村集体组织和个人共同建立的一种制度，基本建设费用、医务人员工资等也都是由集体经济来承担，政府鼓励各级医疗服务机构采用价格低廉的适用技术和药品，所有这些都大大降低了农村集体和个人参加合作医疗的“门槛”，增加了合作医疗的可得性和可及性。

因此，农村合作医疗制度之所以能在中国农村蓬勃发展，主要在一定程度上得益于特定意识形态下的政治动员和最高领导人的推动，得益于农村集体所有制所提供的经济保障以及政府的强力支持。

二、城镇社会医疗保险制度的建立

（一）1980—1994年

1. 公费劳保医疗改革

（1）离退休人员医疗费用社会统筹和大病医疗费用统筹

在改革开放初期，随着城市劳动用工制度改革、企业破产法的相关实施，集体经济、私营经济、合资经济的发展，特别是劳动力流动，待业人员的产生，乡镇企业、“三资”企业、私有企业等多种所有制形式几乎是在瞬间就对原有的“国营”单一形式进行了更替。一些单位也积极顺应新形势，开始自发改进医疗保障制度，例如，有些企业实行医疗费用定额包干管理，将医疗定额发给职工个人，超支自理，剩余归己；有些企业实行将医疗经费拨付企业医院承包使用。

地方政府在20世纪80年代的中后期，也逐渐介入改革探索，将医疗费纳入社会统筹范围，北京市东城区蔬菜公司首创“大病医疗统筹”办法，其医疗费用由国家、用人单位和职工三方合理负担，尽量覆盖到城镇的全体职工，对劳动者的基本医疗有所保障。

（2）公费医疗改革以费用控制为目标

部分单位因政府拨款不足而不得不在公费医疗出现严重“赤字”时，实施自筹一部分经费予以相关的弥补，而这种付费或弥补只是职工医疗责任在事后的有限分担，这样虽然一定程度制约了浪费，并体现了个人责任，但公费医疗以政府财政拨款作为建立医疗基金的唯一来源渠道的根本性特征并未得到改变，经费增长过快，国家财政难以承受，使得政府不得不主导公费医疗的改革，控制公费医疗费用就成了一个焦点。

2. 医院财政补偿方法[①]

公立医院的服务效率自1979年至1984年，开始激活，财政不再对人员工资全包，同时医疗服务收费有所上调，结余留用后也有了相对此前较大的自主分配权。病人欠费基金、大型设备购置、房屋大修专款，不包括在定额补助之内，每年根据财力专项安排。退职退休人员所需经费按实际需要编列预算。并首次提出了要对公立医院“定任务”，包括医疗任务完成情况、合理收费情况和节约支出情况，除了“定经费补助”和“定任务”，还试图对医院定床位、定人员编制、定业务技术指标。医院在留用结余、人员增收方面都获得了更大自主权，但同时在医院运行中，也受到政府更多的要求与考核，于是这一时期开始上调关于医疗服务的收费。

到了1985年至1996年期间，明确提出要“放宽政策，简政放权，多方集资，开阔发展卫生事业的路子，把卫生工作搞活”，对

① 朱恒鹏，昝馨，向辉．财政补偿体制演变与公立医院去行政化改革[J]．经济学动态，2014（12）：61-71．

公立医院补偿的新政策为,“除大修理和大型设备购置外,实行定额包干,补助经费定额确定后,单位有权自行支配使用”。同时,也兼顾对医务人员个人的激励,提出鼓励在职医务人员兼职,“业余服务的收入归个人”。1988 年又提出给予医疗机构更大自主权;之后,又提出差额补贴的事业单位要向自收自支或企业化管理进行相应的过渡。

(二)1995—2012 年

1. 城镇职工基本医疗保险制度

政府在 1992 年春,明确确立了建立社会主义市场经济体制的改革目标,国家卫生部号召“建设靠国家,吃饭靠自己”,医院要在“以工助医”和“以副补主”等方面取得新成绩,此后,点名手术、特殊护理和特殊病房等新事物像雨后春笋般在医疗系统涌现。

1992 年 5 月,国务院成立医疗制度改革领导小组,这就标志着中国医疗保障制度的总体改革已进入了一个预备阶段,其后出台了《国务院关于职工医疗制度改革的决定》,改革公费医疗制度的目标是建立医疗保险基金,实行医疗社会保险制度。

1993 年明确提出,要构建单位与个人共同负担、实行“统账结合”的社会医疗保险制度,确立了医疗保险制度改革的基本原则、方向与目标。[①]1994 年,制定了《关于职工医疗制度改革的试点意见》,在江苏省镇江市、江西省九江市进行了试点,即著名的“两江试点”。1998 年《国务院关于建立城镇职工基本医疗保险制度的决定》,提出医疗保险费用由用人单位和职工个人共同负担,并具体规定了各自的医疗保险制度改革的基本思路是:“低水平、广覆盖、双方负担、统账结合。”[②]标志着城镇职工医疗保险制度的建立。

---

① 戚畅 . 体制转型中的我国医疗保险制度 [J]. 中国卫生经济,2006(01):44-46.

② 郑功成 . 中国社会保障制度与变迁 [M]. 北京:中国人民大学出版社,2002,第 144 页 .

截至1998年底，全国参加医疗保险社会统筹与个人账户相结合改革的职工达401.7万人，离退休人员107.6万人，该年的医疗保险基金收入达19.5亿元。医疗保险“统账结合”（社会统筹与个人账户相结合）的城镇职工医疗保险模式经过扩大试点社会反应良好。

2. 城镇医药卫生制度改革

国务院于2000年发布《关于城镇医药卫生体制改革的指导意见》，在此之后又有9个配套文件，核心是“医疗、医保、医药”三项改革。主要强调：（1）扩大基本医疗保险制度覆盖面；（2）卫生行政部门转变职能，政事分开，实行医疗机构分类管理；（3）转变公立医疗机构运行机制，实行医药分开核算、分别管理，调整医疗服务价格，规范财政补助范围和方式，调整医疗服务价格；（4）加大药品生产结构调整力度，改革药品流通体制。

在市场化不断地推进下，政府卫生投入绝对额也在逐年增多，但是政府投入占卫生总费用的比重却在下降，政府的投入不足，再加上卫生政策失当，使得2000年之前就有一些地方公开拍卖、出售乡镇卫生院和地万的国有医院，此阶段存在的看病问题是一个非常突出的社会问题。

2003年，卫生体系再一次面临严峻的考验，SARS（传染性非典型肺炎）的蔓延直接暴露出了公共卫生领域的问题，促使人们反思现行卫生政策，客观上影响和推动了卫生体制的改革。2005年提出解决群众“看病难、看病贵”的问题需要标本兼治，综合治理，明确规定了卫生事业的性质，即更加强调公立医疗机构的公益性质，提出中国特色卫生医疗体制的制度框架包括公共卫生服务体系、医疗服务体系、医疗保障体系、药品供应保障体系四个重要组成部分。2006年新一轮医改启动，提出“坚持公共医疗卫生的公益性质，建设覆盖城乡居民的基本卫生保健制度，为群众提供安全、有效、方便和价廉的公共卫生和基本医疗服务；建立国家基本药物制度，整顿药品生产和流通秩序，保证群众基本用药”。2007 年试点推行，对全部城镇居民的医保制度进行了覆盖。

2009 年 4 月 6 日，中共中央、国务院启动了新一轮医药卫生体制改革（简称“新医改”），出台了《中共中央国务院关于深化医药卫生体制改革的意见》、《医药卫生体制改革近期重点实施方案（2009—2011 年）》（简称“意见”），旨在解决“看病难、看病贵”问题。“新医改”提出了：到 2020 年人人享基本医疗卫生服务的改革方向和制度框架。把“基本医疗卫生制度”看作是一种公共产品，标志着我国基本医疗卫生制度进入了构建时期。

三、农村医疗保障和保险制度的形成

（一）传统农村合作医疗发展

合作医疗制度是中国农民自己创造的一种医疗保健制度，是在各级政府支持下，农民群众依靠集体力量，在自愿和互助共济的原则下建立起来的医疗保障制度。作为曾经适合我国国情的农民医疗保障制度的一种有效形式，传统农村合作医疗制度在我国经历了一个非常坎坷曲折的发展历程。

上个世纪七十年代末起，我国开始实行改革，首先从农村开始，集体经济被打破，逐步实行了家庭联产承包责任制，从家庭联产承包责任制开始，经济体制改革一步一步走向深入，市场经济被最终确立为我国经济体制改革的方向和目标。在这个过程中，社会事业的各个方面都遭受着冲击，面临着改革和调整，医疗制度也在悄然发生变化。

1978 年 12 月，党的十一届三中全会后，中央肯定了安徽省凤阳县小岗村实行土地承包制度的做法并向全国推广，由此，拉开了中国农村家庭联产承包责任制改革的序幕。随着家庭联产承包责任制在我国农村的全面推行，原有的“一大二公”、“队为基础”的社队组织形式迅速解体，农村集体经济迅速萎缩，合作医疗丧失了主要的经济来源，筹资越来越困难。农民获取资源的方式转变为以家庭为单位、通过市场调节实现的方式。在计划经济体制下确立起来的农村合作医疗制度赖以生存的基础不复存在，农村合作医疗制度随着农村社区承包责任制的推行，开始走向低潮，并逐步走向解体或停办的状态。

在1980年到1983年的三年间，全国农村合作医疗制度从68.8%下降到20%以下，20世纪80年代中期，更是达到谷底6%左右，根据1985年的调查，全国实行合作医疗的行政村由过去的90%下降至5.4%，自费医疗成为农村社区居民的主要医疗形式。1989年全国实行初保达标，作为初保的一项重要内容，农村合作医疗制度受到重视，覆盖率开始出现回升，在某种程度上，那些保留下来的合作医疗组织得到进一步的巩固和发展。

（二）新型农村合作医疗制度重建

进入20世纪90年代以后，农民缺医少药的问题越来越突出。面对农村医疗保障日趋严峻的形势，我国政府认识到了恢复与重建农村合作医疗的必要性，并制订和出台了一系列政策、文件，试图恢复和重建农村合作医疗制度。经过几年的试点恢复与重建，使得一度停滞萎缩的农村合作医疗制度，1997年覆盖率占全国行政村的17%，农村居民参加合作医疗的为9.6%。但在1997年之后由于农村经济发展迟缓，农村收入增长缓慢，依靠自愿参加的合作医疗制度又陷于停顿甚至有所下降的低迷阶段。1998年第二次国家卫生服务调查显示，全国农村居民中得到某种程度医疗保障的人口只有12.56%，其中合作医疗的比重仅为6.5%。

从本世纪初至今，是我国农村医疗保障制度的重构及逐步完善阶段。2003年SARS爆发后，中国出台了新型农村合作医疗文件，其中规定新农合是自愿参加、多方筹资，实行个人缴费、集体扶持和政府资助相结合的筹资机制。筹资标准为人均筹资水平30元/人·年。其中地方财政不低于10元/人·年，中央财政对中西部地区转移支付10元/人·年，个人出资10元/人·年。从农村集体经济下的农村卫生服务供给体系演变为全国性的农村医疗服务筹资体系，是新农合与老农合不同之处的最大特点。

在农村全面铺开实行新型农村合作医疗制度的同时，政府又建立了医疗救助制度，以弥补新型农村合作医疗的保障空缺。与此同时，政府加大了对农村基础卫生服务的财政投入，加强“县乡村”三级医疗机构建设，提高了农民医疗服务的可及性和服务水平。当前，以新型农村合作医疗和县乡村医疗服务体系建设为两翼，以医疗救助为补充的新时期农村医疗保障制度得以构建，很大程度上缓解了农民就医难的问题，让农民实实在在地感受到了改革开放的成果。

数据显示，新农合参加人数从 2005 年 1.79 亿人上升到 2010 年的峰值 8.36 亿人，随后下降到 2016 年最低值 2.75 亿人。从参合率来看，2005 年参合率为 75.66% 上升到了 2016 年的 99.36%。无论从制度层而还是从参保人数上来看，中国基本医疗保险已基本实现全覆盖。

四、三大医保制度体系的建立

（一）基本医疗保险制度扩容和城镇居民医疗保险制度建立

对于城镇基本医疗保险制度而言，自建立以来就一直处于一种不断的扩容过程中，使之增加了新的覆盖人群。国家实行军人退役医疗保险制度，设立军人退役医疗保险基金，对军人退出现役后的医疗费用给予补助；1999 年引导铁路系统职工由原来的劳保医疗制度向社会医疗保险转变。

于是，上海率先出台了“上海市少年儿童住院互助基金”。2003 年将灵活就业人员、混合所有制企业和非公有制经济组织从业人员以及农村进城务工人员纳入医疗保险范围。又逐步将灵活就业人员、混合所有制企业和非公有制经济组织从业人员以及农村进城务工人员纳入医疗保险范围。

自愿参保、政府投入和大病统筹成为城镇居民医疗保险主要采取的一种方式，其中，参保对象包括不参加城镇职工基本医疗的中小学阶段的学生（包括职业高中、中专、技校学生）、少年儿童和其他非从业城镇居民。

1994 年，城镇职上医保试点初期，参加城镇职上医保人数为 400 万人，其中参保职上 374 万，参保退休人员 26 万。自 1998 年城镇职上医保在全国全而建立以来，参保人数大幅度上升。截至 2017 年底，参加城镇职上医保人数达 30 323 万人，其中参保职上 22 288 万，参保退休人员 8 034 万。[①]

自 2007 年开始试点以来，城镇居民医保参保人数快速上升。2017 年中国大陆人口为 139 008 万人，整合后的城乡居民医保参保人数为 87 359 万人（如表 6-1 所示），基本医疗保险总参保人数为 117 682 万人，进而得到中国基本医疗保险覆盖率为 84.66%。

表 6-1　城镇基本医疗保险在居民参保人数[②]

年份	城镇居民医保参保人数（万人）	新农合参加人数（万人）	参合率（%）	城乡居民医保参保人数（万人）
2005	0	17 900	75.66	17 900
2008	11 826	81 518	91.53	93 344
2010	19 528	83 560	96.00	103 088
2011	22 116	83 163	97.48	105 279
2014	31 451	73 627	98.90	105 078
2016	44 860	27 516	99.36	72 376

（二）三大医疗保险体系的建立

伴随着城镇职工基本医疗保险制度、新型农村合作医疗制度和城镇居民基本医疗保险制度（以下分别简称“职工医保”“新农合”和“居民医保”）在内的三大医保制度在我国的建立，初步构

① 王翠琴，李林，薛惠元.改革开放40年中国医疗保障制度改革回顾、评估与展望[J].经济体制改革，2019（01）：25-31.

② 资料来源：《中国统计年鉴2017》、《2017 年度人力资源和社会保障事业发展统计公报》、《中国卫生和计划生育统计年鉴》（2006—2017）。

成了覆盖全体国民的医保体系。

2011 年参保人数达到 13 亿多，其中新农合 8 亿多，占 70%左右；城镇职工 2.5 亿多，占 15%左右；城镇居民 2.2 亿多，占 10%左右。公费医疗和其他医保占 1%左右。其中，新农合参合率为 98.3%，人均筹资水平每年 300 多元，筹资总额 2 000 多亿元。

2014 年，城镇居民医保和新农合人均政府补助标准提高到 320 元，个人缴费标准提高到人均 90 元。2015 年，基本医疗保险参保率稳定在 95%以上，城镇居民医保和新农合人均政府补助标准提高到 380 元，城镇居民个人缴费达到人均不低于 120 元，新农合个人缴费达到人均 120 元左右。城镇居民医保和新农合政策范围内门诊费用支付比例达到 50%，政策范围内住院费用支付比例达到 75%左右。据最新的数据统计，2017 年 1—12 月，中国参加城乡居民社会养老保险人数为 51 255 万人，而 2018 年 1 月，中国参加城乡居民社会养老保险人数为 51 259 万人。

（三）医保制度体系存在的不足

根据人力资源和社会保障部最新数据显示，截至 2016 年底，全国基本医疗保险参保人数超过 13 亿人，参保覆盖率稳固在 95% 以上。全国参加城镇基本医疗保险人数为 74 392 万人，比上年末增加 7 810 万人。其中，参加职工基本医疗保险人数 29 532 万人，比上年末增加 638 万人；参加城镇居民基本医疗保险人数为 44 860 万人，比上年末增加 7 171 万人。在参加职工基本医疗保险人数中，参保职工 21 720 万人，参保退休人员 7 812 万人，分别比上年末增加 358 万人和 280 万人。年末参加城镇基本医疗保险的农民工人数为 4 825 万人，比上年末减少 340 万人。

1. 制度分割重叠

从对三大医保的制度设计初衷来看，他们各自的覆盖范围应当是比较清晰的，然而随着中国城乡二元经济结构的调整、工业化和城市化进程的加快，使得三大险种的覆盖对象之间开始出现不同程度的交叉，尤其对农民工、失地农民和城镇灵活就业人员等特殊人群应当纳入哪种制度范围，缺乏明确的规定，各地做法不一。

在管理归属上，职工医保和居民医保以城乡户籍为标准，以行政部门为界限分割运行。基本医疗保险重复参保率一般在10%以上，有些省份达到30%以上，而重复参保往往带来重复补贴。

一直以来，这种多类型制度的特征反映在医疗保障领域就是公费医疗、省直单位医疗保险、城镇职工医疗保险、城镇居民医疗保险、新型农村合作医疗等多项制度并存，即是最初针对不同人群的制度分项建立而非从顶层设计的角度统一构建全民医疗保险体系的体现。这成为制度碎片化的来源，也是长期以来公平性缺失的表现。全民医保实现之后，城乡居民医保的整合使得城乡一体化进程大大加快，医疗保险统筹层次的提高也使得制度内部的分割性降低。当前，城乡居民医保与城镇职工医保两项制度组成了医疗保险的宏观架构，基本实现了一个统筹区内所有参保人群待遇统一。

2. 大病保险效果堪忧

具体来说，主要表现在：一是主要从居民医保基金划拨资金，给有限的医保基金造成很大压力。二是采取普惠制保障方式，对困难家庭仍然是“杯水车薪”，难以真正解决因病致贫、因病返贫问题。三是支付给商保公司的管理费和利润（约500元/例）大大高于社保部门经办成本（约300元/例），且工作依赖社保部门开展，商业保险公司的优势并未显现。由于有的商保公司根本不愿参与经办，就进一步导致大病保险流标或不得不采取邀标做法。四是城镇居民基本医疗保险筹资机制不规范且与待遇水平不匹配，财政补助连年上调，部分地方难以承受，也使得个人缴费所占比例逐年降低，泛福利化问题突出。

大病保险基金来源主要是一定比例或额度的城乡居民医保

基金，尚未明确规定大病保险筹资标准和筹资增民机制。现行大病保险筹资水平普遍较低，全国各地平均筹资水平在25~35元左右，政策规定大病保险筹资标准为城乡居民医保筹资的5%左右，若以2018年城乡居民医保人均筹资标准710元来看，大病保险人均筹资仅为35.5元。但是大病保险却承担着高额补偿费用，与其承担的保障不相匹配。另外，商业保险公司按照“收支平衡、保本微利”的原则承办大病保险，政府一般所要求3%的盈利难以解决保险公司投入成本问题，大病保险可持续性面临考验。

3. 保险整合问题

整体看来，新农合取得的成绩是新医改五项任务中让农民群众获得实惠最多的。但从目前情况看，仍然存在着很多不可忽视的风险，主要包括：政策调整风险、医疗服务风险和监管风险。政策调整风险包括村级门诊统筹的风险、报销比例不断提高带来的风险；基层医疗服务风险包括基层医疗机构服务能力不足和管理能力不足；监管风险包括经办机构建设不足、监管力量不足、监管手段落后等。

当然，除此之外还包括各种付费模式天然存在的弊端以及从事新农合医疗服务的网点多、链条长、信息化程较低等，给基金管理带来了巨大难度。因此，想要进一步有效整合城乡居民基本医疗保险制度，并不是一帆风顺，而会受到不同程度因素的干扰和阻力，进而使进程变得艰难。

第二节 医疗保障制度改革现状

改革开放40年以来，中国医疗保障制度逐渐形成以城镇职上医保和城乡居民医保为核心、以大病保险为补充、以医疗救助为托底的多层次医疗保障体系。医疗保障取得了覆盖人数不断扩大、筹资数额逐年增民、待遇水平稳步提高、管理服务不断优化等成就，但同时也存在制度整合缓慢和缺乏稳定可持续的筹资机制等问题。未来中国医疗保障应向着更加注重城乡公平、保障制度可持续性、强化医疗保障法制化的方向发展，以促进“健康中国”建设。

一、管理方式改革

我国的医疗保险管理从总体上来说，还是一种比较粗放的行政管理模式，与规范、科学的管理模式还有很大差距。一方面，医疗保险基金管理方式有待完善。有些地区把普遍提高医疗保险待遇当作绩效工程来抓，对基金的收支平衡重视不够，每当基金出现紧张状况时，只能通过加强扩面征缴或财政补助来弥补资金缺口。另一方面，医疗保险行政管理制度改革在“两定三目录”(定点医院、定点药店，基本医疗保险药品目录、诊疗项目目录、医疗服务设施范同和支付标准目录)，医疗药品的定价，以及招标方面行政干预过多。此外，行政化背景下基层医疗服务提供体系功能被弱化，“以药养医”的医疗机构运行机制未被彻底破除，无法遏制不合理的医疗费用增长。而对药品费用占医药费用比例(以下简称“药占比”)的考核调控也使得部分公立医院转而采取增加诊疗费、化验费等方式来稀释药品支出占整个医药费用支出的比例。

二、医保控制费用改革

医疗保险制度改革试点以来，“两定三目录”是一直实行的五个重要行政管理措施，被医保管理机构视为控制医疗费用合理支出、实现医保基金收支平衡的重要抓手。如果加上医疗保险药物的定价、招标、基本药物和低价药清单等，就成为政府管控医疗保险的九大行政手段。

医疗费用的分担方式和医疗保险的筹资方式背后反映的是医疗保险的责任主体和主体间的责任划分机制，最终表现为对医疗保险模式的选择。从费用分担与筹资方式的角度看，在我国医疗保险制度的演变过程中，参与主体以及主体间的责任从个人不承担到多方分责，形成了以社会统筹为主的社会医疗保险模式。

三、公立医院改革

2018 年 3 月 20 日，国家卫生和计划生育委员会，联合国家发展改革委员会，人力资源部和财政部下发了“关于巩固破除以药补医成果 持续深化公立医院综合改革的“通知”（以下简称“通知”）。

根据“通知”，公立医院综合改革在深化医疗卫生体制改革中取得了重大成就。但公立医院综合改革是一项涉及深度调整利益的复杂系统工程。仍然有一些困难和挑战。特别是公立医院运营的新机制需要得到巩固和完善。“三医”联动改革有待加强，关键领域和关键环节改革有待深化，医务人员的积极性需要进一步调动。因此，“通知”将巩固改革成果，继续深化改革，提出了一系列措施。

（1）特别拨款资金分配要有据可依。各地要深入分析公立医院的运行情况，检查改革是否符合预期，并使改革“明确清晰”。比较计划中确定的各项改革政策需要找出原因，实施准确的措施，并在实施不到位的时间范围内纠正。2018 年 4 月底前，各地必须向国务院卫生改革办公室汇报汇总评估报告和相应的整改措施。到 2018 年 8 月底，必须采取具体的纠正措施。

为了巩固消除医疗补助的成果，中央政府将继续安排资金支持 2018 年至 2020 年县级和城市公立医院综合改革。我们将继续评估和评估公立医院综合改革，根据评估结果为公立医院综合改革拨专款，向大型县和国家级贫困县倾斜。奖励和资助那些做实际工作，改革取得明显成效的地方。如果进度落后，则扣除补贴。

（2）职能定位的实施与收入严格挂钩。各地要严格按照医疗服务体系规划和资源配置标准，合理配置公立医院的数量和规模，加强规划刚性约束，建立一体化，高质量的医疗服务体系，促进建设的分级诊断和治疗系统。

各级公立医院必须严格按照功能定位提供服务，实施功能定位，体现公益性改革发展指标，财政补贴，医疗保险缴费，工资水平，工资总额等指标。以及董事的薪酬，任用和奖励。不论资金渠道如何，设置和扩建公立医院，扩大病床规模，购买大型医疗设备等按照区域卫生计划的要求和程序，加强严格审批，规范管理和问责。

（3）制定医院管理制度，打击商业贿赂。国务院办公厅（国办发〔2017〕67号）实施“建立现代医院管理制度的指导意见”和2018年7月底前各省将制定具体实施方案。2018年，国家卫生和计划生育委员会和国家中医药管理局医院，全国二级以上公立医院20%，社会办非营利性医院10%完成了宪法并建立了公益性公立医院。

评估和评估机制，能够进一步加强医疗服务质量和安全监督。最大程度严厉打击药品购销领域的商业贿赂行为，坚决纠正药品和医疗器械购销中存在的不正之风。

（4）全面落实政府投资责任。各级政府要按照区域卫生规划，重点学科发展，人才培养，符合国家规定的退休人员费用和政策性损失补助，以及公共卫生事业的公共卫生基础设施和设备采购，全面落实公立医院。该任务为中医院（国立医院）、传染病医院、精神病院、职业病防治医院、妇产医院、儿童医院和康复医院实施投资倾斜政策提供专项补助。

（5）成本控制指标将详细可查。2018年，医疗费用的不合理增长将继续得到控制，医疗费用的增长将与国民经济的发展逐步协调一致。科学编制年度医疗支出增长控制指标，结合各类公立医院的功能定位，提供服务和建立分层医疗体系要求，将详细列出每家医院的管理费指数，不要搞“一刀切”。国家卫生和计划生育委员会和国家中医药管理局医院都纳入当地医疗费用管理范围。

（6）制定统一的医疗服务价格。认真落实医疗服务价格改革政策，进一步优化医疗服务价格调整，确保医疗机构健康运行，人民群众负担不增。到 2020 年，逐步建立以成本和收入结构变化为基础的动态价格调整机制，基本理顺医疗服务价格关系。

深化医疗服务定价方式改革，进一步扩大服务类型和服务单位收费范围和数量。优化和规范现有医疗服务价格项目，加快审查新的医疗服务价格项目，促进新医疗技术的应用和发展。对于质量和价格差异较小的同类高价值医用耗材，探索医疗服务包装费用的实施情况，制定统一的医疗服务价格。

（7）推进医保支付方式改革。医疗保险的结算方式实现了从事前垫付到即时结算、从手工结算到电子化一体化结算的升级。对于异地就医则经过了省内异地住院费用直接结算、建设国家级异地就医结算平台、跨省异地安置退休人员住院医疗费用直接结算、符合转诊规定人员的异地就医住院医疗费用直接结算、扩大异地就医直接结算的医疗机构数量等过程，以便利参保人的就医体验为不间断的完善目标。医保支付方式的改革路径经历了“按服务项目付费为主—总额预付为主—病种付费为主—元复合型支付方式”的演变。

（8）深化药品消费品领域改革。继续深化药品消费领域的改革。实施改革，完善药品生产、流通、使用等政策，落实药品采购分类，鼓励跨地区，专科医院联合采购。2018 年，各省实行药品购销“两票制”，实行高值医药消费品集中采购。建立健全供应短缺药品的供应体制和机制，更好地满足临床合理用药的需要。

（9）完善公立医院薪酬制度。扩大公立医院工资制度改革试点，探索建立适应中国医疗行业特点的公立医院工资制度，体现知识价值，调动医务人员积极性、主动性和创造性。

（10）充分利用新的信息技术。从 2018 年到 2020 年，实施新一轮医疗服务改革行动计划，使人民群众获得医疗服务的机会将继续增强。充分利用信息技术，推进检查结果的检查，推进和互认，开展移动支付，出院病人床边排放，门诊咨询，耐心服务等服务。

医疗更方便，速度更快。依托区域全民健康信息平台，利用互联网、大数据、人工智能等信息技术，在医疗机构之间开辟信息渠道，共享信息卡和医疗信息，形成综合医疗服务体系。

（11）做好医院管理系统示范医院审查工作。确定一批现代化医院管理体系示范医院，推动现代医院管理制度建设。各地要积极开展省级示范工作，加大对国家和省级示范区和医院的支持力度。明确建立示范退出机制，整顿进展缓慢、停滞不前的示范区和医院。

四、全民医保体系改革

在保障对象上，全民医保从制度全覆盖到人群全覆盖，真正建成了全民医疗保险体系。2007 年城镇居民医疗保险的建立标志着我国在制度框架上实现了对国民的医疗保险制度全覆盖。随着实践中城镇居民医保试点的深化、对灵活就业人员、低保对象等群体参保的政策出台和落实，到 2011 年我国初步实现了全民医保，即对国民的医疗保险人群全覆盖。2012 年的《政府工作报告》指出，2011 年我国基本医疗保险覆盖范围继续扩大，13 亿城乡居民参保，全民医保体系初步形成。其中，城镇居民基本医疗保险参保人数达到 2.2 亿，新型农村合作医疗制度在 2008 年基本实现制度全覆盖，2011 年新农合参合人数达到 8.05 亿，参合率超过 96%。此后全国基本医疗保险参保覆盖率稳固在 95% 以上。

全民医保体系不断得到完善，不仅要依托于稳定、可持续的筹资和保障水平调整体制，立足于城乡居民基本医疗保险制度的整合以及医疗保险制度的一体化发展，同时也需要进一步对城乡居民大病医疗保险和医疗救助制度予以一定的完善。

当下，不同制度之间的公平性问题引人关注。城镇职工基本医疗保险、城乡居民基本医疗保险两种制度、两类人群共同存在的局面持续的同时，缴费水平有差距但待遇水平却在逐步拉近，因此在城乡统筹和管理体制逐步统一的情况下，制度的公平性矛盾仍然存在。

此外，在城乡居民大病医疗保险制度与城乡居民医疗救助制度在衔接、功能协同方面存在真空，医疗保险制度的一般性原则和多元需求的特殊性之间仍缺乏合理的平衡。“因病致贫、因病返贫、贫病交困”等问题仍比较突出，全民医保体系对于社会弱势群体的“精准救治”与“精准扶贫”仍不够到位。

五、分级诊疗制度改革

通过对参保者的激励和约束机制，进一步促进分级诊疗格局的实现，是现推行的一种分级诊疗政策，缺乏对大医院、医联体、基层医疗机构长期动力牵引机制及相应的医保支付政策的设计。因此，在推进分级诊疗的过程中，还存在以下问题。

（1）大医院“下转”病人动力不足。医保总额预付模式是目前正在推行的，这在一定程度上来说，对医院“多看病人”会形成一定的约束，但是对医院“少看病人”却“鞭策”不足。如果大医院不看常见病或者将病情较轻的病人都转下去而集中诊治疑难杂症，那么医院的门诊量将会有所下降，住院天数增加，医院的药占比也可能会有所增加，既对大医院的医疗收入有所影响，也会导致衡量医疗服务效率的指标上升，即平均住院日指标和药占比指标的上升，进一步对大医院的医保支付和财政补助会造成一定的影响。

因此，必须集中起来对这两个问题进行探讨，从而从根本上把这两个问题予以解决，如果解决不了这两个问题，那么大医院“不愿放“病人的现象仍将很难得到明显的改善。

（2）基层医疗机构签约服务费和慢性病管理存在问题。目前，部分试点地区主要是通过财政补助的方式来对基层医疗机构的签约服务费进行一定的支付，但是随着基层医疗服务人群数量的不断增多，财政补助的覆盖面和长效化面临严峻的挑战。

（3）缺乏对医联体内上下转诊的医保支付规范。作为针对区域医疗卫生资源进行规划过程中的一个不可或缺的重要载体，医联体内部的双向转诊机制尚未出现有统一明确的诊疗规范和详细的医保支付策略。

（4）参保人员激励不足。虽然，现有的各项医保政策对患者的就医行为能够起到一定的激励和约束作用，但是由于医疗服务需求弹性相对较小，高收入患者对医保报销或者价格政策变化不是很敏感，同时基层医疗服务没有较为充分的体系能力，患者对基层医疗机构信任度不够，以致现有的差异化政策尚不能在一定程度上对参保人员形成一种有效的激励。

第三节　我国医疗保障制度改革与优化

2018 年 3 月，新组建的国家医疗保障局成立，将分散在多个部委的医疗保障职责，即人社部的城镇职工、城镇居民基本医疗保险和生育保险，卫计委的新农合，民政部的医疗救助，发改委的药品和医疗服务价格管理职责集中整合到国家医保局，被媒体称为“超级医保局”，医疗保障制度改革再次成为社会各界关注的热点之一。站在新的历史起点上，中国医疗保障事业面临着新的机遇和挑战：即在新的强有力的医疗保障管理机构的统领下，通过更深层次、更大范围向社会医疗保险制度转轨来撬动医疗制度改革不断向前。

一、我国医疗保障制度的改革进程

自从中华人民共和国成立以来，我国的医疗保障制度也在一定程度上发生了很大的变化,在不同的历史时期形成了不同的医疗保障制度模式和与之相适应的管理体制。

(一)计划经济时期的医疗保障管理体制

中华人民共和国成立后不久,城镇就逐步建立了关于劳保医疗制度和公费医疗制度,在农村建立了合作医疗制度。同时,没有被上述制度覆盖的城乡居民,也能享受到公立医疗机构提供的价格低于成本的医疗服务,这就意味着能够间接地获得关于国家提供的基本服务保障。

企业对劳保医疗经费进行自行管理,企业根据国家规定制定劳保医疗规范,并自行组织实施。一些有条件的企业建立了医务室、保健站,还有一些产业及少数大型企业建立了职工医院,市、区县和街道普遍设有三个层次的医院。职工就医,一般先在指定的企业医务室、保健站或到企业附近的街道医院(曾称联合诊所、地段医院)诊治,经过单位批准,方可转院和报销医药费。

各工会基层委员会负责对劳保医疗费用开支进行监督、审核,从而推动企业改进医疗所或医院的工作。根据当时的体制,企业医务机构实际上充当了提供基本医疗服务、控制医疗费用、向上级医院合理转诊的看门人角色。劳动部是当时全国劳动保险业务的最高监督机关,负责贯彻劳动保险条例的实施,检查全国劳动保险业务的执行,并处理有关劳动保险事件的申诉,其主要职能是行政立法和宏观指导。

1969 年劳动部解散,合并到国家计委劳动局,主管劳动保险的工资局变为工资组(福利组),劳动部的大部分干部下放到地方,劳动保险的行政管理组织机构基本处于瘫痪状态。再加上企业财务机制发生变化,劳保医疗与其他职工福利事业一起就完全由企业统筹负责管理,劳保医疗彻底变成一种单位自我管理的形式。

公费医疗管理机构相对来说较为稳定。当时公费医疗款项属于卫生事业费中的一项,列入财政预算,由卫生行政部门管理使用。各级人民政府成立公费医疗管理委员会,由卫生、财政、劳动、人事、教育、建筑等部门各指派负责人员参加,以卫生、人事及财政部门的代表为主。

公费医疗采取区域负责制,具体管理工作由各地卫生行政机关负责。公费医疗管理机构负责调节医疗机构与享受单位的联系,统筹公费医疗的费用,审核、监督各单位公费医疗的享受人数和经费的使用,公立医院均有协助完成公费医疗管理工作的责任。公费医疗实行分级、分工医疗,享受公费医疗待遇者,一般需在指定的门诊部和医院诊疗。由于公费经费完全由财政承担,财政部门负责对公费医疗经费的预决算和预算执行过程进行审查和监督,能够对经费的合理使用予以最大的确保。

一般来说,农村合作医疗在集体经济支持下运行。村集体提供卫生场所、卫生设备和卫生人员(后称"赤脚医生")劳动收入,农民个体缴纳一点合作医疗费用,同时负担药品费用。合作医疗的实际运作与管理主要依靠生产大队,即行政村组织。为加强农村合作医疗管理,公社、生产队还普遍建立了贫下中农、革命干部、医务人员"三结合"的合作医疗领导小组,对农村医疗卫生工作实行全面领导与管理,并负责监督合作医疗基金的管理。

不仅如此,在计划经济时期,中国将医疗卫生事业定性为社会福利事业,政府对医疗卫生行业进行了严格的管制。当时的医疗机构基本上是公立的,并且按照隶属关系被所有制、部门、行业、地区、企业分割,形成了多个主体办医的格局。政府各个职能部门从人员工资、医疗服务收费、药品价格、基础设施建设、医疗设备投入等多个方面对公立医疗机构进行严格管理。与之相适应的是,公益性的医疗卫生服务体系确保了居民对医疗卫生服务在地理上和服务上的可及性,具有很强的转移支付和医疗费用保障功能。

尽管人们对计划经济时期的医疗保障制度有着各种各样的看法,但总体来看,这一时期的医疗保障管理体制基本上还是适应了当时的计划经济体制和政治体制，并且与高度集中的医疗卫生行业管理体制和国家动员体制一起，在正确的卫生发展理念的支配下，为改善国民健康发挥了积极、重要的作用。当然这种体制的弊端也是明显的，主要是政府对医疗机构包得过多，管得太死，医疗保障的社会化程度不高，对卫生服务的供需双方没有形成得力的制约机制，对于人民群众日益多样化的卫生服务需求也是难以满足。

（二）改革与新体制的确立

由于各方面条件的限制，传统医疗保障制度的深层次矛盾和问题开始集中暴露出来。针对这种情况，中国在保持基本制度框架不变的前提下，对劳保医疗和公费医疗的管理体制进行了局部调整，形成了一些好的经验和做法，为后来的改革奠定了基础。

但是随着经济体制改革的进一步深化，传统医疗保障制度的财务机制发生了根本变化，旧的制度模式已经难以正常运行。为适应建立社会主义市场经济体制的需要，中国对劳保医疗和公费医疗进行了全面改革，于是统一的城镇职工基本医疗保险制度被建立起来。

为了能够进一步加强关于职工医疗保障制度的统一规划和医疗保障基金的管理、监督，按照国家行政管理体制改革的总体要求，中国在全面建立城镇职工基本医疗保险制度的同时，也对医疗保障管理体制进行了重大改革。1998 年政府机构改革将卫生部承担的公费医疗管理、原国务院医疗保险制度改革领导小组办公室承担的医疗保险制度改革职能统一起来，由新组建的劳动和社会保障部集中行使。劳动和社会保障部内设立医疗保险司，负责医疗保险行政管理工作；设立社会保险基金监督司，负责组织监督各项社会保险基金的管理情况。

为了切实加强社会保险费的征缴工作，1999 年国务院出台《社会保险费征缴暂行条例》，要求实行三项社会保险费集中、统一征收，各级劳动保障行政部门负责社会保险费征缴管理和监督检查工作，社会保险费的征收机构由省、治区、直辖市人民政府规定，一般由劳动保障行政部门按照国务院规定设立的社会保险经办机构或者税务机关征收。

2000年原劳动部社会保险事业管理局和民政部农村社会养老保险管理服务中心、卫生部全国公费医疗事务管理中心、人事部中央国家机关及其在京事业单位社会保险管理中心合并，组建劳动和社会保障部社会保险事业管理中心（内设医疗保险处），负责全国医疗保险经办工作的综合管理，负责指导全国医疗保险经办机构，但不承担具体的医疗保险经办业务。全国大多数统筹地区在省、市、县三级也逐步建立隶属于各级劳动和社会保障行政部门的医疗保险经办机构，管理城镇职工基本医疗保险。2007年城镇居民基本医疗保险制度逐步建立后，各级劳动和社会保障部门及其经办机构亦承担了相应的管理与经办工作。

2003年国家开始启动新型农村合作医疗试点，为做好新型农村合作医疗工作，卫生部增设了农村卫生司，下设合作医疗处，负责新型农村合作医疗政策制定和监督管理等工作。各级卫生行政部门亦增加了新型农村合作医疗的管理职能，县（区）、乡（镇）分别建立了新农合经办机构。在城乡医疗救助制度建设过程中，各级民政部门建立了专门管理机构，承担城乡医疗救助的管理工作。

在医疗保障制度逐步向全民覆盖和基金总量不断扩大后，中国进一步加强了对医疗保障基金的行政监督和社会监督工作。各级劳动和社会保障行政部门设立了专门的社会（医疗）保险基金监督机构，负责对社会（医疗）保险基金的征缴、管理和支付进行检查、监督，对违法违规问题进行查处。财政、审计等机构也根据本部门职责逐步介入医疗保障基金监督。财政部门对医疗保障基金实行收支两条线管理，专款专用，并建立财政专户，审计部门亦加强了对医疗保障基金的审计监督。

2010年，国家试行社会保险基金预算（包括城镇职工基本医疗保险基金），强化立法机关的监督作用。在医疗保障改革过程中，为适应医保监督的新要求，不同部门之间还加强了监督协作工作。各项医疗保障制度相继提出建立监督委员会,实行基金使用管理情况公示制度,建立由政府机构、参保者、社会团体、医药服务机构等方面代表参加的医疗保险社会监督组织,加强内部控制等规定,进一步完善了监督体系。由行政监督、社会监督和机构内部控制相结合的医疗保障监督体系初步确立。

二、我国医疗保障制度改革与优化设计

(一)促进职能有机整合

涉及医疗保障的管理活动虽然很多,但是如果按照管理的具体属性来划分,大体上可划分为决策、实施、监督三个方面。从理论上说,上述三项管理职能必须进行清晰的划分,并由相互独立的执行主体承担,同时建立三者之间既相互制约又相互协调的机制,才能够实现制度的平稳运行和有效的制衡。即决策主体不直接参与监督管理,可以确保决策者以中立、理性的态度参与决策过程。监督主体不直接参与实施,可以确保对实施过程监督的客观有效。①

国家医疗保障局的建立,大大拓展了现有医疗保障的管理和服务范围,提升了医疗保障在医疗体系中的作用,更有利于"健康中国"和"三医联动"的实现。一是要理顺管理体制。在城乡居民医保制度整合过程中,由于纠结于管理归属问题,极大影响了城乡居民医保的发展进程,三项医保制度纳入一个管理机构后,要避免过去多头管理导致的医保运行各自为政和衔接不畅的问题,进一步优化医保资源配置;二是要整合"三医"管理职能。在"三医联动"的医改大背景下,国家医保局将医保、医疗服务和药品价格集于一身,从体制机制上强力推动三医联动改革,提高医保管理效率;三是医疗救助与医疗保险合并管理,要改变过去定

① 郑功成.中国社会保障改革与发展战略——理念、目标与行动方案[M].北京:人民出版社,2008,第69页.

位不清、两项基金不能得到有效使用问题，实现医疗保险和医疗救助工作的相互衔接，形成合力，提高健康公平性；四是要积极推进医保经办管理机构、人员和业务的整合，推动医疗、医保、医药“三医联动”改革，确保药品流通秩序顺畅、医保控费作用发挥、公立医院机制健全。要完善医保差异化支付政策，连续计算符合规定转诊的起付线，维护“基层首诊、分级诊疗、急慢分治、双向转诊”的就医新秩序，逐步满足人民群众不同层次、更加多元的医疗需求。要运用医保支付、医保报销等手段促进家庭医生签约服务、支持公立医院改革、支持药品供应保障制度改革，以此推动医疗共同体建设，确保“三医联动”改革的系统性和协调性。

决策主体不参与具体实施，可使决策者集中精力和公正地进行决策和指导，同时具体操作的服务效率也可得到提高。实施主体在实施过程中发现问题，则可以向决策主体、监督管理主体反馈。根据医疗保障制度的内在要求与世界各国的惯例，医疗保障管理体制改革的基本方向是针对决策、监管与经办职能相互纠缠的现状，按照精简、统一、效能的原则和决策权、执行权、监督权既相互制约又相互协调的要求，理顺决策体制、监管体制与实施机制的关系，有序优化并逐步实现医疗保障决策体制、监管体制与实施机制的分离。

从依法行政和维持制度稳定、规范运行的需要出发，实现由行政机关决策向立法机关决策转变，由立法机关制定相应的法律，让立法机关承担最终决策之责；按照管办分离的原则，设立适应医疗保障特点、方便参保对象、灵活多样的相对独立的医保经办机构，承担起制度运行的服务或者供给之责；按照集权监管、行政问责原则构建医疗保障行政监督体制，让行政机关与司法机关分别承担起制度运行的监督之责；让工会组织、雇主组织、社会中介机构以及保障对象等相关利益主体充分参与医疗保障决策、监管和实施等相关环节，不断提高医疗保障制度的运行效率。

（二）完善立法机关决策

医疗保险有自身的客观发展规律和内部运行规律，在全民医保制度建立之初，政策设计的框架总体遵循了这些规律。但近年来随着新医改的推进，医保渐渐被赋予了更多配合政府民生工程的任务，更多地服从或者顺应了新医改中其他方面改革的需要，在这个过程中，医保的发展可能会与其客观规律有所偏离。在国家医疗保障局成立后的医保规则决策过程中，还需加强论证，以使医保有关制度、机制更加尊重和遵循客观规律。

一方面，从国际情况看，立法先行却是世界各国医疗保障制度建设的普遍原则，国际上医疗保障制度改革通行的做法是自上而下，即先在国家层面制订方案和立法，再进行实施。这是因为医疗保障的资金筹集涉及国家、企业及其他团体与个人的权利、义务及经济利益，必须以法律作为保证并在政府的严格监控下才能完成筹资的任务，没有强制性就不能形成医疗保障制度稳定的财政基础。

另一方面，作为一种社会稳定机制与利益调整机制，有关各方的权利与义务亦必须有法律明确规范并要求依法办事，因为医疗保障制度从资金筹集到待遇给付，均是市场机制和社会协商机制难以发挥作用的。由于医疗保障制度事关全民切身利益，涉及国家、组织与个人或者政府、企业、社会与家庭或个人的利益调整，必须确保各社会阶层和相关利益主体的有效参与，由作为民意机关的国家立法机关对医疗保障制度负有最终决策之责，才能最广泛地凝聚民意、反映执政党的医疗保障政策主张和确保各社会阶层广泛参与，并确立这一制度的权威性、稳定性与可靠性，为司法机关介入医疗保障制度运行监督提供条件。

实现社会保障法制化能保证社会保障制度有效地运行。医疗保障制度的确立和实施，需要完善的法律体系进行保驾护航。目前关于医疗保障方而的法律仅有《社会保险法》，其他的政策文件均是行政法规、部门规章或地方性法规。这里需要明确指出一点的是，让立法机关行使最终的决策权，并不会意味着排斥政府主导医疗保障制度，承担直接的财政责任，从而成为医疗保障法案的主要提供者和推动者，但制度的相应确立与修订必须需要经过立法程序才能使之生效。

（三）统一医疗保障经办机构

参保人群是医疗保障经办机构直接面向的一个人群，主要是为相关的参保者提供从参保缴费到看病就医结算一揽子的服务。目前，中国医疗保障四大主体制度均是针对特定群体设立的，相应地按照不同的制度和参保人群建立了不同的经办服务网络。

但是，也应当看到，中国医疗保障制度模式还没有完全定型，尚处在优化和完善过程中。随着工业化、信息化、城镇化、市场化、经济全球化进程的加快，人员身份的快速变化，迫切要求加强不同经办机构之间的沟通、协调与衔接。

从促进基本公共服务均等化和维护社会公平的理念出发，各项医疗保障项目最终要发展成为全国基本统一的制度，这是一个必然的趋势，制度统一必然要求统一经办，实现一套经办机构、一套信息系统。即便在各项制度暂时不能统一的情况下，也应按需设置适度集中的医疗保障经办机构。这一方面有利于发挥规模优势，提高政策执行的效率；另一方面也有利于方便保障对象、提高民众的整体满意度。

多层次医疗保障体系应该包括基本医疗保险、补充医疗保险、医疗救助、商业健康保险等，基本医疗保险是这个体系中最基础的部分，但绝不是唯一的部分。目前，我国的多层次医疗保障体系各个部分之间发展不均衡，基本医保发展得相对充分，补充医保需要完善，医疗救助尚未完全兜住底，因此出现了“医保扶贫”的任务，让基本医保承担了医疗救助的工作任务；而商业健康保险还比较稚嫩，还有相当大的发展空间。这些不足构成了多层次医疗保障体系里的短板，会使得基本医疗保险责任太大，产生的效应被部分抵消。

对于医疗保障而言，它主要涉及医、保、患、药等多个主体和多个环节，是社会保障中最为复杂的一个项目，在管理办法、操作流程上与养老保险等制度有着很大的不同，具有很强的专业性。相当多的国家设置独立的医疗保障经办机构，我国很多地区也将医疗保障经办机构与养老保险经办机构分开设置。实践证明，分设在一定程度上来说，是有利于集中人力、精力专司医疗保障工作的，使得效率得到了一定的提高。

当然，就工伤保险、生育保险以及未来可能建立的护理保险而言，也可以进一步纳入医疗保障经办机构统一经办。不过，尽管各个社会保障项目存在较大的差异，但在业务流程上也有着一定的重合性。从社会保障基金管理的流程看，主要包括筹资管理、日常管理、支出管理三大环节，各个项目的差异其实主要体现在日常管理和基金支出环节，在筹资环节则存在较多的相似性和同质性，从降低管理成本的角度出发，未来各项社会保障基金应当由一个经办机构具体负责统一征缴。

不仅如此，这里还需要指出的一点是，尽管依靠一个机构不可能全面满足各类保障对象和各种保障制度的经办服务需求，但在基层应当尽可能将各种社会保障事务归并到一个平台上，基层医保经办机构最好与其他公共服务机构综合设置，面向城乡居民提供一站式服务。

（四）构建三位一体的监管体系

只有健全的行政监督系统、权威的司法监督系统与有效的社会监督，共同构成一个三位一体的监督体系，才能算得上是一个完备的医疗保障监督体制。政府负责集中监管医疗保障制度的日常运行，司法机关则是医疗保障制度运行过程中出现严重失范到违法犯罪程度时所进行的最后监督。

医疗保障监督体制的核心就是政府监督，政府监督不仅仅是政府作为医疗保障制度的主导者和公共管理者的内在要求，同时也是医疗保障制度作为公共物品的具体内在要求。政府对医疗保障监管的主要目标就是为了能够确保医疗保障制度正常运行在法制规范的轨道上，包括对医疗保障实施机构的日常监督和财务监督，前者确保医疗保障制度的运行规范，确保政策传递和政策实施的有效性，对失范的现象进行纠正；后者确保医疗保障基金筹集、管理、支付及运行符合法制规范。

目前来看，政府监督管理体制主要是以医保主管部门监督为主，财政、审计及相关部门协同专门监督，从整体上看，是一种较为分散的监督体制。这种体制具有一定的合理性，因为医保运行的复杂性，涉及多个环节和大量的专业性很强的业务，单一机构缺乏比较全面的监督技术和业务能力，难以形成对医保基金的全面监督，因此赋予多个机构平等的监督责任，充分利用各个部门的业务优势和专业优势，能够提高监督效率。更重要的是，在医保主管部门的职能尚未转变到位的情况下，建立各部门和单位的相互监督、相互制约的机制，能够保证基金的安全、高效使用。

此外，在现行行政管理体制框架中，某些部门对医疗保障制度天然具有专门监督职责，由于医疗保障基金中很大一部分来源于国家财政，医保经办机构的业务经费也需要财政部门安排，在社会（医疗）保障预算制度逐步建立起来后，财政部门应参与监督医保基金收支运行，另外医保基金财务、会计管理活动，也要接受财政部门的监督检查。

审计部门根据《中华人民共和国审计法》，具有对政府部门管理的和其他单位受政府委托管理的医疗保障基金的审计监督职责。除此之外，纪检监察机关、组织人事部门也在各自职能范围内对党员干部（医保机构工作人员）有监督之责。当然，这种分散的监督体制也必然带来责任不清、协调不力的弊端。在多个主体同时实施监督的情况下，监督行为存在较大的同质性，既造成不必要的浪费，也容易出现推诿争功的现象。

因此，从医疗保障制度的协调发展与协同推进要求出发，应针对多头参与的分散的监督管理体制进行改变，从而建立统一的医疗保障监督管理机构，集中监管各项医疗保障事务，并承担起相应的责任。这里需要特别指出的是，适度集中监督管理并不是将财政、审计等机构的监督职责移交给医保主管部门行使，而是明确医保主管部门是医保监督的负责部门，保证其具有充足的经费支持、独立的人事权力和具有强制力的监督权力，同时赋予足够的权威，让其统筹协调各方面的力量对医疗保障进行全面监督管理。其好处是有利于明确监督部门应当承担的监督责任，形成有效的问责。财政、审计、监察等部门仍然需要在法定职责范围内对有关医疗保障事务及当事人进行一定的监督。

医疗保障制度由国家立法规范并在全社会强制推行，由国家法律法规或地方政府的条例统一规定。要按照建设社会主义法治国家的要求，落实人民代表大会及其常委会审查和批准医疗保障专项预算的权力，建立医疗保障专项预算制度，加强预算监督。

在法律规范下，适用范围内的社会成员必须无条件参加医疗保障制度，同时也按照规定享受相应的待遇。但由于各种因素的影响，公民、法人或者其他组织在参加医保、缴纳医保基金、享受医疗保障待遇和提供医疗保障服务过程中，不可避免地存在故意弄虚作假、隐瞒真实情况、导致或可能导致医保基金损失等行为。

尽管在医疗保障运行的各个环节均设置了相对来说完善的监督机制，可对于上述现象的存在仍然难以进行有效的杜绝。在这方面，司法监督作为医疗保障制度运行中的最后监督机制，也是最严厉的监督机制，能够发挥着独特而重要的作用。

在发达国家，司法机关对医疗保障的监督主要建立在法律规范的基础上，负责对医疗保障运行过程中的违法犯罪行为进行相应的刑事处罚与民事处罚，起着威慑作用。对中国来说，鉴于司法监督长期缺位的现实，应不断地有针对性的加强政策措施和体制创新，从而尽快让各级司法机关切实承担起医疗保障监督的职责。

（五）科学设置医疗保障基金统筹层级

“大数法则”是医疗保障制度一直以来所遵循的，覆盖人群范围越大，基金抵御风险的能力就越强，制度才能实现可持续发展。扩大覆盖人群规模的途径除了在一个地区内合并保障项目外，还有提高统筹层次的办法。

当然，提高统筹层次不仅可以使得医疗保障基金在更大范围内调剂使用得以实现，增强医疗保障的互助共济功能，还能够在更大范围内使得各地区缴费基数、缴费比例和享受待遇标准的统一得以实现，克服基金难以在不同统筹区域之间调剂造成医疗保障关系转移接续上的困难，从而消除劳动力和人员跨地区流动的障碍。提高统筹层次还能使管理环节和管理层次有所减少，降低了管理成本。从长期看，医疗保障基金统筹层次不断提高是制度发展的一个必然趋势。

不过，关于医疗保障基金的统筹层次还需要对多重因素进行考虑。既要考虑基金抵御风险的能力，提高基金管理效率，又要看到统筹层次的提高对医疗保障管理提出了更高的要求。如果医疗保障管理水平未跟上，那么提高统筹层次带来的正效应可能会被由于管理水平和管理能力不够引发的负效应抵消。这具体是因为，在统筹区域扩大后，管理机构面临的信息不对称问题进一步加剧。按行政学的一般理论，不同层级的政府有着不同的业务优势和职能分工，比较而言，基层政府比较了解当地居民的健康需求，统筹层次提高后，由于管理链条的延伸会带来基层信息的失真。

正是由于医疗保障制度的这种复杂性和信息不对称性的特征，才对医疗保障集中管理的空间造成了一定的限制，目前发达国家将越来越多地医疗保障筹资和管理责任下放到基层政府，以使基金管理的灵活性得以提高。

在国际上，医疗服务一般是实行属地管理的，属地化管理也是中国医改需要实现的一个目标。医疗保障基金的统筹层次必须与医疗机构的管理层级相匹配，才能推动制度的健康发展和医药卫生体制改革的顺利推进。

在对上述因素进行考虑之后，再基于中国现阶段的基本国情来看，我们认为基本医疗保险原则上应当实行市级以上统筹，是在总结医疗保险制度改革试点经验，既考虑基本医疗保险基金互助共济和抵御风险能力，又考虑地区间经济社会发展、城乡居民医疗消费水平、医疗卫生管理体制和现有医疗保障管理水平的差异的基础上确定的，是符合我国国情和现阶段时代特征的，是我国城乡医疗保障制度未来发展的基本目标，同时还必须结合各地的实际情况实行分类指导，渐进实施。

（六）发展“互联网 +”医保

要创新医保经办服务模式，以医疗保险管理信息系统为基础，加快推进医保信息联网、异地就医结算、在线报销审核等各项工作，推动形成“互联网 +”医保的格局。要完善医保数据，对参保人员基本信息进行精准维护，对各类参保身份进行精准区分、标识，切实提高医疗保险服务质量与实效，让城乡居民得到公平、系统、持续的医疗保障。要健全医保移动支付机制，通过社会保ISO 卡（二代 IC 卡）绑定人、证、钱，在确保人员信息和医保基金安全的基础上，实现参保人在普通门诊、住院治疗等结算环节直接持卡支付医疗费用并享受相应医保待遇。

第七章　中国社会救助的发展研究

社会救助是保障社会成员基本生活的重要措施，社会救助的发展情况在一定程度上体现了整体社会的发展情况。据统计，截至 2017 年底，全国有城市低保对象 741.5 万户、1 261.0 万人，全年各级财政共支出城市低保资金 640.5 亿元；全国有农村低保对象 2 249.3 万户、4 045.2 万人，全年各级财政共支出农村低保资金 1 051.8 亿元。[①] 我国社会救助在新的社会形势下不断创新发展，为社会的可持续发展做出重要贡献。

第一节　社会救助的功能与价值取向

一、社会救助的功能

（一）社会救助有利于缓解贫困问题

社会救助首先是为了解决贫困和不平等带来的社会问题的一种制度安排。其中，贫困是现代社会救助制度的重要催生力量，社会救助是伴随消除贫困的努力而逐步完善的。

现代社会一方面为社会成员带来了更好的生活条件，另一方面也为他们带来了更大的压力，这就导致一部分社会成员因各种先天因素或后天因素的不利影响，难免会陷入生活贫困状态，而他们又无法通过自己的努力摆脱生存危机，这就需要国家和社会

① 2017 年社会服务发展统计公报 [EB/OL].https://www.sohu.com/a/246721345_99939264.

对这部分社会成员进行现金或实物救助，以缓解他们的物质匮乏状况，改善其生活水平。保护社会成员免受饥饿、疾病、失业等天灾人祸的侵害，既是现代公民权利发展的内在要求，又是国家和社会理应承担的基本责任。

可以说，社会救助具有十分显著的反贫困兜底作用，各地为了更好地通过社会救助实现反贫困目标制定并实施各种相关政策和措施。例如，2019 年 5 月 1 日起，《上海市社会救助条例》将正式实施。作为保民生、托底线、救急难、促公平的基础性制度安排，社会救助“救助谁”“怎么救”等问题，都将依托该《条例》有据可循。[①]

（二）社会救助有利于维持社会稳定

从理论角度来说，社会稳定的基本前提是社会收入分配的公平和社会成员生存权利的保证，当一部分社会成员由于各种原因无法从市场上获得维持生存所需的收入从而陷入贫困，导致生存的基本权利得不到保障时，就会成为社会不稳定的因素。因此，社会救助不仅可以在最低层次上缓解贫困问题，更能够降低由于贫困所导致的积怨和不满，化解社会矛盾，维持社会稳定。

社会救助可以充分发挥救助功能，对社会成员开展扶贫济弱、救残扶伤、解救急难的活动，以此有效地解除贫困家庭和个人的生存危机，在一定程度上化解社会矛盾，有利于促进社会的团结和稳定。它通过提供直接的现金救助和物质帮助，使贫困家庭和个人的收入得到最直接、明显的改观，还能够在缩小不同社会成员间的收入差距、实现社会公平方面起到显著作用。

（三）社会救助有利于促进经济社会发展

随着市场经济发展，社会竞争越来越激烈，而社会弱势群体

① 《上海市社会救助条例》5 月起实施 [EB/OL].https://baijiahao.baidu.com/s?id=1632207760364496741&wfr=spider&for=pc.

会因为自身缺乏参与市场竞争的能力或者其他原因,在市场竞争中处于明显的劣势地位。因此,如果不采取社会救助的方式对其基本生活和发展能力予以扶持,除了会造成不公平和社会矛盾外,更意味着社会失去了一部分发展的主体。例如,生活在贫困家庭的儿童往往会欠缺上学的机会,从而得不到良好的教育和正常的发展,陷入贫困恶性循环的怪圈。因此,社会救助不仅仅具有保障生活的意义,而且具有提高弱势群体社会竞争力的功能,可以弥补弱势群体的发展不足,为社会经济发展提供支撑。

随着社会发展,人们对社会救助提出了新的要求,当前的社会救助不再仅限于物质救助,而越来越重视对被救助对象的基本技能、生活观念、发展理念、心理健康等进行干预。这些救助方式不仅可以改善被救助对象的生产和生活条件,更重要的是有助于提高被救助对象的增产增收能力、综合发展能力、自我管理和自我发展能力。在此意义上,社会救助不但"授人以鱼",而且通过"授人以渔"提高被救助对象的社会适应能力和发展能力。

此外,随着经济社会不断发展,农村留守儿童关爱问题成为社会焦点,实际上加强对留守儿童的关爱也是社会救助的一个组成部分。我国应该进一步重点关注"农村儿童心理健康"问题,应该适当加强农村儿童心理健康教育的投入力度,注重发动专业社会组织的力量,鼓励公益机构参与到儿童教育工作中来,发动社工、儿童心理专家、公益组织共同参与,为农村儿童从小培养健全的心理健康素质创造良好环境。[①]

二、社会救助的价值取向

社会救助作为社会的"安全网",在保障基本人权、促进公平正义方面具有独特的价值功能,必然对一国政治、经济、社会的运行及发展产生广泛而深刻的影响。

---

① 妇联界别政协委员翟美卿:推进农村儿童心理健康服务体系[EB/OL].https://baijiahao.baidu.com/s?id=1626984983791298749&wfr=spider&for=pc.

（一）保障基本人权

人们在社会上生存和发展，享有生存权和发展权，这是公民依法享有的基本权利，保障公民享有维持基本生活水平的权利是国家和社会应尽的责任与义务。正如托马斯·马歇尔（Thomas Humphrey Marshall）所强调的社会权利作为公民资格的构成要素之一，公民应当享有"从某种程度的经济福利与安全到充分享有社会遗产并依据社会通行标准享受文明生活的权利等一系列权利"①，现代社会救助的实施为保障公民依法享有基本的公民权利和社会权利提供了最基本的安全承诺。现代社会救助与慈善救济的根本区别在于，慈善救济者往往视救济为一种恩赐、施舍、怜悯，接受救济的对象则往往处于被动接受的地位，而现代社会救助强调国家和社会对弱势群体进行救助的责任与义务，受助者将享受社会救助视为自己的基本公民权利，受助者有权在遭受生活困难时寻求国家和社会的支持与帮助。

现代社会在各个方面都获得了良好发展，但是市场经济繁荣也对社会公民造成了更大的压力，部分社会成员会因为各种先天因素或后天因素陷入生活贫困状态，并且这种生存危机是难以通过自身努力而摆脱的，这就需要国家和社会对这部分社会成员进行现金补贴、实物给付、服务救助，以缓解他们的物质匮乏状况，改善其生活水平。因此，保护社会成员免受自然灾害、饥饿、疾病、失业等天灾人祸的侵害，既是现代公民权利发展的内在要求，又是国家和社会理应承担的基本责任与义务，体现了社会救助以人为本的价值理念。遵循人本伦理的现代社会救助强调保障所有公民的基本生存权利，每个公民都可能因自身原因和各种突发状况而陷入生活困境，因此保证每个公民都能平等地享受社会救助就成为国家和政府的重要职责，体现了社会救助普遍主义的价值

① （美）T.H. 马歇尔著；郭忠华，刘训练译．公民身份与社会阶级［M］．南京：江苏人民出版社，2008，第 11 页．

取向。基于恩赐理念的传统慈善救济往往容易让受助者背负耻辱污名,但是具有普遍性价值的现代社会救助因强调每位公民平等地享有社会救助权利,从而有助于消除社会救助的"制度性耻辱化过程",帮助受助者摆脱"耻辱烙印",因此,社会救助理念从恩赐观向权利观的转变,是普遍保障所有公民基本人权的价值使然。

2018 年 12 月 12 日,国务院新闻办公室发表《改革开放 40 年中国人权事业的发展进步》白皮书,对我国的人权事业发展进行全面总结和展望。白皮书中强调,"改革开放 40 年来,中国坚持以生存权和发展权作为首要的基本人权,把发展作为执政兴国的第一要务和解决中国所有问题的关键,以保障和改善民生为重点,努力通过解决最紧迫和最突出的问题增进人民福祉。人民生活总体上实现了从贫困到温饱、从温饱到小康的历史性飞跃。"[①] 可以看出,我国清晰地认识到保障人民群众基本人权的重要意义,并将其作为我国社会建设和发展的一个重要且基础性课题。

安东尼·吉登斯(Anthony Giddens)是英国社会学家,他在研究社会问题时指出,我们不仅要强调国家提供社会福利的责任,同时还应该实现个人权利与义务的统一,也就是强调公民享有的是有责任的权利,他认为"个人主义不断扩张的同时,个人义务也应当延伸作为一项伦理原则,'无责任即无权利'必须不仅仅适用于福利的受益者,而且也适用于每一个人",同样的,现代社会救助虽然强调保障每位公民的基本生存权和发展权,但是享有权利的前提必须是承担相应的责任与义务,权利与义务对等是现代社会救助的基本价值要求。

有很多现代社会救助措施和制度体现了权利与义务对等的理念。例如,我国推行的城市居民最低生活保障制度就很好地体现了这一点,按照制度规定,在就业年龄内有劳动能力但尚未就业的城市居民,在享受城市居民最低生活保障待遇期间,应当参

① 改革开放 40 年中国人权事业的发展进步 [EB/OL].https://baijiahao.baidu.com/s?id=1619610976565011555&wfr=spider&for=pc.

加其所在的居民委员会组织的公益性社区服务劳动。[①]由此可见，城市居民若要享受最低生活保障权利就必须承担参加社区服务劳动的义务，不履行公益劳动义务可能就意味着失去享受基本生活救助的权利资格。现代社会救助在强调公民有权享受基本生活保障待遇的同时，开始注重培养接受救助者的责任意识，鼓励受助者通过劳动自救的方式真正摆脱生存困境，极力避免受助者权利滥用和福利依赖现象的发生。

（二）促进公平正义

社会发展的一个重要目标就是实现社会公平正义，也就是让全体社会成员平等地享有社会经济发展红利，同时这也是国家开展社会救助工作的基本社会价值目标。罗尔斯（John B.Rawls）将其作为公平的正义观念描述为基本理念—所有社会基本善—自由、机会、收入和财富以及自尊的各种基础——都应该平等地加以分配，除非对其中一些或所有这些基本善的不平等分配，会有利于最少受惠者[②]，因而，社会救助作为一种收入转移支付手段，通过调节国民收入的分配与再分配，缩小国民收入差距，可以在一定程度上解决因收入差距导致的非公平性问题，促进实质正义的实现。

国家通过建设适度普惠的社会救助体系，保障社会成员的基本合法权益，促使社会成员共享社会经济发展成果，但是在市场经济条件下，自由竞争的市场经济带来了更激烈的市场竞争，这就导致一部分社会成员因竞争能力不足而无法享受到经济发展的红利。实施社会救助，能够在一定程度上补偿这些社会弱势群体的经济利益，使其恢复参与市场经济的能力，进而能够公平地参与到社会经济资源的分配与再分配中，实现社会的共享式发

① 黄锴．论作为国家义务的社会救助——源于社会救助制度规范起点的思考[J]．河北法学，2018，36（10）：59-75.

② 黄锴．论作为国家义务的社会救助——源于社会救助制度规范起点的思考[J]．河北法学，2018，36（10）：59-75.

展。具体到各类社会救助方式的实施开展，社会救助以现金救助的方式直接提供给贫困者、失业者、患病者、伤残者等社会弱势群体，能够调节国民财富的不平等分配状况，缓和不同社会阶层之间因利益分配不公导致的利益冲突。社会救助以社会服务的方式提供教育救助、就业救助、医疗救助、住房救助、司法救助，能够促进基本公共服务的均等化覆盖，保证接受救助者公平地享有参与社会生活和经济生活的权利。各类发展性社会救助项目通过提升救助对象的就业能力和发展能力，能够促进受助者顺利地参与到劳动力市场中，保障其公平地享有劳动权利和社会权利。

我们党就始终重视社会公平问题，将社会公平正义作为推进中国特色社会主义建设的一个重要方面。“中国共产党和中国政府从人民利益出发，谋划改革思路、制定改革举措，人民关心什么、期盼什么，改革就抓住什么、推进什么，人民有所呼、改革有所应。中国人民实现中华民族伟大复兴中国梦的过程，本质上就是实现社会公平正义和不断推动人权事业发展的进程，实现好、维护好、发展好最广大人民根本利益，使发展成果更多更公平惠及全体人民，让每个人都能有尊严地发展自我和奉献社会。”①

不论是哪个国家或地区都需要面临调节公平与效率关系的社会问题，这是社会发展带来的必然问题。如果在社会发展的过程中一味地强调效率而忽略了社会公平，那么就很可能导致社会经济资源在社会成员之间的不平等分配，从而使一部分社会成员无法获得足够的收入，也就导致了他们的消费不足，进而会抑制社会总需求的增加，最终不利于市场经济效率的增长。通过利用社会救助的公平性价值，可以补偿这部分社会成员的经济利益损失，进而有效刺激社会需求，实现市场供求关系的平衡。重公平、轻效率，往往不利于提高社会成员参与社会生产和再生产的积极性，进而降低社会总供给的数量和质量，最终会影响社会总体福利水平的提升。因此，社会救助政策作为一项公平再分配机制，

① 改革开放40年中国人权事业的发展进步[EB/OL].https://baijiahao.baidu.com/s?id=1619610976565011555&wfr=spider&for=pc.

理应定位于确保所有社会成员维持基本生存生活需要的政策目标，避免救助标准过高而导致受助对象产生福利依赖思维，避免社会出现福利养懒汉的现象，正如弗里德里希·哈耶克（Friedrich August von Hayek）所言："我们必须对那些较为妥当且正当的目标与那些应当否定的目标做出明确的区别"①，实施"有限度的保障"，确保每个人维持生计的某种最低需要。现代社会救助作为实现社会公平正义的重要政策工具，应当制定合理的社会救助标准和范围，而不是追求平均主义式的社会救助价值观。

第二节　当前我国社会救助现状分析

一、绝对贫困问题转向相对贫困问题

改革开放40余年，中国政府持续开展以农村扶贫开发为中心的减贫行动，在全国范围内开展有组织有计划的大规模开发式扶贫，为了实现农村全面脱贫，先后实施《国家八七扶贫攻坚计划（1994—2000年）》《中国农村扶贫开发纲要（2001—2010年）》《中国农村扶贫开发纲要（2011—2020年）》等中长期扶贫规划。中共十八大以来，中共中央把贫困人口脱贫作为全面建成小康社会的底线任务和标志性指标，作出一系列重大部署，以前所未有的力度推进，中国扶贫开发进入脱贫攻坚新阶段。中共中央、国务院发布关于打赢脱贫攻坚战的决定，明确脱贫攻坚的目标标准，确立精准扶贫精准脱贫的基本方略，建立中国特色的脱贫攻坚制度体系，全面推进精准扶贫重点工作。中共十九大提出坚决打赢脱贫攻坚战的战略目标，中共中央、国务院印发关于打赢脱贫攻坚战三年行动的指导意见，把精准脱贫作为决胜全面建成小康社会必须打好的三大攻坚战之一，并庄严承诺确保到2020年

① （英）弗里德里希·哈耶克著；邓正来译．自由秩序原理（下）[M]．北京：生活·读书·新知三联书店，1997，第15页．

中国现行标准下农村贫困人口实现脱贫、让贫困人口和贫困地区同全国一道进入全面小康社会。[①]

绝对贫困是指社会成员难以维持最基本生活，甚至难以生存。按照社会发展理论，绝对贫困可以被社会发展消除。随着改革开放的推进，我国国民经济迅速发展，人们的生活水平不断提高，目前我国已经迈入中等收入国家行列，经济社会发展逐渐消除绝对贫困。[②]此外，我国始终重视农村地区的发展，为了保障并提高农村居民的生活水平实行了新扶贫标准，在新标准下，社会救助的规模有所扩大，随着经济社会不断发展，社会救助的范围会越来越大，救助的水平会越来越高，这样就会大大减少绝对贫困人口数量。

但是从社会发展状况来看，经济社会发展持续拉大收入分配差距，而收入差距是造成相对贫困问题的重要原因。马克思曾在19世纪就提出过关于相对贫困的论述，他指出："我们的需要和享受是由社会产生的，因此，我们对于需要和享受是以社会的尺度，而不是以满足它们的物品去衡量。因为我们的需要和享受具有社会性质，所以它们是相对的。"[③]由此可以看出，相对贫困是指，社会成员或家庭虽然可以保证最基本的生活，但是难以或无法达到所处社会的平均生活水平[④]，除此以外，相对贫困除了物质表现外还会基于实际生活情况出现一定心理表现，也就是说，相对贫困存在一个不以人的主观感受而改变的客观标准，一般情况下，相对贫困是由一个国家在一定时期内全部居民中等收入。随着我国经济发展，相对贫困的问题在我国越来越显著，其中最显著的表现就是随着收入差距逐步拉大，部分社会成员生存困难。

① 改革开放40年中国人权事业的发展进步[EB/OL].https://baijiahao.baidu.com/s?id=1619610976565011555&wfr=spider&for=pc.

② 张浩淼.发展型社会救助：国际经验与中国道路[A].浙江大学公共管理学院会议论文集，2013：1.

③ 马克思恩格斯选集（第1卷）[C].北京：人民出版社，1972，第367-368页.

④ 张浩淼.发展型社会救助：国际经验与中国道路[A].浙江大学公共管理学院会议论文集，2013：1.

根据国家统计局的统计，2017 年基尼系数为 0.467，较 2016 年上涨 0.002 个百分点；全年全国居民人均可支配收入 25 974 元，城镇居民人均可支配收入 36 396 元，农村居民人均可支配收入 13 432 元，前者是后者的近 3 倍。① 随着经济的发展和人均收入的提升，区域差距、城乡差距以及区域内部差距等会使相对贫困问题更加突出，我国的贫困也更多表现为相对贫困，其内容主要包括以下方面。②

第一，相对贫困会对社会造成巨大冲击。就我国当前的发展阶段来说，社会中存在数量巨大的相对贫困人群，这部分社会成员大多是改革利益受损群体，他们具有相同或相似的利益诉求，同时这部分社会成员与社会高收入阶级相比存在较大的心理落差，可以说相对贫困会对社会造成很大的冲击力，因此必须给予相对贫困问题足够的重视，将其作为一个主要社会问题看待。

第二，相对贫困群体具有复杂的人群构成。社会中有大量相对贫困人口，并且与绝对贫困人员构成不同，绝对贫困人员主要是因丧失劳动能力及生存环境恶劣等原因而难以维持生存的群体，但是造成相对贫困的原因很多，也就造成了相对贫困人员的构成更为复杂。具体来说，相对贫困人员包括“三无”人员，“农转非”人员，部分失业和离退休职工、停产半停产或严重亏损的国有企业的困难职工，职业不固定人员或非正规就业人员以及农民工人员等，可以看出相对贫困人员陷入贫困的原因也具有多样性，个人原因、家庭原因以及社会转型和产业结构调整原因都会造成相对贫困的产生，可以说相对贫困是工业化、城市化、市场化相互作用的结果。③

第三，相对贫困群体人口数量大且规模逐渐扩大。虽然我国

---

① 中华人民共和国 2017 年国民经济和社会发展统计公报 [EB/OL].http://www.stats.gov.cn/tjsj/zxfb/201802/t20180228_1585631.html.

② 张浩淼．发展型社会救助：国际经验与中国道路 [A]. 浙江大学公共管理学院会议论文集，2013：1.

③ 张浩淼．发展型社会救助：国际经验与中国道路 [A]. 浙江大学公共管理学院会议论文集，2013：1.

已经逐渐从绝对贫困转向相对贫困，但是目前仍然按照绝对贫困标准开展生活救助活动，例如，我国实行的最低生活保障标准通常是以当地维持居民最基本生活为标准的[①]，按照这一标准为相关贫困人员提供衣、食、住等方面的费用，同时会将当地的水电燃煤（燃气）等费用纳入参考范围，从而保障也只能保障贫困人群的最基本的生活。实际上我国社会存在大量相对贫困人口，如果按照相对贫困标准，即采用居民中等收入或社会平均收入的40%或50%来计算，我国的贫困人口数量将大大增加，并且这一数量还会随着社会成员收入差距变大而增加，也就是说我国相对贫困人口的数量还将持续增长。

目前，我国贫困基本情况已经发生改变，从绝对贫困转向相对贫困的过程中，我国的社会救助为了更好地适应发展必须做出一定调整与改革，从过去的反绝对贫困转变到反相对贫困，否则，社会救助就可能变成维持绝对贫困层的消极救济制度。然而，我国在反相对贫困方面经验仍很缺乏，理论和国际经验都证明，反相对贫困是更加复杂的行动过程，这无疑是对我国社会救助的一大现实挑战。为了应对这一挑战，个别发达城市和地区已经开始了积极探索，比如上海市、苏州等地，已经把“支出型贫困”家庭纳入生活救助对象之中，目的是帮助那些收入在低保线以上却无法支付各种突发事件下的刚性支出（教育、医疗等）而陷入暂时性贫困的家庭，这是应对相对贫困的积极探索，但是由于刚刚起步，还存在不少问题有待解决。[②]

可以看出，贫困问题不是绝对的而是相对的，任何社会即使发达国家总会存在10%左右的相对贫困人口，美国贫困人口比例在10%到15%，欧盟是15%，英国是18%。扶贫开发是一项长期的历史任务，邓小平指出，我们还要经过十几代、几十代人的努

① 张浩淼．发展型社会救助：国际经验与中国道路［A］．浙江大学公共管理学院会议论文集，2013：1．

② 张浩淼．发展型社会救助：国际经验与中国道路［A］．浙江大学公共管理学院会议论文集，2013：1．

力。习近平总书记指出,我们五百年以后还会有贫困,到2020年,我国的贫困和现在的贫困是不一样的,现在的绝对贫困解决的主要是生存问题,以后是相对贫困,解决的主要是发展、共享的问题。①

二、收入贫困问题转向能力贫困问题

随着社会发展,社会贫困问题也会随之发生变化,就我国发展实际来看,随着市场经济不断发展以及社会转型不断推进,因为能力不足或者素质低下而被市场和社会排斥的社会成员越来越多,也就是说造成我国人口贫困的原因已经逐渐转向人口的能力和素质低下,而能力和素质问题难以在短期内解决,这也就成为我国全面脱贫困难的主要内在障碍。"能力贫困"最早是经济学家阿玛蒂亚·森提出的,按照他的观点,人们之所以会贫困,一个重要原因在于这些人缺乏获得某种基本物质生存机会的"可行能力",其中,"可行能力"是指人有可能实现的、各种可能的功能性活动的组合。按照马蒂亚·森的理论,可行能力代表着一种人的行为自由,具体而言就是人们实现各种可能的功能性活动组合的实质自由,基本的可行能力及能够识字算数、享受政治参与等的自由。②需要注意的是,这里有用于衡量"可行能力"的绝对标准,但是这些标准会因为社会发展和环境变化等因素而发生改变。基于此,马蒂亚·森提出将"可行能力"是否被剥夺作为识别和衡量贫困的重要标准,按照这一观点我们可以将贫困定义为社会成员的基本"可行能力"被绝对剥夺的情形,并且以此为基础,森提出了"能力贫困"的概念。③诸多因素都会对社会成员的可行能力造成影响,如医疗条件低下、收入差距大、性别歧视、

---

① 曲天军:绝对贫困解决生存问题 相对贫困解决发展问题[EB/OL].http://finance.people.com.cn/n1/2016/1019/c1004-28791105.html.

② 杨立雄.社会救助研究[M].北京:经济日报出版社,2008,第146-148页.

③ 张浩淼.发展型社会救助:国际经验与中国道路[A].浙江大学公共管理学院会议论文集,2013:1.

生育率过高、失业等都属于消极影响因素，这些因素都是造成贫困的可能原因。过去，人们认为贫困仅仅是指收入贫困，但是随着社会发展，新的社会问题不断被提出，也就形成了能力贫困的概念，这是对旧认识的重要突破，按照能力贫困理论，部分社会成员收入低下根本原因在于缺乏可行能力，也就是说，一个人的可行能力被剥夺意味着这个人将会在社会中处于弱势和贫困状态。由以上分析可以看出，按照能力贫困理论的观点，消除或减少贫困的根本途径是提高社会成员的可行能力，该理论将人的全面发展和生活质量纳入理论范畴之内，其对贫困概念的界定体现了新的理念，即以人为本、注重人的发展。随着我国社会发展，贫困的标准发生变化，贫困的特征也会发生变化。

实际上从我国当前的社会发展中可以十分明显地看出这种转变，并且这种转变会随着国家和社会的发展而不断发生。随着我国现有贫困问题的逐渐解决，新的贫困问题会形成，据专家推断，2020 年之后，中国的贫困将不再是愁吃、愁穿和差钱的问题，而将转变为愁健康、愁教育和缺乏发展能力的问题。[①]这也就是所谓的收入贫困转向能力贫困的问题。

不同类型的困难家庭生活贫困的原因不同，面临的主要问题也不同，我国民政部城乡困难群体社会支持系统的调查表明，贫困的原因和面临的问题虽然不同，但是大致可以分为以下几类，即家庭主要劳动力无工作、主要成员无劳动能力、疾病负担、教育负担和家庭成员长期照料负担，如表 7-1 所示。通过调查可以看出，家庭贫困的主要原因在于家庭成员由于能力低下而无法获得工作机会，或者由于家庭成员能力不足而无法获得较高收入，而家庭贫困则会对家庭成员的身体身体状况造成不良影响，家庭成员的受教育情况也与家庭收入情况有直接关系，而这将进一步加大家庭贫困的程度，这也是家庭贫困问题难以解决的重要原因，想要解决家庭贫困问题就必须依靠社会多方协助。

① 在 2020 年之后的中国，什么是贫困？谁是穷人？如何扶贫？[EB/OL].http://baijiahao.baidu.com/s?id=1605247832034756547&wfr=spider&for=pc.

表 7-1 城乡与流动困难家庭面临的主要困难[①]

主要困难	城市困难家庭	流动人口困难家庭	农村困难家庭
第一	主要劳动力无工作	教育负担	主要成员无劳动能力
第二	教育负担	主要劳动力无工作	疾病负担
第三	疾病负担	疾病负担	主要劳动力无工作
第四	主要成员无劳动能力	成员需长期照料	成员需长期照料

根据调查显示，城市低保家庭提出的期望主要包括以下内容。首先，城市低保家庭最期望的是提高低保金的家庭比例；其次，他们希望得到医疗救助和就业援助；再次，他们希望得到住房和教育方面的帮助；最后，他们还希望获得一些其他生活帮助。有学者对成都市低保家庭进行了抽样调查，通过调查显示，物价上涨、家庭成员患病和子女教育是低保家庭生活压力的最主要来源，在接受调查的低保家庭中，绝大多数都认为医疗救助和医疗保险会在较大程度上缓解家庭压力，低保家庭最急迫的需要为现金救助、就业援助和照顾护理服务，此外，由于低保家庭的家庭成员承受较大心理压力还需要一定心理或精神慰藉方面的帮助。民政部城乡困难群体社会支持系统建设的调查表明，不同类型的困难家庭对社会救助的需求存在差别，需求呈现多样化趋势，城市困难家庭最需要的社会救助排在前三位的分别是低保、医疗救助和水电、燃料及采暖补助，流动人口困难家庭最需要的社会救助排在前三位的是住房救助、医疗救助和教育救助，农村困难家庭最需要的社会救助排在前三位的分别是低保、医疗救助以及临时重大事故救助，如表 7-2 所示。除此以外，根据自身实际情况很多困难群体还需要相关机关和部门提供一定就业帮扶、创业扶持、法律援助、心理服务等。在获得社会救助上升为脱贫目标后，城市困难家庭最需要的帮助为直接提供生活金和生活品（27%）、资助子女完成学业（20%）和帮家里劳动力找份工

① 张浩淼．发展型社会救助：国际经验与中国道路 [A]．浙江大学公共管理学院会议论文集，2013：1．

作(20%),农村困难家庭最需要的帮助为直接提供生活金和生活品(45%)、减免医疗费(16%)和资助子女完成学业(12%),流动人口困难家庭最需要的帮助为提供技能培训、指点致富门路(29%),资助子女完成学业(16%)和帮家里主要劳动力找份工作(13%)。[①] 从调查中可以看出,我国的贫困群体已经逐渐意识到了因其贫困的根本原因,仅仅依靠低保金和物品援助并不能从根本上解决自身面临的贫困问题,他们对就业、医疗、教育、住房、照顾护理甚至心理慰藉等有助于增加其能力的援助措施存在需求,他们希望通过相应服务型救助不断提升自身能力从而使他们可以在社会上获得发展,从根本上摆脱贫困,尤其是在流动困难家庭群体中这种全新的意识表现得更为明显。

表 7-2 城乡与流动困难家庭的社会救助需求情况 [②]

需要的社会救助	城市困难家庭	流动人口困难家庭	农村困难家庭
第一需要	低保	住房救助	低保
第二需要	医疗救助	医疗救助	医疗救助
第三需要	水电、燃料及采暖	教育救助	临时事故救助

可以看出,当前我国已经是以能力贫困为主的贫困形势,为了更好地走出贫困困境,就必须创新社会救助制度思路,只关注弥补收入短缺、保障受助者生存,并不能最终实现反贫困的目标。也就是说,不应该单纯地将贫困当作收入缺乏,不应该单纯地将降低收入贫困作为对社会救助制度的评价标准[③],因为我们所处的社会是复杂的社会,贫困问题也不仅仅是收入贫困问题,将降低收入贫困作为唯一目标将会混淆目的和手段,也就无法充分发挥社会救助的功能,难以通过开展社会救助活动实现反贫困、促进人的发展和社会融合的目标。从以上分析可以看出,当前我国贫困的主要问题已经不再是收入贫困而是能力贫困,也就是说单

① 张浩淼.发展型社会救助研究[M].北京:商务印书馆,2017,第189页.
② 张浩淼.发展型社会救助研究[M].北京:商务印书馆,2017,第189页.
③ 张浩淼.发展型社会救助研究[M].北京:商务印书馆,2017,第189页.

纯地向贫困社会成员支付现金并不能从根本上解决我国贫困问题，而是应该采取恰当的手段提升贫困者的可行能力，而这种转变就对传统的社会救助思维和制度设计提出了新的挑战，只有做出改变才可以适应新形势，解决新问题。

第三节　社会救助的主要内容

一、生活救助

（一）城市生活救助

1.保障对象和范围

为了保障城市居民的基本生活，我国推行城市居民最低生活保障制度[①]，需要注意的是，本制度的保障对象是持有非农业户口的城市居民，凡共同生活的家庭成员人均收入低于当地城市居民最低生活保障标准的，均有从当地人民政府获得基本生活物质帮助的权利。

一般来说，城市居民最低生活保障制度的保障对象主要包括以下几类人员：第一，无生活来源，无劳动能力，无法定扶养、赡养、抚养义务人的居民，或有法定扶养、赡养、抚养义务人但法定扶养、赡养、抚养义务人无扶养、赡养、抚养能力的居民；第二，领取失业救济金期间或失业救济期满仍未能重新就业，家庭人均收入低于最低生活保障标准的居民；第三，在职人员和下岗人员在领取工资或最低工资、基本生活费后以及退休人员领取退休金后，其家庭人均收入仍低于最低生活保障标准的居民；第四，因天灾人祸造成暂时生活困难的居民；第五，国家有关政策规定的

---

① 李吉雄．强化我国财政的收入再分配职能作用问题研究[D]．江西财经大学，2011．

特殊保障对象。[①]

2. 保障标准

城市居民最低生活保障标准，按照当地维持城市居民基本生活所必需的衣、食、住费用，并适当考虑水电燃煤（燃气）费用以及未成年人的义务教育费用确定。[②]

3. 资金来源

按照政府规定，地方人民政府需要将当地的城市居民最低生活保障所需资金列入财政预算，纳入社会救济专项资金支出项目，专项管理，专款专用。国家鼓励社会组织和个人为城市居民最低生活保障提供捐赠、资助，所提供的捐赠、资助全部纳入当地城市居民最低生活保障资金。[③]

此外，为了适应时代发展需要，尽可能保障更多人的基本生活，各个城市会不断调整自身的最低生活保障及低收入家庭救助制度实施细则等。例如，2019 年 1 月 1 日起，北京正式施行《关于进一步加强社会救助家庭经济状况认定工作的指导意见》和《北京市城乡居民最低生活保障及低收入家庭救助制度实施细则》。两项政策将进一步扩大北京市社会救助工作覆盖面、降低准入门槛，预计受益人群将从原来的13万人扩展到20万人以上。两个文件修订的重点主要是提高相关财产认定标准，降低救助门槛，加大对特殊困难群体的救助力度。[④]可以看出，我国政府在生活救助方面不断做出努力，以此为人们提供更美好的生活。

① 贺晓丽．论我国城市低保救助对象的认定[J]. 东方企业文化，2011（20）：193.
② 最低生活保障与法律援助 [EB/OL].https://max.book118.com/html/2012/0407/1518303.shtm.
③ 最低生活保障与法律援助 [EB/OL].https://max.book118.com/html/2012/0407/1518303.shtm.
④ 北京明年起将进一步降低社会救助政策门槛 [EB/OL].http://www.bj.xinhuanet.com/jzzg/2018-12/28/c_1123920885.htm.

（二）农村生活救助

1. 农村特困人员供养

随着社会发展，我国始终重视农村居民的社会保障问题，先后建立起农村五保供养、城市“三无”人员救济和福利院供养制度，城乡特困人员基本生活得到了保障。2014 年，国务院公布施行了《社会救助暂行办法》，将城乡“三无”人员保障制度统一为特困人员供养制度，我国城乡特困人员保障工作进入新的发展阶段。①

（1）特困人员供养制度的供养对象

城乡老年人、残疾人以及未满 16 周岁的未成年人，同时具备以下条件的，应当依法纳入特困人员救助供养范围：无劳动能力、无生活来源、无法定赡养抚养扶养义务人或者其法定义务人无履行义务能力。②

（2）特困人员供养制度的经费来源和标准

县级以上地方人民政府要将政府设立的供养服务机构运转费用、特困人员救助供养所需资金列入财政预算。省级人民政府要优化财政支出结构，统筹安排特困人员救助供养资金。中央财政给予适当补助，并重点向特困人员救助供养任务重、财政困难、工作成效突出的地区倾斜。有农村集体经营等收入的地方，可从中安排资金用于特困人员救助供养工作。各地要完善救助供养资金发放机制，确保资金及时足额发放到位。特困人员救助供养标准包括基本生活标准和照料护理标准。基本生活标准应当满足特困人员基本生活所需；照料护理标准应当根据特困人员生活自理能力和服务需求分类制定，体现差异性。特困人员救助供养标准由省（自治区、直辖市）或者设区的市级人民政府综合考虑

① 国务院关于进一步健全特困人员救助供养制度的意见[EB/OL].http://www.gov.cn/zhengce/content/2016-02/17/content_5042525.htm.

② 国务院关于进一步健全特困人员救助供养制度的意见[EB/OL].http://www.gov.cn/zhengce/content/2016-02/17/content_5042525.htm.

地区、城乡差异等因素确定、公布，并根据当地经济社会发展水平和物价变化情况适时调整；民政部、财政部要加强对特困人员救助供养标准制定工作的指导。[①]

（3）特困人员供养制度的供养内容

我国实行的特困人员供养制度明确规定了供养的内容。第一，需要为特困人员提供维持基本生活所需的物品和金钱，主要包括供给粮油、副食品、生活用燃料、服装、被褥等日常生活用品和零用钱，按照实际情况可以直接支付现金或者提供实物帮助，以此保障特困人员的基本生活。第二，为特困人员提供疾病治疗，政府需要全额资助参加城乡居民基本医疗保险的个人缴费部分，医疗费用按照基本医疗保险、大病保险和医疗救助等医疗保障制度规定支付后仍有不足的，由救助供养经费予以支持。第三，为特困人员办理丧葬事宜，相关部门需要按照规定负责特困人员死亡后的丧葬事宜，供养服务机构负责集中供养的特困人员的丧葬事宜，乡镇人民政府（街道办事处）委托村（居）民委员会或者其亲属办理分散供养的特困人员的丧葬事宜，救助供养经费需要划拨相应资金支付相应的丧葬费用。第四，需要为符合规定标准的分散供养特困人员提供住房帮助，一般的住房救助手段包括配租公共租赁住房、发放住房租赁补贴、农村危房改造等。第五，需要对处于义务教育阶段就学的特困人员给予相应的教育救助，同时对于正在高中（含中等职业学校）、普通高等院校上学的特困人员，应该根据当地政策和特困人员实际情况给予一定教育救助。[②]

在实施过程中，各地会结合自身情况进行一定调整。例如，北京市修订了《北京市城乡居民最低生活保障及低收入家庭救助制度实施细则》，从而加大了特殊困难群体的保障力度。一是加大重度残疾人的保障力度，将低收入家庭中的重度残疾人和符合

① 国务院关于进一步健全特困人员救助供养制度的意见 [EB/OL].http://www.gov.cn/zhengce/content/2016-02/17/content_5042525.htm.

② 国务院关于进一步健全特困人员救助供养制度的意见 [EB/OL].http://www.gov.cn/zhengce/content/2016-02/17/content_5042525.htm.

北京市低保家庭财产规定的依靠兄弟姐妹或60周岁以上老人扶养或抚养的成年无业重度残疾人本人直接纳入低保范围。此外，重残人的范围也进一步扩大，在原残疾等级的基础上，增加了一级、二级言语和听力残疾人。二是为缓解低收入家庭养育未成年子女的负担，对城乡低收入家庭中16周岁及以下未成年人和16周岁以上接受全日制本科及以下学历教育的在校学生，将按照北京市当年城乡低保标准的25%发放生活补贴。[①]

（4）特困人员供养制度的供养形式

特困人员救助供养形式大致上可以划分为两类，一类为在当地的供养服务机构集中供养，另一类为在家分散供养。政府鼓励那些具备生活自理能力的特困人员在家分散供养；供养服务机构需要优先为那些完全或者部分丧失生活自理能力的特困人员提供集中供养服务。对于分散供养的特困人员，经本人同意，乡镇人民政府（街道办事处）可委托其亲友或村（居）民委员会、供养服务机构、社会组织、社会工作服务机构等提供日常看护、生活照料、住院陪护等服务。对于那些经济发达且具备良好供养条件的地区，可以为分散供养的特困人员提供适当的社区日间照料服务。县级人民政府民政部门应该按照便于管理的原则，对那些有集中供养需要的特困人员进行就近供养安排；对于年龄未满16周岁的特困人员，需要集中安置到相应的儿童福利机构。供养服务机构必须按照相关法律法规的规定进行法人登记，要建立并完善服务机构的内部管理制度、安全管理制度和服务管理等制度，尽可能为在供养服务机构生活的特困人员提供良好的日常生活照料服务、送医治疗服务等，有条件的经卫生计生行政部门批准可设立医务室或者护理站。供养服务机构应当根据服务对象人数和照料护理需求，按照一定比例配备工作人员，加强社会工作

---

① 国务院关于进一步健全特困人员救助供养制度的意见[EB/OL].http://www.gov.cn/zhengce/content/2016-02/17/content_5042525.htm.

岗位开发设置，合理配备使用社会工作者。[①]

2. 农村居民最低生活保障制度

（1）保障对象和范围

农村最低生活保障对象是家庭年人均纯收入低于当地最低生活保障标准的农村居民，主要是病残、年老体弱、丧失劳动能力以及生存条件恶劣等原因造成生活常年困难的农村居民。

（2）保障标准和资金来源

第一，农村居民最低生活保障制度的保障标准。农村最低生活保障标准由县级以上地方人民政府按照能够维持当地农村居民全年基本生活所必需的吃饭、穿衣、用水、用电等费用确定。农村最低生活保障标准要随着当地生活必需品价格的变化和生活水平的提高适时进行调整。

第二，农村居民最低生活保障制度的资金来源。农村最低生活保障资金的筹集以地方为主，地方各级人民政府要将农村最低生活保障资金列入财政预算，省级人民政府要加大投入。地方各级人民政府民政部门要根据保障对象人数等提出资金需求，经同级财政部门审核后列入预算。中央财政对财政困难地区给予适当补助。

地方各级人民政府及其相关部门要统筹考虑农村各项社会救助制度，合理安排农村最低生活保障资金，提高资金使用效益。同时，鼓励和引导社会力量为农村最低生活保障提供捐赠和资助。农村最低生活保障资金实行专项管理，专账核算，专款专用，严禁挤占挪用。[②]

当前，随着经济社会不断发展，各地不断提高本地的农村居民最低生活保障标准。例如，大连市的农村居民最低生活保障标准为：普兰店区、瓦房店市、庄河市农村居民最低生活保障标准

---

① 国务院关于进一步健全特困人员救助供养制度的意见[EB/OL].http://www.gov.cn/zhengce/content/2016-02/17/content_5042525.htm.

② 农村最低生活保障[EB/OL].http://www.china.com.cn/aboutchina/data/08mzsy/2008-07/07/content_15967438.htm.

为每人每月 500 元；其他地区农村居民最低生活保障标准与当地城市居民最低生活保障标准一致，为每人每月 720 元。[①] 济南市的农村居民最低生活保障标准提高到每人每年 5 480 元。[②] 驻马店市的农村居民最低生活保障标准由现行的每人每年 3 450 元提高到每人每年 3 860 元。[③] 三门峡市的农村居民最低生活年保障标准提高到每人每年 3 900 元，月人均补助水平提高到不低于 166 元。[④]

二、灾害救助

（一）自然灾害救助准备

虽然自然灾害是难以预测的，但是做好自然灾害救助准备是降低人员伤亡和财产损失的重要保障。我国县级以上地方人民政府及其有关部门依据有关法律、法规、规章，上级人民政府及其有关部门的应急预案以及本行政区域的自然灾害风险调查情况，制定相应的自然灾害救助应急预案。[⑤]

1. 建立自然灾害救助应急组织指挥体系并明确其职责

主要需要明确灾害救助中的组织体系及其职能与权力情况，通过有效的救灾体制建设使灾害救助工作在常态行政秩序与非常态背景行政秩序间能够有效转换，通过有力有序的指挥体系建设将灾害救助纳入科学、有序、规范的轨道之上。

---

① 城市居民最低生活保障标准提高至每人每月 720 元 [EB/OL].http://www.sohu.com/a/318518194_124777.

② 济南市调整城乡居民最低生活保障标准 [EB/OL].https://baijiahao.baidu.com/s?id=1632864725316570165&wfr=spider&for=pc.

③ 驻马店市城乡居民最低生活保障标准再次提高 [EB/OL].http://www.henan.gov.cn/2019/02-14/734255.html.

④ 灵宝最新最低生活保障标准和财政补助水平出炉了！ [EB/OL].https://baijiahao.baidu.com/s?id=1629157771554141063&wfr=spider&for=pc.

⑤ 自然灾害救助条例 [J]. 建筑监督检测与造价，2010，3（09）：1-3，12.

2. 建立并完善自然灾害救助应急队伍

通过梳理和分析当前自然灾害救助应急队伍的数量、技能、区域、来源等基本数据，厘清当前可及与可得的应急队伍状况，为灾害救助提供基础人员支持。

3. 保证自然灾害救助应急资金、物资、设备充足

灾害影响具有不确定性，对应灾准备提出了更高的要求。应急资金、物资、设备作为灾害救助过程中的基础性保障，应灾部门需要通过财政层面专设应急财政资金，按照科学有效的原则储备相关应灾物资，建设协调统筹的物资管理机制，充分发挥市场与社会在应急救援物资供给上的先天优势，弥补政府单一供给主体引致的失灵与供给不足问题。同时，强化自然灾害应急救助中的技术能力，提升应急救援设备的先进性。

4. 重视自然灾害的预警预报

在自然灾害的预警预报和灾情信息的报告和处理层面，将预警预报作为我国应急管理制度预防为主理念的重要体现，通过对自然灾害的预警预报来减少灾害社会损失，通过优化灾情信息的报告和处理程序来及时、准确地传递灾情信息。

2016 年 7 月，习近平在东西部扶贫协作座谈会上专门就做好防汛抗洪抢险救灾工作发表重要讲话，他指出："各级领导干部特别是主要领导干部要靠前指挥，各有关地方、部门和单位要各司其职，从防汛责任落实、监测预报预警、避险撤离转移、防洪工程调度、山洪灾害防御、城市防洪排涝、险情巡查抢护、部门协调配合等方面强化防汛抗洪工作。" 2018 年 7 月，习近平总书记对防汛抢险救灾工作作出重要指示，再次强调灾害预警的重要性，提出："要加强气象、洪涝、地质灾害监测预警，紧盯各类重点隐患区域，开展拉网式排查，严防各类灾害和次生灾害发生。"[1] 做

① 防灾减灾救灾，习近平强调这几个要点[EB/OL].http://www.xinhuanet.com//politics/xxjxs/2018-12/24/c_1123893172.htm.

好自然灾害的预警预报工作，是积极落实之后工作的重要前提。

5. 明确自然灾害救助应急响应的等级并制定相应措施

按照应急管理“分类分级有效响应”的基本原则，对自然灾害类的不同灾种做出符合灾情特征的等级划分，依据不同等级中的灾害社会影响程度，设计不同灾害救助应急响应的具体措施。

从实践中看，在自然灾害救助中，应急物资储备是灾害救助准备的重要工作，同时也是自然灾害救助物资储备管理的核心。我国建立了自然灾害救助物资储备制度，由国务院民政部门分别会同国务院财政部门、发展改革部门制定全国自然灾害救助物资储备规划和储备库规划，并组织实施。设区的市级以上人民政府和自然灾害多发、易发地区的县级人民政府应当根据自然灾害特点、居民人口数量和分布等情况，按照布局合理、规模适度的原则，设立自然灾害救助物资储备库。县级以上地方人民政府应当根据当地居民人口数量和分布等情况，利用公园、广场、体育场馆等公共设施，统筹规划设立应急避难场所，并设置明显标志。同时，对于启动自然灾害预警响应或者应急响应，需要告知居民前往应急避难场所的，县级以上地方人民政府或者人民政府的自然灾害救助应急综合协调机构应当通过广播、电视、手机短信、电子显示屏、互联网等方式，及时公告应急避难场所的具体地址和到达路径。

习近平总书记也十分重视自然灾害救助的应急响应问题，2018 年 7 月以来，我国多地出现大到暴雨，长江发生 2 次编号洪水，嘉陵江上游、涪江上游、沱江上游发生特大洪水，大渡河上中游发生大洪水，黄河发生 1 次编号洪水，部分中小河流发生超警以上洪水。习近平总书记对汛情高度重视并作出重要指示，他指出：“要加强应急值守，全面落实工作责任，细化预案措施，确保灾情能够快速处置。要加强气象、洪涝、地质灾害监测预警，紧盯各类重点隐患区域，开展拉网式排查，严防各类灾害和次生灾害发生。国家防总、自然资源部、应急管理部等相关部门要统筹协调各方力量和资源，指导地方开展抢险救灾工作，全力保障人民群众生命财产安全和社会稳定。”① 可以说，及时恰当的应急响应是控制灾情的重要环节，是必须重视的自然灾害救助准备环节。

（二）自然灾害应急救助

自然灾害难以预测，具有极强的突发性，因此应急救助在自然灾害中就显得尤为重要。应急反应阶段通常以救灾准备阶段的制度和能力建设为前提，通过规范和灵活相统一的原则，充分发挥政府及其应急综合协调机构的协调能力，吸纳不同社会主体和政府部门加入灾害应急响应过程之中。

一旦发生自然灾害预警就必须予以重视，保证及时响应及时采取措施，县级以上人民政府或者人民政府的自然灾害救助应急综合协调机构应当根据自然灾害预警预报启动预警响应。第一，向社会发布规避自然灾害风险的警告，宣传避险常识和技能，提示公众做好自救互救准备；第二，开放应急避难场所，疏散、转移易受自然灾害危害的人员和财产，情况紧急时，实行有组织的避险转移；第三，加强对易受自然灾害危害的乡村、社区及公共场所的安全保障；第四，责成民政等部门做好基本生活救助的准备，紧急调拨、运输自然灾害救助应急资金和物资，及时向受灾人员提供食品、饮用水、衣被、取暖、临时住所、医疗防疫等应急救助，保障受灾人员基本生活；第五，紧急转移安置受灾人员，以军队、武警、消防及基层组织力量为基础，迅速组织转移受灾群众，并将受灾群众安置到灾害及次生灾害风险较低的区域；第六，做好避难场所服务工作，为受灾群众提供基本的生存、医疗卫生、心理干预等方面的服务，抚慰受灾人员，并协调处理遇难人员善后事宜；第七，组织分析评估灾情趋势和灾区需求，为下一步灾害救助决策和相应救助措施的实施提供科学依据；第八，组织自然

① 习近平对防汛抢险救灾工作作出重要指示[EB/OL].http://www.xinhuanet.com/politics/leaders/2018-07/19/c_1123150988.htm.

灾害救助捐赠活动，组织受灾人员积极开展自救互救活动，充分发挥受灾群众的主动性，重建美好家园。①

（三）自然灾害灾后救助

灾后救助是自然灾害救助的重要组成部分，在这个过程中，实施救助的组织和人员需要直接面对受灾群众，满足他们的基本生活需要，如食物、住房、医疗等。为此，我国灾后救助中要求受灾地区人民政府应当在确保安全的前提下，采取就地安置与异地安置、政府安置与自行安置相结合的方式，对受灾人员进行过渡性安置。就地安置应当选择在交通便利、便于恢复生产和生活的地点，并避开可能发生次生自然灾害的区域，尽量不占用或者少占用耕地。同时，受灾地区人民政府应当鼓励并组织受灾群众自救互救，恢复重建。自然灾害危险消除后，受灾地区人民政府应当统筹研究制定居民住房恢复重建规划和优惠政策，组织重建或者修缮因灾损毁的居民住房，对恢复重建确有困难的家庭予以重点帮扶。对于居民住房恢复重建，应当强调因地制宜、经济实用的原则，确保房屋建设质量符合防灾减灾要求，住房城乡建设等部门为受灾人员重建或者修缮因灾损毁的居民住房提供必要的技术支持。

我国在自然灾害灾后救助中实行居民住房恢复重建补助机制，需要通过受灾人员本人申请或者由村民小组、居民小组提名确定救助对象；经村民委员会、居民委员会民主评议，符合救助条件的，在自然村、社区范围内公示；无异议或者经村民委员会、居民委员会民主评议异议不成立的，由村民委员会、居民委员会将评议意见和有关材料提交乡镇人民政府、街道办事处审核，报县级人民政府民政等部门审批。此外，在基本生活救助层面，自然灾害发生后的当年冬季、次年春季，受灾地区人民政府应当为生活困难的受灾人员提供基本生活救助。受灾地区县级人民政

① 自然灾害救助条例[J].建筑监督检测与造价，2010，3（09）：1-3，12.

府民政部门在每年10月底前统计、评估本行政区域受灾人员当年冬季、次年春季的基本生活困难和需求，核实救助对象，编制工作台账，制定救助工作方案，经本级人民政府批准后组织实施，并报上一级人民政府民政部门备案。

灾后救助是自然灾害救助的一个重要组成部分，为了帮助人们重建家园，中央和各地政府会出台相应的政策提供必要的支持。例如，四川省政府为了加强九寨沟地震的灾后救助，正式印发了《四川省人民政府关于支持“88”九寨沟地震灾后恢复重建政策措施的意见》，其中包含财政、税收、金融、土地、就业和社会保障、地灾灾害防治、生态恢复保护、景区恢复发展和基础设施等10大类36条具体政策。① 又如，山东省遭受“温比亚”等台风影响，人民群众的生活受到严重影响，为全面做好受灾群众生活保障和冬春救助工作，确保受灾群众温暖过冬，山东省灾后重建指挥部制定了《受灾群众生活保障和冬春救助工作方案》，确保受灾群众“有饭吃、有衣穿、有学上、有干净水喝、有安全住处、有病能及时医治”和温暖过冬。②

三、医疗救助

（一）救助对象

我国医疗救助对象分为城市医疗救助对象和农村医疗救助对象。

1. 城市医疗救助对象

第一，城市居民最低生活保障对象中未参加城镇职工基本医疗保险人员；第二，已参加城镇职工基本医疗保险但个人负担仍

① 九寨沟地震灾后重建政策优惠：灾区创业补贴1万[EB/OL].http://news.ifeng.com/a/20171109/53102637_0.shtml.

② 山东省灾后重建指挥部印发《受灾群众生活保障和冬春救助工作方案》，山东省灾后重建指挥部印发《受灾群众生活保障和冬春救助工作方案》。

然较重的人员和其他特殊困难群众。具体条件由地方政府民政部门会同卫生、劳动保障、财政等部门制定并报同级人民政府批准。[①]

2. 农村医疗救助对象

第一，农村五保户、农村贫困户家庭成员；第二，地方政府规定的其他符合条件的农村贫困农民。救助对象的具体条件由地方民政部门会同财政、卫生部门制定，报同级人民政府批准。

为了更好地向社会成员提供医疗救助服务，我国于2009年发布《关于进一步完善城乡医疗救助制度的意见》，从而进一步拓展了城乡救助对象的范围。在上述城乡医疗救助的对象的基础上，增加了其他经济困难家庭人员。其他经济困难家庭人员主要包括低收入家庭重病患者及当地政府规定的其他特殊困难人员。具体救助对象界定标准，由地方民政部门会同财政等有关部门，根据本地经济条件和医疗救助基金筹集情况、困难群众的支付能力以及基本医疗需求等因素制定，并报同级人民政府批准。其他经济困难家庭的概念比较模糊，部分省份采用了列举的办法，并且医疗救助的对象已经不仅仅局限于本地居民，部分外地居民也被纳入本市的医疗救助对象的范围。[②]

（二）救助资金来源和救助形式

1. 城乡医疗救助资金来源

救助资金来源以各级政府财政拨款为主，以社会捐助和彩票公益基金为辅。主要渠道为：地方各级财政每年年初根据实际需要和财力情况安排医疗救助资金，列入当年财政预算；中央财政通过专项转移支付对中西部贫困地区农民贫困家庭医疗救助给

① 民政部、卫生部、财政部关于实施农村医疗救助的意见[J]. 中国乡村医药，2004(01)：4.

② 民政部、卫生部、财政部关于实施农村医疗救助的意见[J]. 中国乡村医药，2004(01)：4.

予适当支持；社会捐赠及其他资金。

中央补助金额由财政部、民政部根据各地医疗救助人数和财政状况以及工作成效等因素确定，医疗救助资金纳入社会保障基金财政专户，各级财政、民政部门对医疗救助资金实行专项管理。专款专用。[①]

2. 城乡医疗救助形式

医疗救助的形式主要有六类，即医疗减免、临时救济、专项补助、建立基金、团体医疗互助和慈善救助。在实际操作中，主要采用医疗费用直接减免、按比例报销、发放医疗救助券、现金救助等方式。

第四节　社会救助的政策建议

一、完善准入与退出机制，强化分类管理与动态管理

（一）加强社会救助资格认定

准入机制的关键在于救助资格认定的及时准确，需要综合考量申请对象个人及家庭整体生活困难程度。引起救助依赖现象的一个重要原因在于救助准入不畅，由于社会救助的“申请—审核—公示”时间过长[②]，需要经过烦琐复杂的程序，同时受助者对于退出后无法再次接受救助感到担心，这就导致有一部分接受救助的对象即使生活状态变好，收入增多也不愿意主动汇报。为了进一步完善准入机制，相关部门应该有效简化“申请—审核—公示”程序，并且积极利用网络信息技术搭建线上平台，建立线上线

① 民政部、卫生部、财政部关于实施农村医疗救助的意见[J]. 中国乡村医药，2004（01）：4.

② 兰剑 . 反贫困视域下社会救助依赖问题的解构及其治理[M]. 北京：科学出版社，2018，第 113 页 .

下的申请机制，推行“一门受理、协同办理”的工作方式，以此为贫困人员提供更便捷、高效的救助渠道。[①] 救助部门在接收申请资料后应该及时进行资料审核，尽可能缩短“审核—公示”这一过程花费的时间。通过审核后，需要及时向符合救助条件的贫困人员发放相应的救助物资，以此保证贫困人员可以及时获得社会救助。目前我国实行的是以收入和财产审核为主的资格认定方式，这就导致一部分贫困家庭即使存在生活困难，但是由于家庭收入高于当地政府确定的最低生活保障线而不能获得低保救助，但是实际上这些家庭可能由于有医疗、教育或意外事故等告知的生活必须支出而陷入生活困难，这些家庭实际上也是需要一定社会救助的。结合社会贫困现状，我们应该考虑引入“支出型贫困”认定方式，也就是在衡量一个家庭的贫困程度时应该综合考虑其收入、财产与支出情况，政府相关部门应该根据综合评定后的家庭贫困状况为根本，为存在生活困难的家庭提供一定社会救助，通过这种方式确保应救尽救。此外，保证畅通、高效的社会救助准入，还可以消除受助对象对“退出救助后遇困难难以再次进入救助”的担忧，这样受助对象就会在家庭收入增加、生活质量提升后主动向救助主管部门汇报实际情况，生活变好不再符合救助条件的受助对象就会主动申请退出，这样可以促进社会救助工作进入良性循环。

此外，随着经济社会不断发展，社会救助的资格认定也应该适当做出改变，一成不变的准入标准与不断进步的经济社会无法契合。当一座城市越来越繁华富裕，为了“让改革发展成果更多更公平惠及全体人民”，自然需要努力补齐城市发展的那块短板，加强社会救助力度，让每一个居民都能切身感受到城市生活的美好。今时不同往日，社会环境更加复杂，有车有房也并不应该是约束人们申请社会救助的绝对条件，一方面是不同城市或地区的具体社会环境与不同，另一方面人们在医疗、教育等方面承担着

① 兰剑．反贫困视域下社会救助依赖问题的解构及其治理[M]．北京：科学出版社，2018，第114页．

越来越大的压力。[①] 因此,重新审视社会救助资格准入条件也是加强社会救助资格认定的一个重要方面。

(二)建立规范化的救助退出机制

1. 更新救助退出理念

在救助退出的理念上,推行"渐退机制",建立贫困受助者退出救助的缓冲期,确保受助对象不至于重新进入生活难以维持的状态。对退出者,需给予后续的政策支持和动态跟踪,而不是对其不闻不问。当退出者再次遇到生活困难时,需与其他贫困群体同等对待,依法依规及时再纳入被救助行列,化解受助者对退出后无保障的担忧。另外,受助对象能否退出,还受到其他因素的影响,如再就业工作仍不稳定,工资水平仍比较低,随时面临失业风险,缺乏工作积极性等,这些都可能影响受助对象的退出,因此在退出机制的顶层设计上,需综合考虑以上影响因素,规避制度缺陷。如改革救助标准的补差原则,提升再就业积极性,让受助对象的就业"有利可图";加强动态管理,提升受助对象工作技能,加大就业援助等。这有利于帮助受助对象实现自力更生,而不是始终依赖政府救助。[②]

2. 建立完善的救助退出机制

在制度上需要建立完善的救助退出机制,进一步明确退出的程序、条件及后续的跟进政策。在程序上需要规范化、合理化,准确依据动态跟踪、过程管理的数据,研究判断受助者的整体生活状况,考虑多方面的家庭因素,而不是简单地以收入变化不符合救助条件就一次性终止救助。

建立激励机制,引导低保人员就业。实行差额补助制度,低保家庭就业上岗后,由专门机构负责统筹各条线为低保人员提供

---

① 放宽低保认定条件 社会救助的迭代升级 [N]. 春城晚报, 2018-12-29.

② 兰剑 . 反贫困视域下社会救助依赖问题的解构及其治理 [M]. 北京: 科学出版社, 2018, 第 115 页 .

的福利，根据低保对象财产收入、就业情况的改善程度，逐步减少其相应社会救助金额，摒弃现在“一刀切”，一旦退保便失去所有福利的方式。[1]

3. 加强“正面舆论”导向和相关救助政策宣传

例如，对于政府救助资金“不吃白不吃”的观念，应加强自立文化建设和引导，对于主动退出救助实现自力更生者，给予正面宣传及表彰，倡导自强自立与拼搏精神，批判消极、懒散思想，在全社会形成“倡自立、反依赖”的文化氛围。

二、充分发挥各项救助制度功能，避免制度简单捆绑

当前，我国已经制定了一系列社会救助制度，我们应该充分发挥各项制度的功能，不可以将这些救助制度进行简单捆绑，这主要是指很多地方把专项救助制度、相关优惠政策及生活补贴与低保资格进行简单的捆绑，只要获得了低保资格，就可以相应地获得其他很多救助资源，人为提升低保救助的含金量，使得“挤破脑袋吃低保”的现象突出，这也是导致救助依赖现象产生的重要原因。要解决这一问题，必须避免把低保资格与其他专项救助制度进行简单捆绑和叠加，推行基于“精准救助”理念的针对性救助，根据贫困者的实际困难及贫困程度，给予相应的救助方式、救助项目与救助服务，充分发挥各项专项救助制度的作用，实现社会救助制度体系对帮助贫困受助者摆脱贫困的“集合效应”。[2]

（一）扩大社会救助制度的保障范围

以往与低保资格挂钩的生活补贴、优惠政策，应由低保受助家庭扩大到其他低收入家庭，如对于低保边缘户，也可以相应地

---

① 关于完善低保退出机制的建议[EB/OL].http://www.mof.gov.cn/xinwenlianbo/anhuicaizhengxinxilianbo/201407/t20140709_1110812.html.

② 兰剑.反贫困视域下社会救助依赖问题的解构及其治理[M].北京：科学出版社，2018，第115页.

给予生活补贴及医疗、教育、住房等方面的优惠政策。这是为了防止在低保户与低保边缘户之间形成救助资源的“悬崖效应”，正视低保边缘户的困难，使各类低收入群体降低陷入“贫困陷阱”的风险。另外，进一步弱化附带救助资源与低保救助的相关关系，受助者即使退出低保，仍可以相应地享受相关生活补贴或优惠政策。例如，一些低保受助家庭，因就业收入增加导致不符合低保享受条件，在主动退出的情况下，之前享受的附带救助资源仍可以继续享受。这也是为了减轻低保退出者的后顾之忧，可以在一定程度上解决对低保救助的过度依赖。①

当前，我国各地区根据自身情况不断对现行的社会保障政策调整，适当地夸大社会救助范围就是一项重要调整内容。例如，上海市自 2019 年 5 月 1 日起正式实施《上海市社会救助条例》，按照该条例的规定，社会救助范围将进一步扩大。相比较国家目前的相关规定，社会救助范围进一步扩大，增加了“低收入困难家庭”和“支出型贫困家庭”。同时，鉴于临时救助情形的复杂性，授权各区政府，可根据实际情况确定救助对象。②

（二）加强各专项救助制度的规范化运行

确定各专项救助制度的救助范围与功能，明确资格认定方式与程序，规范化推行各项专项救助制度。社会救助制度体系内的各项救助制度都拥有自身独特的功能与保障范围，应该厘清和充分发挥各个救助项目的优势和特点。按照《社会救助暂行办法》确定的“8+1”救助格局，准确定位各项专项救助制度。

（1）最低生活保障制度定位于基础性的救助制度，主要通过现金或物质救助保障困难群体的基本生活。

（2）住房救助主要针对无住房保障的生活困难家庭，按条件

① 兰剑．反贫困视域下社会救助依赖问题的解构及其治理 [M]．北京：科学出版社，2018，第 115-116 页．

② 《上海市社会救助条例》5 月 1 日起实施 社会救助范围扩大 [EB/OL].http://www.cnr.cn/shanghai/tt/20190428/t20190428_524594761.shtml.

给予最基本的现金补助或廉租房支持。

（3）特困人员供养主要针对传统意义上的“三无”人员，保障他们的基本生活。

（4）就业救助主要针对存在就业困难的适龄就业、有劳动能力者，目标在于通过就业培训、技能培训等提升就业困难者的就业能力，帮助他们实现再就业。以往就业救助仅把低保家庭作为主要的救助对象，应该进一步拓展就业救助范围，把就业困难的低收入群体都纳入救助范围。

（5）医疗救助主要针对就医困难或医疗支出巨大，在获得医疗保险报销后，支付相应医疗费用仍存在巨大困难，导致家庭基本生活难以维持的，给予及时的医疗救助，以及其他相应的生活救助。

（6）教育救助主要针对上学困难的贫困青少年，对九年义务教育阶段的贫困儿童给予全额教育救助，确保他们能完成最基本的受教育年限，对其他教育阶段的贫困者，如高中教育、大学教育，也要加大支持力度，无论是否是低保救助家庭、特困家庭，只要未成年子女受教育遇到困难，都应“兜底性”保障和加大教育支持力度，确保下一代能接受较高水平的教育，从而实现贫困的“代际阻断”。

（7）临时救助主要针对因病、因教、因意外事件等导致的暂时性生活困难家庭，用以解决贫困者的突发性、紧急性、临时性困难。

（8）受灾人员救助主要针对遭受重大自然灾害的困难群体，给予包括生活、住房等在内的紧急救助，确保他们渡过生活难关。

（9）社会力量参与，鼓励慈善组织、个人等力量参与社会救助，壮大社会救助资源的供给，帮助贫困受助者解决个性化突出问题。例如，上海市新实施的《上海市社会救助条例》中明确强调，要进一步鼓励和支持企业、事业单位、社会组织以及志愿者等社会力量，配合政府有关部门开展社会救助工作。①

通过上面提到的各项救助制度的分析可以看出，不同的救助制度针对不同的困难群体，解决不同的问题。低保、特困人员救助致力于解决基本生活贫困问题；医疗、教育、就业、住房、受灾人员救助致力于解决专门性贫困问题；临时救助致力于解决突发性贫困问题；慈善、社会组织、志愿者等社会力量参与，主要用于帮助解决个性化突出的贫困问题，作为政府社会救助的重要补充。在确定了各专项救助制度的功能、救助范围后，就应该分门别类地根据申请对象的实际情况进行资格认定，切忌为省事而简单地把专项救助制度与低保制度进行叠加，每项救助制度都应有自身的资格认定标准，规范化、制度化运行各专项救助制度的申请、审核、公示、救助方式、救助过程管理、退出、效果评估等。根据申请对象的实际需求，给予相应的救助项目，让不同需要层次的贫困群体能享有相应的救助资源和救助支持，这样才能最大限度地发挥各项救助制度的作用，也可以规避过度依赖低保救助的现象。只有这样，各项救助制度各司其职，相互补充，相互配合，才能发挥社会救助制度体系的集合效应，最终充分实现社会救助制度的反贫困功能，以及防范和解决救助依赖问题。②

① 《上海市社会救助条例》5月1日起实施 社会救助范围扩大[EB/OL].http://www.cnr.cn/shanghai/tt/20190428/t20190428_524594761.shtml.

② 兰剑．反贫困视域下社会救助依赖问题的解构及其治理[M]．北京：科学出版社，2018，第116-117页．

第八章 中国慈善事业发展研究

据数据统计显示，截至 2017 年 12 月 31 日，全国累计登记认定慈善组织达 3 378 家，2017 年全年，全国登记认定 2 794 家慈善组织，其中 644 家获得公开募捐资格，12 家互联网募捐信息平台总筹款额超过 25.9 亿元，慈善信托备案 42 单，慈善募捐领域执法力度加大，《慈善法》司法裁判正式启动。[①] 可以看出，我国慈善事业发展向好，并且随着《慈善法》的实施及相关法律法规的完善，慈善事业将会迎来更大发展。

第一节 当前我国慈善事业发展状况

一、我国慈善事业在国家层面的发展现状

改革开放以来，我国大力推进法治建设，其中慈善法治建设是一个重要方面，虽然目前我国慈善法治建设仍然存在很多没有解决的问题，但是从整体上看，其一直处于逐步完善的进程之中，而且取得了长足的发展。其中，最具里程碑意义的莫过于 2016 年《慈善法》的颁布与实施。《慈善法》是中国第一部国家层面的基础性、综合性慈善法律，标志着中国慈善事业正式迈入法治化轨道。它的出台不但纾解了中国慈善过去长期面临的法律法规碎片化、位阶低、约束力弱的困境，而且为中国慈善事业的新发展

① "阳光慈善"确保爱心不被透支[EB/OL].http://www.cssn.cn/shtt/201808/t20180809_4537624.shtml.

开辟了更为广阔的空间，并提供了基本的法治保障。其最为突出的体现是，《慈善法》采用了“大慈善”的概念，不仅把促进科教文卫体事业发展及环境保护等领域自愿开展的公益活动都纳入调整范围，而且把符合社会公共利益的其他活动也纳入慈善活动的范畴。这无疑是中国慈善理念和制度的一次重大创新。与此同时，《慈善法》对慈善组织登记认定、慈善募捐、慈善捐赠、慈善信托、慈善组织财产使用管理、志愿服务、信息公开、税收优惠政策、监督管理等，都做出了全面系统的规定，回应了中国慈善事业发展的多方面需求，开启了中国民间与政府共同为社会筑底的慈善法治时代。2016 年 4 月，我国还通过了《境外非政府组织境内活动管理法》，这是中国第一部在境外非政府组织管理方面的法律。该法律与《慈善法》搭建起我国慈善法治体系的基本框架，为慈善法治的建设和完善提供重要的结构保障。

需要注意的是，在我国推进慈善法治并不是单纯地指慈善工作有法可依，而是包括了立法、执法、司法全过程的系统、立体建设。

（一）立法

从立法的层面来看我国仍需在很多方面进一步完善，我国当前的慈善事业的法律制度体系只有《慈善法》这一部基本法律，因此，为了构建完善的慈善事业法律制度体系，还需要制定大量与之配套的行政法规、部门规章、政策文件和执法细则等；此外，与慈善事业相关的一些法律法规的制定与修改，及它们与《慈善法》之间的融贯程度，也会影响慈善法律制度体系的完善性。2016 年 3 月《慈善法》颁布之后，与之有配套作用的法律法规的修订，以及与之配套的规范性文件的制定，就一直在密集地进行着。

2017 年 3 月我国正式通过《民法总则》，该法律于同年 10 月开始正式实行，该部法律是与《慈善法》相配套的法律，自以“非营利法人”正式登上历史舞台，《民法总则》为《慈善法》的施行与解释提供了更为基础的法律依据。此外，2017 年 2 月《企业所得税法》和《红十字会法》修订,6月《宗教事务条例》修订,也都体现了与《慈善法》的衔接。

就我国目前法律建设情况来看,与《慈善法》配套的规范性文件主要包括以下内容。2017 年 7 月,《慈善信托管理办法》颁布,标志着中国慈善信托规制体系初步建立[①];9 月,《志愿服务条例》公布,填补了中国志愿服务领域中央层面法律法规的空白;11 月、12 月,《慈善组织保值增值投资活动管理暂行办法》《慈善组织信息公开办法》《社会组织信用信息管理办法》分别进行公开征求意见;此外,《社会组织抽查暂行办法》《慈善组织互联网公开募捐信息平台基本技术规范》《慈善组织互联网公开募捐信息平台基本管理规范》等陆续出台。它们分别从多个方面为《慈善法》的施行进行配套。

为了推进我国慈善事业进一步发展,各地方政府相关部门积极展开工作,纷纷以《慈善法》为基础,制定各种地方性法规、规章和其他规范性文件。其中,2017 年 12 月 2 日,江苏省人大常委会通过《江苏省慈善条例》,这是《慈善法》出台后,中国省级层面首部落实上位法的地方性慈善法规。2018 年 7 月,安徽省政府法制办全文公布了《安徽省实施办法(草案征求意见稿)》(以下简称《征求意见稿》),面向社会公开征求意见,正式开启慈善立法工作。[②]2018 年 12 月,江西省十三届人大常委会第九次会议对《江西省实施〈中华人民共和国慈善法〉办法(草案)》进行了初次审议,此后公布草案及其说明,向社会公开征求意见,对慈善捐赠和慈善财产的管理使用是人民群众关心的热点问题,为使其规范化、法治化,草案作了相关规定。[③]可以看出,慈善立法已经在我国省级层面相继推进,并取得了初步成果。

可以看出,《慈善法》的正式通过对于我国慈善事业法制建

① 黄隽.艺术品金融的商业模式[J].中国金融,2018(10):87-89.

② 安徽省启动慈善立法 面向社会公开征求意见[EB/OL].http://baijiahao.baidu.com/s?id=1605570149939081870&wfr=spider&for=pc.

③ 《江西省实施〈中华人民共和国慈善法〉办法(草案)》征求民意[EB/OL].http://jxfzb.jxnews.com.cn/system/2018/12/06/017257748.shtml.

设具有重要意义，2017 年经过各方积极努力，《慈善法》体系得到了进一步的充实。但是，与比较可观的完善还是存在一定的距离。例如，作为《慈善法》最重要配套制度的基金会、社会团体、社会服务机构（民办非企业单位）三大社会组织条例的修订没有进展，也没有进行进一步的征求意见等程序。再如，慈善税收优惠政策依然非常零散，非货币性捐赠、慈善信托的税收优惠仍无明确兑现细则。这些都有待推进，以为《慈善法》中相关的原则性规定的切实落地提供具体配套。

（二）执法

仅仅立法是完全不够的，法律的落实要靠执法，因此推进慈善事业法制建设必须将执法作为重点。从我国具体时间来看，《慈善法》正式施行后，从中央到地方，各级民政部门及其他相关机构采取了各种措施，积极推动《慈善法》及其配套制度的具体落地。例如，民政部开通了全国志愿服务信息系统、社会组织政策法规数据库、涉嫌非法社会组织名单查询等平台，出台了慈善组织互联网公开募捐信息平台建设相关行业标准等，对保护慈善活动参与相关方的权益、规范慈善活动和组织，起到了积极的作用。

但不得不承认的是，随着社会不断发展，我国慈善事业面临着新问题、新困局，这是社会发展带来的无法避免的问题。例如，2017 年，在中国慈善领域出现了不少"伪慈善"现象乃至犯罪行为。"善心汇"使用"扶贫济困、均富共生""人人公益""链接所有行业""购买爱心"等口号，用情怀加利益的方式诱惑公众参与传销；"云南慈善妈妈"以"保护儿童，预防拐卖"的名义敛财、骗取政府优惠；一些网络主播以虚假捐赠拍摄视频骗取粉丝礼物等。①

随着互联网的高速发展，慈善事业扩展到网络平台，而网络募捐存在一系列难以解决的问题，例如，第三届腾讯 99 公益日出

① 如何减少"伪慈善"[N]. 中国青年报，2017-07-28.

现了700多万元异常捐赠、“同一天生日”网络募捐涉嫌非法募捐等。可见,虽然民政部门推出了互联网募捐平台建设的两项行业标准,确实起到了一些引导和规范的作用,但是,有关互联网募捐的执法,尤其是在个人求助规制、募捐地域限制、募捐平台法律规范等方面依然存在挑战。

此外,在慈善组织的登记认定方面也存在一定问题,当前我国已经正式施行《慈善法》和《慈善组织认定办法》,这突破了我国原有的慈善登记制度在程序、管理和资格受限等方面的机制性瓶颈。从积极的方面来看,这无疑有助于促进慈善组织发展和公民结社权实现。但是,由于相关条文的模糊性以及相关标准的不确定性,主管慈善工作的各级民政部门拥有了相当大的自由裁量空间,譬如对《慈善法》第三条中的“符合本法规定的其他公益活动”的认定等。这也造成各级民政部门对慈善组织登记认定工作的认知和执行困惑,导致制度落地滞后、不均衡、不充分等问题。①

从全国范围看,我国在2016年有25个省份开展了慈善组织登记认定工作,但实际进行登记认定的慈善组织还没有600家;并且,广西、山西、天津、新疆、宁夏、西藏等6个省份,直到2017年才实现了当地慈善组织登记认定零的突破。此外,一些看似意在推动慈善组织登记认定工作的地方性行政措施也值得注意,例如,2017年6月,山东省民政厅发布《关于进一步做好慈善组织登记和认定工作的通知》,要求同年年底前各级已登记成立的基金会认定为慈善组织的比例均应达到80%以上,并规定凡未登记和认定为慈善组织的基金会不得申请参与社会组织等级评估。

(三)司法

目前,我国慈善事业在司法层面的发展还处于起步阶段,但是根据最高人民法院中国裁判文书网收录的裁判文书,截至

① 俞祖成.慈善组织认定:制度、运作问题[J].浙江工商大学学报,2017(3):107-114.

2017 年底,共有 9 起案件涉及了《慈善法》,另有 1 起案件还涉及了英国慈善法。可以看出,《慈善法》已经开始进入司法实践领域,在之后慈善事业的司法还会在理论和实践方面得到不断完善。

实际上,在司法实践中,像这样的一些刑事犯罪案件、民事侵权案件中因一方缺乏赔偿能力等原因,致使受害方得不到有效赔偿,生活陷入困境的情况时有发生,而设立司法慈善基金可以在一定程度上缓解这种困境。2018 年 12 月 26 日,长兴县人民法院与长兴县慈善总会共同设立司法救助慈善基金。这一基金的设立,开启了长兴社会慈善力量参与司法援助的新模式,助推"执行不能"案件的有效化解。①

从以上分析可以看出,自《慈善法》正式实施以来,我国慈善事业法治建设获得了巨大进步,在立法、执法、司法三个层面都取得了可观的成绩。相关法律法规的修订与配套规范性文件的出台,是《慈善法》原则性规定能够落地的重要保障。但是,如果没有执法与司法层面的积极作为,《慈善法》的法律精神和制度理念依然难以真正落地。作为《慈善法》执法机关的民政部门及其他相关机构的认知、执法态度、经验、能力等,都有可能成为《慈善法》贯彻施行不均衡、不充分的因素。能否在充满不确定性和张力的现实发展中保持灵敏度与活力,持续落实《慈善法》开放的立法精神和制度理念,将直接影响中国慈善法治建设的后续路径选择。这不仅仅是立法、执法与司法机关的职责,慈善界各组织、机构、从业者以及相关的媒体也有责任。这是捍卫中国慈善事业已有的开放空间和推动更加包容的慈善法治建设的需要,也是整个行业发展更加成熟的体现。

二、我国慈善事业在社会层面的发展状况

实际上,推进一个国家的慈善事业发展,来自社会的力量是

① 长兴设立司法援助慈善基金 破解"执行不能"暖人心 [EB/OL].https://baijiahao.baidu.com/s?id=1620895721818856351&wfr=spider&for=pc.

十分强大的，个人及民间自主组织起来的正式和非正式社会组织是推进慈善事业发展的最核心力量源泉。中国慈善在新时代的发展目标，就是要发展成为满足人们日益增长的美好生活需要、促进社会全面深化改革、实现社会公平正义的支柱之一。要实现此目标，持续而审慎地对中国慈善的民间实践经验和思想脉动进行梳理和总结，以存利去弊、推进变革与创新，是一项基础工程。

（一）信息技术推动慈善事业发展

随着科学技术的不断发展和更新，信息技术对慈善事业的影响不断扩大，以互联网、智能终端、移动支付等为基础设施的信息技术位慈善事业的发展带来了新动能。现阶段，以它对公众募捐的巨大影响和深入渗透最为突出。

1. 互联网募捐成为慈善项目筹资的重要渠道和方式

互联网募捐与传统募捐最显著的区别就是其具有明显的互联网特征，通过这种方式可以获得来自社会各界的海量参与，可以实现微捐赠能量的有效聚合。以 2017 年的“一元购画”公益慈善项目为例，它上线不到 6 小时就完成了 1 500 万元的筹款，共有 580 万人次参与。① 再以腾讯 99 公益日为例，2017 年，腾讯 99 公益日进入第三年，其间共有超过 1 268 万人次为 6 466 个公益慈善项目捐款 8.299 亿元，加上腾讯公益慈善基金会的 2.99 亿元配捐额和爱心企业配捐的 1.77 亿元，总计募捐金额超过 13 亿元，无论是参与人次、公益慈善项目数量还是募捐总额都比 2016 年翻了两番左右，连续第三年刷新历史纪录。② 最后，以民政部指定的首批 12 个慈善组织互联网募捐信息平台为例，在 2017 年，它们合计募集善款达 25.89 亿元，累计捐赠人次达 62.49 亿，相当

---

① 公益营销胜案：「小朋友」1 元购画项目引发刷屏的 4 个奥秘 [EB/OL].http://www.sohu.com/a/168251248_669280.

② 复盘 2017 年“99 公益日”：公众捐款 8.299 亿元，首次超过配捐总额，教育助学项目获捐最多 [EB/OL].https://www.sohu.com/a/201284552_760311.

于全民全年通过这12个指定慈善组织互联网募捐信息平台人均捐赠4.49次，每次平均捐赠0.41元。[①]

2. 互联网募捐重塑中国慈善行业公众筹款的思维和实践

当前，我国慈善项目在设计方面出现了新发展，除了传统的故事设计外，体验设计成为一项重要内容，通过设计让捐赠者获得更丰富、有趣的捐赠体验，实际上这已经成为项目吸引广泛捐赠的重要因素；在机构管理方面，互联网思维下的团队协作式管理相较于传统叠床架屋的层级式管理的优势日益凸显。中华少年儿童慈善救助基金会、爱德基金会等这些互联网公众募捐领域的领先慈善机构，无一不把互联网思维及应用能力作为机构发展的关键战略内容，予以探索研究和创新实践。

虽然信息技术可以在一定程度上推动慈善事业发展，但是不可否认的是，信息技术还会对慈善事业造成一定负面影响。而随着影响力的持续扩大和渗透，其负面价值及风险也会日益暴露，中国慈善行业需要见微知著，且尽早直面和采取应对措施。2017年有两个公众关注的事件就凸显了这一点。一个是第三届腾讯99公益日证实存在“机器刷单”“套捐”等公益慈善机构涉嫌违法、违规行为，另一个是“同一天生日”网络募捐违背募捐伦理，且因涉嫌“诈骗”而被管理机关喊停并立案调查。这两个事件截至发稿时都还没有结束，前者是腾讯公益官方许诺启动的第三方独立审计与核查未公开，后者是管理机关的立案调查未有定论。但是，通过这两个事件暴露出来的信息技术背景下互联网募捐的问题和挑战，包括技术赋能下的慈善行业自律与监管、现有监管规范与标准的漏洞与不足、技术伦理的界定与守持、捐赠暴涨与公众慈善意识提升之间的张力与不平衡等，已不可忽视。

随着我国互联网募捐的不断发展，又有新的问题暴露出来，并且一些新问题并没有引起人们足够的注意，其中，科技慈善领

---

① 12家互联网募捐平台2017年筹款总额超25亿[EB/OL].https://baijiahao.baidu.com/s?id=1594079640088552992&wfr=spider&for=pc.

域已经显现出一定权力垄断的苗头就是一个没有得到足够重视的新问题。据公开的年度运营报告,民政部指定的首批12家慈善组织互联网公开募捐信息平台,在筹款额、捐赠人次方面均出现了巨大失衡。在筹款额上,居于榜首的腾讯公益一家指定平台的筹款额达到16.25亿元,比其余11家指定平台筹款额的总和还要多出6.60亿元;在捐赠人次上的差距更大,位于榜首的淘宝公益捐赠人次达59.8亿,相当于其余11家平台全年捐赠人次总和的22.23倍。[①] 显然,腾讯公益、蚂蚁金服公益和淘宝公益与其他民政部指定平台之间出现了权力鸿沟,它们在中国互联网募捐领域的巨头地位已经形成。这同时意味着中国公益慈善机构在公众筹款方面对它们的依赖程度在加深。中国的公众募捐乃至整个行业的发展方向和变革如果由几家科技巨头把控,这对整个中国慈善行业未必是福音。

为了将互联网募捐引向正确发展轨道,民政部着力加强互联网募捐信息平台监管,持续做好舆情监测、日常巡检和投诉举报受理,督促平台履行主体责任,约谈平台18次,全面巡检2次,发出责令整改通知书7份、改进建议书9份,要求提交书面说明和整改材料7次。当前,指定平台为慈善组织提供募捐信息发布服务更加专业,互联网募捐运行更加规范有序。此外,民政部还组织专家对20家平台2018年度工作及运营情况进行了评审和质询。[②]

(二)社区基金会快速发展

从我国慈善事业发展来看,社区基金会的起步比较晚,因此不论是在理论层面还是在实践环节都比较薄弱。一般认为,2008年在民政部登记成立、以社区公益组织培育为使命的桃源居公益事业发展基金会是中国的第一家社区基金会。但是,其后,社区

① 互联网募捐平台首度发布年报 筹款总额超25亿,公募慈善组织参与偏低[EB/OL].http://www.gongyishibao.com/html/yaowen/13490.html.

② 20家互联网募捐信息平台2018年募集31.7亿元[N].人民日报,2019-04-11.

基金会在中国一直发展缓慢，直到 2014 年，才正式开始兴起，并且话题热度迅速上升。这与以广东、上海和江苏三地为代表的地方政府率先培育和发展社区基金会，以之作为探索推进城市治理体系改革和公益慈善事业发展的重要举措密切相关。

据基金会中心网的不完全统计，截至 2017 年 10 月 11 日，中国共有社区基金会 144 家；其中，2014—2016 年成立的共有 108 家，占总数量的 75%，而仅 2017 年 1 月 1 日至 10 月 11 日注册数量就有 36 家，相当于全国 2013 年全年的社区基金会总数量，如图 8-1 所示。而从社区基金会的地域分布来看，上海有 60 家，居中国之首，广东和江苏则分别以 36 家和 23 家排在第二与第三位，三地社区基金会的总数量为 119 家，占全国总数量的 82.64%；另外，在广东的 36 家社区基金会中，深圳占了 26 家，占比高达 72.22%，如图 8-2 所示。

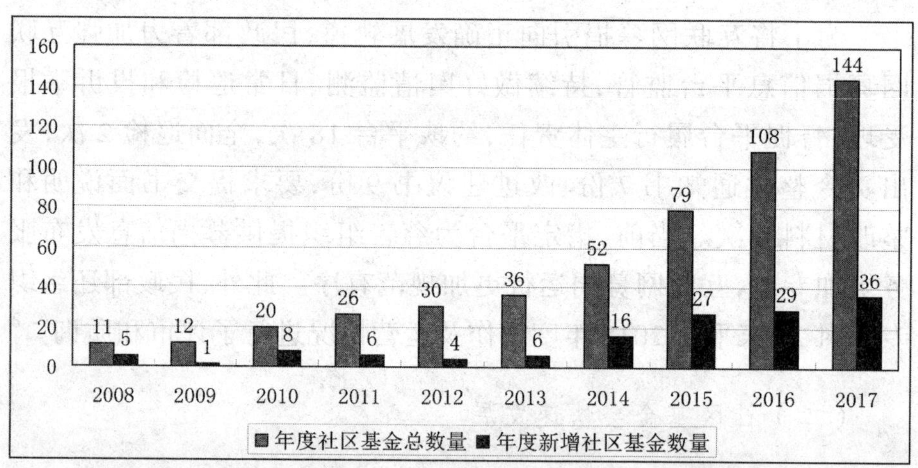

图 8-1 2008—2017 年中国社区基金会数量变化[①]

① 慈善蓝皮书：中国慈善发展报告（2018）[EB/OL].http://wemedia.ifeng.com/65751419/wemedia.shtml.

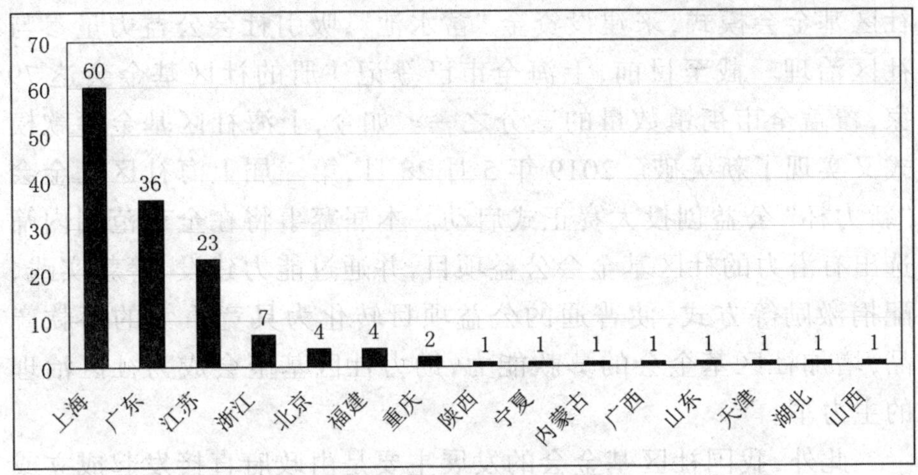

图 8-2 中国社区基金会数量分布情况[①]

从统计数据可以看出，在我国社区基金会的发展仍处于起步阶段，大部分社区基金会是在近两三年内成立的，而且主要集中在出台过推动社区基金会发展政策的广东、上海和江苏三地，呈现出短期增长与高度聚集的鲜明特点。

2017 年 4 月 3 日，《中共中央 国务院关于加强和完善城乡社区治理的意见》正式印发，这是新中国历史上第一个以党中央、国务院名义出台的关于城乡社区治理的纲领性文件，其中明确指出"鼓励通过慈善捐赠、设立社区基金会等方式，引导社会资金投向城乡社区治理领域"。同年 12 月 27 日，《民政部关于大力培育发展社区社会组织的意见》正式发布，"鼓励有条件的地方设立社区发展基金会，为城乡社区治理募集资金，为其他社区社会组织提供资助"。[②] 这意味着，社区基金会作为推动城乡社区治理的一种创新模式，从 2017 年开始正式得到了党中央和国务院的认可和鼓励，将不再局限在地方探索与试点的发展阶段。这有望推动社区基金会在更大的地域范围内迎来新一轮快速增长。

上海在这方面始终是领先全国的，2012 年起，上海率先探索

---

① 慈善蓝皮书：中国慈善发展报告（2018）[EB/OL].http://wemedia.ifeng.com/65751419/wemedia.shtml.

② 钱程．社区慈善视域下南京市社区型基金会功能研究 [D]．南京师范大学，2018.

社区基金会模式，来建设资金“蓄水池”，吸引社会公益力量参与社区治理。截至目前，上海全市已登记注册的社区基金会达79家，覆盖全市街镇数量的三分之一。如今，上海社区基金筹款模式又实现了新突破。2019年5月28日，第二届上海社区基金会“新力杯”公益创投大赛正式启动。本届赛事将在全市范围内筛选出有潜力的社区基金会公益项目，并通过能力建设、筹款实践、配捐激励等方式，使普通的公益项目转化为具竞争力的筹款产品，增加社区基金会的募款能力，助力社区基金会成为社区治理的主力军。①

此外，我国社区基金会的发展主要是由政府直接发起成立或由政府推动引导成立的。例如，深圳截至2017年10月成立了26家社区基金会，其中仅有蛇口社区基金会一家是由纯民间自愿发起并自主治理的，其他均为政府推动或直接成立的。

从理论角度来说，社区基金会不论是政府主导还是企业或民间主导，都可以通过恰当的手段动员本社区资源与本社区利益相关方，以此推动本社区的慈善事业发展，并回应本社区需求，解决本社区问题，增加本社区居民对公共事务的参与度，增强本社区居民的社区认同感和归属感，促进本社区的和谐稳定，发挥其创新城乡社区治理机制的作用。但是，从已有的案例研究看，由于过渡时期旧有社会治理体制的障碍遗存，由政府推动或直接发起成立的社区基金会普遍存在独立性不足、行政化色彩浓厚、居民参与度和积极性较低等问题。这不仅违背社区基金会以社区居民为参与和行动主体的要义，也不符合中国当前政府职能转变、简政放权的总体政治要求，从长远来看，会导致这些社区基金会成为行政指标摊派下的“畸形儿”，无法发挥它们推动基层社会治理改革和社区发展创新驱动方面的应有价值和功能。另外，社区基金会作为公益慈善类社会组织，如果由政府直接成立、直接管理，也与《慈善法》的精神和相关规定有所出入。

---

① 建立资金“蓄水池”，上海社区公益基金已成社区治理主力军[EB/OL].https://baijiahao.baidu.com/s?id=1634762091810217558&wfr=spider&for=pc.

（三）“一带一路”倡议推动慈善事业发展

“一带一路”倡议并不仅仅是带动沿线各国的经济发展，同时还贯穿了沿线各国的社会、政治、文化、制度、宗教等各个方面，沿线60多个国家、40多亿人口都会在“一带一路”倡议下受到一定的影响，从本质上看，“一带一路”倡议是一个高度复杂与综合的战略性多边合作体系。把该倡议推进落实为可持续的建设行动，不但是中国参与全球治理、提升国际形象的必然要求，是实现沿线国家、地区、人民共赢共享的迫切需要，也是增添世界发展新动力、构建人类命运共同体的题中之意。

2017年5月14日，“一带一路”国际合作高峰论坛在北京召开。这意味着“一带一路”已经正式进入建设阶段，与此同时，参与“一带一路”建设也正式成为中国民间组织新时代的战略使命之一。在论坛上，习近平总书记提出“中国将在未来3年向参与‘一带一路’建设的发展中国家和国际组织提供600亿元人民币援助，建设更多民生项目”，“将向‘一带一路’沿线发展中国家提供20亿元人民币紧急粮食援助，向南南合作援助基金增资10亿美元，在沿线国家实施100个‘幸福家园’、100个‘爱心助困’、100个‘康复助医’等项目”，“将向有关国际组织提供10亿美元落实一批惠及沿线国家的合作项目”，此外，还将“设立‘一带一路’国际合作高峰论坛后续联络机制”，“建设丝绸之路沿线民间组织合作网络，打造新闻合作联盟、音乐教育联盟以及其他人文合作新平台”。①

在本次论坛上，我国宣布正式启动《中国社会组织推动“一带一路”民心相通行动计划（2017—2020）》，可以说是本次论坛的重要成果。该行动计划再次确认中国民间组织将携手国际伙伴共同成立丝绸之路沿线民间组织合作网络，并提出推动沿线国

① 习近平出席“一带一路”国际合作高峰论坛开幕式并发表主旨演讲[EB/OL]. http://www.xinhuanet.com/world/2017-05/14/c_1120969571.htm.

家经济社会发展、加强与沿线国家人文与科学合作、维护沿线地区和平与安全、与沿线国家非政府组织开展交流与合作等四大行动目标，涉及减贫、减灾救灾、农业、气候环保、卫生、文化、教育、科技、新闻等诸多领域。

此后，我国于2017年11月召开了首届丝绸之路沿线民间组织合作网络论坛，并宣布合作网络国际指导委员会和秘书处正式成立。与会51个国家的200位民间组织代表共同发表《丝绸之路沿线民间组织合作网络论坛北京共识》，一致认为民心相通是"一带一路"从倡议转化为行动的重要支撑和保障，而民间组织是连接政府与社会的重要桥梁，是联系民众、反映民意的重要渠道，是推动民心相通的重要力量。

从"一带一路"国际合作高峰论坛和首届丝绸之路沿线民间组织合作网络论坛关于"一带一路"所达成的共识和取得的成果来看，中国民间组织的国际化探索得到了新的启发，获得了纲领性指导。这对提升政府、企业、媒体、社会公众和民间组织自身的认知水平，创造良好的舆论环境，推动政府把民间组织纳入对外援助的总体框架、中资企业把民间组织视作在当地履行社会责任的战略合作伙伴、民间组织自身把扩展国际视野和参与全球治理升级为内部战略需求，意义重大。

"一带一路"倡议的推进对于我国民间组织的国际化探索与发展起到了重要的推进作用，促使我国民间组织在国际化领域获得不错的成绩。例如，中国红十字基金会宣布成立"丝路博爱基金"，并落地和运作了"中巴急救走廊""天使之旅一带一路大病患儿人道救助计划""海外博爱家园""博爱单车"等项目；"免费午餐"项目落地非洲，为肯尼亚首都内罗毕的五所学校的贫民窟儿童提供免费早餐和午餐；中华慈善总会启动"缅甸先天性心脏病儿童救助行动"，将54名缅甸患儿分批接到北京安贞医院进行手术治疗，并计划向缅甸医疗机构提供技术帮扶；爱德基金会在埃塞俄比亚启动"活水行"赈灾项目，计划为当地旱灾受害民众提供饮用水、净水物资及卫生包，并根据当地干旱情况，按照每人每天5升的标准持续供水两个月等。[①]

"一带一路"倡议还有利于国际公益人才培养。根据2018年第三届世界公益慈善论坛宣布的"国际公益人才培养计划",2019年5月10日至17日,由中国友好和平发展基金会、清华大学公益慈善研究院、香港中文大学、联合国开发计划署(UNDP)合作举办的"一带一路"国际公益人才培养计划第一期项目在中国香港、泰国曼谷两地成功开展。本次交流学习对提升中国社会组织国际化视野、公益项目管理能力、参与国际合作能力起到积极作用,并对内地与香港、中泰两国之间增进了解与友谊、深化共识与合作,进而共同促进"一带一路"倡议做出积极贡献。该计划将在世界公益慈善论坛框架下长期举办,还同时开展培养非营利组织管理或慈善管理的硕士等高层次公益慈善人才。[②]

但是从总体发展的角度来看,我国民间组织的国际化仍然处于初级发展阶段,尤其是与欧美发达国家和地区的民间组织相比,国家化水平还存在很大差距,在国际影响力方面也存在显著差距,主要表现在有实力、有国际影响力的社会组织数量少,国际化专业人才不足,国际事务参与领域局限等方面。这些也是中国民间组织在进一步提升国际治理参与能力进程中必须直面和解决的挑战。此外,国际政治和经济贸易格局的不确定性、中国与其他国家双边关系的可变性、在矛盾复杂与冲突多发国家和地区开展活动的安全问题、不同国家与地区宗教文化制度等方面的差异和内在价值冲突等,也是中国民间组织参与"一带一路"等国际建设时不容忽视的挑战。

为了解决这些问题,我国需要加强慈善事业的政策支持和立法支持,要长远、系统地考虑这些问题,并根据实际情况与发展目标制定具有针对性和可行性的行动计划。比如,建立国家层面的总体统筹机制,推动民间组织治理理念与模式转型,拓展民间组

① 李艳梅.新时期装饰艺术的发展方向探析[J].艺术科技,2018,31(07):78.

② "一带一路"国际公益人才交流计划首期项目成功举办[EB/OL].http://gongyi.cnr.cn/news/20190523/t20190523_524623404.html.

织参与的多元渠道，深化对成熟国际组织的经验借鉴，提升对国际规则与国际标准的理解和掌握，等等。一言以蔽之，无论是政府，还是民间，都应该更加理性和务实。

第二节　国际慈善事业的实践发展

一、国际市场巨额财富持续增长，进入慈善领域的资金不断增加

巨额财富不再仅局限于发达国家，但仍然集中在少数一些国家，由于全球不均衡增长，巨额财富也聚集在极少数富人手中。不平等现象存在于大多数的国家和民族中，但在有些地区内带来了明显的挑战，如在海湾地区和俄罗斯，那里对财富的获得与分配的透明度限制是非常有限的。因此对于劝募者来说，他们面对的调整就不仅仅是确保资金安全，还要确保资金适合于慈善的价值及其伦理道德基础。

伦理挑战并不是仅仅面向富人，所有社会成员都需要面对这些伦理道德的挑战。例如，主要捐助者对非政府组织的兴趣与日俱增，同时越来越多的国内和国际非政府组织设置了一些专门用于提升这些捐助者兴趣的机构。这种在劝募组织化中存在的问题，与捐助者在慈善领域的利益是不相称的，所以如捐赠承诺这样的募捐组织在美国做得很好，但在其他国家和地区推广时，当地富裕者的捐赠并不顺畅。卡洛斯·斯利姆（Carlos Slim）——世界上最富有的人之一，曾公开表达了他对非政府组织的失望，因为它们在应对他的祖国墨西哥面临的挑战时表现糟糕。事实上，很多慈善家正在创立自己的运营机构或尝试探寻解决挑战的新对策。然而这对于非政府组织来说是一种挑战，因为他们曾相信所有的慈善事业需要由他们来引导。

即使非政府组织的主要任务在于对社会资源的正确引导，但

是慈善事业的文化理念需要植根于如何更高效地确保劝募者很好地展开他们的工作，与此同时我们需要使捐赠者的投资更有效。也许这样，我们就不会再看到该领域更多的糟糕事件，如好心的慈善家，像麦当娜在非洲马拉维、奥普拉在南非时的言行不当。

二、非政府组织不断创新，各国积极发展慈善事业

随着全球经济发展，慈善事业的繁荣不再仅限于欧洲和美国，在印度、中国、阿根廷和肯尼亚出现了很多令人兴奋的有挑战性的劝募创新，这些创新不仅仅限于技术上的，而且涉及如何从事劝募和慈善事业的不同文化认知。通过学习这些实务的经验，我们可以更好地运营自己的劝募事业。

在中国，改革开放40余年慈善事业发展向好。据统计，截至2019年1月11日，全国登记注册的社会组织达81万多家，认定登记的慈善组织有5 355个，登记的境外非政府组织超过400家，慈善事业已经成为中国特色社会主义事业的重要组成部分。[①] 虽然政府依旧是推动中国慈善事业发展的主要力量，但是非政府组织发挥出越来越重要的作用，尤其是一些经济发达的地区，非政府组织逐渐成为推动慈善事业发展的中坚力量。

在阿根廷，随着网络的发展，在线捐赠已经成为一种捐赠主要渠道，发展到相当高的水平。主要是因为邮政系统运作不良，反而促发了捐赠者们以一种更有创造力和想象力的方式致力于慈善事业，转向在线从事一些有梦想的领域。

在埃塞俄比亚，已经有群众大规模参与世界范围的重大事件，尤其是马拉松比赛和电视台的一些节目，这为慈善事业得到潜在的捐助者开创了一些机会。

智利凭借其具备的宗教优势，创办了世界范围内最大的、以

① 全国社会组织达81万多家认定登记的慈善组织5 355个[EB/OL].http://www.gangaonet.com/zhusanjiao/2019/0115/77410.html.

信仰为根基的教区慈善组织之一——Hogar de Christo,该慈善组织由训练有素的志愿者组成,挨家挨户地从事劝募服务和发放慈善物资。在很多慈善机构努力从事志愿活动的时候,这种本土的、把家庭资源都用起来的非政府组织则有远见地致力于拓展一种与支持者匹配的新集资方式。

在泰国,卷心菜和避孕套餐厅(Cabbages and Condoms)为避免捐赠主导的资金募集方式,主要通过投资商业企业来筹集其社会项目的资金(这确实是一个明智而又成功的选择)。投资社会企业不仅限于运营连锁餐厅和假日酒店,而且从运营中获得的大部分利润被用来支持教育、艾滋病的防治工作、监狱的设施改革等其他受助领域。

即使是在经济发展落后的非洲,慈善事业也在积极推进中。肯尼亚当地的红十字会曾一度资金匮乏,现在通过成功经营连锁旅店,为其救济服务提供了收入来源。所有这些经验为世界各地的劝募者提供了很重要的借鉴。

三、本土的非政府组织/非营利组织在世界范围内大量增长

世界范围内政府职责被挑战,慈善组织、非营利组织和非政府组织的数量激增,从而在健康、教育和社会服务领域起到越来越重要的作用。肯尼亚成立的红十字会,在政府无力运营好的救护车服务领域取得成功业绩。再如菲律宾,非政府组织数量激增,因此也促使劝募者和募捐事业向更多的领域注入资金。

同时,随着慈善事业在世界范围的大规模发展,慈善事业已经呈现出市场化发展倾向,当前出现了少量大型的国际非政府组织,如救助儿童会(Save the Children)、联合国儿童基金会(UNICEF)、世界宣明会(World Vision)等机构,已经打破常规,逐渐以超级联盟的方式来维持世界范围内劝募和运作。他们有锐意进军市场的策略,大规模的投资资金,致力于成立和维持国内劝募事业的团队。对于国内大部分的非政府组织而言,将其视

为类似于不受欢迎的沃尔玛、麦当劳等全球化机构。

这些超级联盟的机构能够且热衷于投资新兴市场，如巴西、印度等金砖国家。不仅商业企业涌入经济持续发展的金砖国家，国际非政府组织争相进入这些高增长的慈善公益市场。

在欧洲和北美地区，大部分相关机构的起源与跨国商业组织相似，在运营方式上也存在很多相似之处。令人惊讶的是，只有一些发展中国家的机构具有成长为全球化的国际非政府组织的早期迹象。像起步比较早的亚洲孟加拉农村发展委员会（BRAC）和格莱珉银行等已经发展起来，并在许多国家运作。但是它们均没有演化成真正具有世界地位的组织，因为它们的成功和成长导致其面临巨大的政治压力。

四、关于慈善公益与国家角色的问题在世界范围内引起争论

尽管当今有全球金融危机和来自占领运动（Occupy Movement）与其他批判的挑战，但是在世界范围内采用资本主义和自由市场意识形态的观点与日俱增。

从某种角度来说，慈善公益是与自由市场资本主义相伴而生的意识形态，全球金融危机加速了募捐作用的发挥——慈善事业被要求做得更多，因为政府已经削减了基金的投入，正试图做得更少。

在资本市场，慈善事业的发展导致了一些问题的发生，富有的捐赠者的地位不断提高，马修·比索普（Matthew Bishop）在《慈善资本主义》（Philanthro Capitalism）一书中所分析的可以总结为："一种基于企业、非营利组织和政府的创新型伙伴关系，解决社会问题的新方法"。在实践中，伙伴关系的实际运行层面，历来在很多国家的公司法人、社会团体和富有的个体之间都存在着政府的运作空间。

虽然大部分人都认为慈善事业会通过不断处理社会问题，迎接社会挑战而不断发展，但是也有人持反对意见。如比尔·盖茨

和巴菲特发起的“捐赠承诺”在欧洲和东方一些民族国家未被很好地运作，因为这些国家的百万富翁已经看到“承诺”正潜在地损害他们国家在教育、健康和社会安全领域应有的作用。在这个案例中，他们将富人慈善事业的合适角色定位在文化、医学研究和海外援助领域。

民主的建设和完善以及民间社团的发展在一定程度上对慈善事业的发展发挥作用，这也是非营利组织和非政府组织可依托的基础。民间社团包含民间社团组织、非正式团体和个体的行动。有组织的民间社团指的是独立的、非政府的、非私有部门和协会等，有一定的结构形式、正式的运作规则、与互联网相关、涉及基础设施与公共建设和其他一些使用的资源。

随着网络在全球范围内的普及和广泛应用，网络慈善成为慈善事业发展的必然趋势，但是网络慈善在发展过程中导致慈善事业发展形成了一种麻烦的趋势。在埃塞俄比亚、卢旺达、俄罗斯等其他一些国家，即将或已经通过了有关“非政府组织”的立法。在那里非政府组织并非完全被禁止，在一些半民主国家因监管问题取消资助计划。在过去的几年里，约有40多个国家的民间社团受到威胁。委内瑞拉的新法律将非政府组织置于政府的永久监管之下，而津巴布韦的举措更简单，完全取缔或者暂缓许多非政府组织的运作。

甚至在那些已经形成民主政体的国家和地区也出现这种趋势。“阿拉伯之春”运动之后，在埃及由美国资金支持的民主团体被取缔，一项进一步限制那些已被抑制的非政府组织的运作及其活动的议案在国会审议。这种反对非政府组织的行动伴随着个人袭击、威胁和对积极分子的恐吓，尤其是针对妇女。

不得不承认，这种趋势引起了人们的广泛关注与担忧，因为非政府组织不得不在更大程度上依赖政府和商业企业，然而它们需要获取运行许可。

实际上这涉及非政府组织的立法问题，我国为了保障本国公民安全，同时促进社会稳定发展，自2015年4月向社会公开征求意见，历经一年的潜心修改，《中华人民共和国境外非政府组织境内活动管理法》经十二届全国人大常委会第二十次会议表决通过，并于2017年1月1日正式实施。这是我国第一部针对境外非政府组织的立法，填补了规范缺失和秩序空白。法律的出台，将让以公益慈善事业或者非营利事业为宗旨，并依法开展活动的境外非政府组织获得合法身份，得到法律保障和政策支持，也将为政府部门依法惩处以非政府组织名义从事违法犯罪活动的行为提供法律依据，维护国家利益和社会公共利益。①

五、专业劝募呈现职业化发展趋势

随着资本市场和慈善事业的发展，劝募在全球范围内得到了向好发展，但是想要促进劝募业的进一步发展，就需要资金募集者在技术和经验上更大的提升，而事实上，满足所有职位需求的劝募者并不多。这样，就导致在很多国家，一些有技术和能力的劝募者工资剧增，进一步引发挑战，如资深劝募者的薪水比资深员工，甚至是首席执行官，都要明显高出很多。

为了更好地完成劝募工作，相关机构和组织积极寻求具有更高素质和能力的劝募者，同时组织不断寻求"自身成长"，以此可以为劝募提供更强的理论基础。在美国、加拿大和欧洲都有一些专门针对劝募者进行资格认定和评级的大学，主要的专业机构提供大量职业继续教育项目，如美国职业筹款人联合会（AFP）、英国劝募研究院（Institute of Fundraising，IOF）和一些私立机构。

资源联盟的研究显示，已经有几十个国家积极参与和推进劝募的资格认定，如在世界范围内该领域的"领头羊"新加坡；但也指出，如果生活在肯尼亚，你也可以获得一种作为劝募者的国际认证。此外，在墨西哥，为了满足当地对说西班牙语劝募者的需求，相关课程和项目激增。

我国近年来也大力推进慈善事业的专业化、职业化发展。由

① 境外非政府组织在华合法权益有保障[N]. 人民日报海外版，2016-05-05.

于没有职业考试和认定，造成社会组织和慈善领域的事务所有的人都可以随意进出，不考虑相关的专业知识和经验，职业没有门槛或门槛较低，影响到社会组织、慈善组织的内部治理结构和项目运行效果。2015 年，国家人力资源和社会保障部、国家统计局发布了《中华人民共和国职业分类大典》，其中有社会组织的三个职业：社会组织专业人员、劝募员和社团会员管理员。有关部门与有关高校和行业组织应一起积极推动这三个职业的考试和认定，确保专业的人做专业的事，提高职业化和专业化水平，形成良好的社会声誉，发挥社会组织的积极作用。①

随着经济的全球化发展，当前劝募已经成为越来越专业化的职业，这种增长带来了该领域的专业化规章和相关法律的制定。

六、重视社会科技发展，新旧技术同时发挥功能

当前，随着科学技术不断发展，已经有越来越多的新技术运用于慈善领域②，但是在直销领域，“旧”技术仍将为慈善事业获得大部分收入。直邮广告、电话以及面对面的街道劝募，一直是非营利组织在世界范围内获取重要捐赠资源的主要渠道。一些旧技术被赋予了新生命，如同雷鸟国际管理研究院（Thunderbird International Graduate School of Management）组建了校友捐赠平台，但为了与其校友的全球化特征一致，让能讲多种语言的学生志愿者不停地给不同时区的校友打电话。还有一些例子，“网络视频与通话”将旧技术（即上门拜访）与新技术（即电话捐赠）结合使用，在印度发展起来，现在开始流行起来。网络技术必须使在线的、社会的、无线的劝募达到一种有活力的平衡。许多人都认同这些新方式的重要性，并知道它们还将变得更加重要，但面临的挑战是人们尚未明确它们的重要性到底是什么。

① 《慈善法》实施两周年，带来了哪些改变？[EB/OL].https://gongyi.ifeng.com/a/20180928/45183235_0.shtml.

② 李艳梅 . 新时期装饰艺术的发展方向探析 [J]. 艺术科技，2018，31（07）：78.

目前,新技术运用于慈善领域的一大争论在于“平台”。随着移动互联网的发展,很多人开始将视线聚焦于移动互联网平台。具体来说,一些机构聚焦于为笔记本电脑的使用者提升网络体验,而绿色和平组织致力于推广移动互联网体验,因为他们认为智能手机会慢慢取代笔记本、平板电脑等的使用。

此外,新的社会科技“合适地位”的问题也引起了广泛讨论。讨论的主要问题包括:难道新的社会技术仅仅是一种加强支持者体验的手段?抑或一种连接现有支持者的方式?或是一种内容丰富、灵活的资源获取渠道?

目前,对于社会科技在慈善领域应用的问题很多,也有一些研究学者提出这些问题已经有了答案,但实际上仍然没有定论。可以明确的是前期的成功经验正在兴起,如基瓦会堂的在线小额信贷模式已经成为一种连接现有支持者参与社会慈善公益的新方式。

通过研究发现,社交媒体的使用与成功劝募之间的关系并非直接正相关,巴西的社交媒体使用率拥有最高的市场占有份额,甚至比美国都要高,但是很难运用在劝募领域。

一个突尼斯非政府组织在 Facebook 上的资金募集取得了不俗的成绩,不仅吸引了个体捐赠者,还收到了企业赞助。一个澳大利亚家庭为了购买一处可供受助者居住且可为亟须帮助的人提供住处的收容所,在脸书和推特上劝募了 600 000 美元。

但是从实践的角度来看,实现愿望到支付的真正转换并不是一个容易的过程。例如,约旦的一个家庭在脸书上募捐,他们的第一笔捐赠不了了之:有 750 个朋友在网站上承诺捐赠 8 000 美元,但是他们的这些承诺并不能在网络兑现,因为他们没有这样的募捐平台。虽然有媒体存在,但是人们仍需要一个安全的减税载体来将良好的意愿转为支付。

对于当前的国际慈善事业发展而言,缺乏真正的全球捐赠平台确实对全球性捐赠造成了一定阻碍。一些社交媒体专家,如贝丝·坎特(Beth Kanter),贝丝博客和《非营利网》的作者曾将一些数目不大的钱(类似于象征性的礼物)通过西联国际汇款公司转移到一个美国境外非政府组织,在这个过程中发现仅需10美元就可以完成转账。直到一个或许经由谷歌或脸书创建的全球平台出现,全球社会捐赠真正的力量将得以发挥。

通过调查发现,当前仍然有很大一部分的非营利组织没有建立社会捐赠平台,还有一些非营利组织的社会捐赠平台并不健全,这很大程度上是因为要面临技术方面的挑战,还有高昂的运行成本。但在红十字会和红新月国际联合会运作中出现了可喜的例外,因为他们建立了全球战略研究的门户网站。

此外,跨境税收减免问题也是国际捐赠面临的一个重大问题,如果是针对美国而言,最大的障碍是他们希望对美国境外非政府组织捐赠可以得到税项的减免。自2012年9月起,此问题变得更容易解决,因为美国财政部和国家税务局(IRS)建议做出大幅改变,使国际公益事业更易运作,成本更有效,使美国捐赠人和非营利组织的支出更少。有一个问题是可以讨论的,即创建平等的资源共享平台,如非政府组织资源,类似于非美国的非政府组织是否等同于美国的公共慈善机构的信息清算所。

在未来,随着社会进步和时代发展,慈善事业将面临越来越多的挑战,而这些挑战将会在新技术使用领域产生新的、令人震惊的伦理道德问题。例如,美国一家营销机构为一个收容无家可归者的避难所中的13个志愿者,配备了移动无线上网(wifi)装置,提供网络接口作为募捐的一部分,给志愿者们发放了名片和写有他们姓名的T恤:"我是克拉伦斯,4G虚拟机"。这一举动在社会上引起了热议,很多人认为这实际上是一种营销手段,是一种利用无家可归者做广告的行为,也因此这种行为受到了伦理质疑。

总结来说,目前科技运用于慈善领域最大的问题,就是如何正确地将网络和科技用于培育世界范围内的慈善公益文化。

七、民间社团结构和非营利机构监管在慈善事业发展中具有关键作用

非政府组织/非营利组织在推动慈善事业发展中可以起到重要作用，为了促进慈善事业发展，我们有必要对非政府组织/非营利组织的特殊地位进行重新认识。

在一些国家，这种特殊地位是通过复杂的监管制度和税收优惠来确保的。在这些复杂多变的体系中，英国对慈善的定义与美国对非营利的定义有显著的区别，在财政方面也有很大的差异。在美国，对注册非营利组织捐赠拥有100%的税收优惠，而在英国所得税减免则有一定的额度。尽管存在一些差异，但在英国、美国和欧洲大部分国家，慈善事业都是很容易创建和运作的。但是在其他一些国家和地区，如海湾地区和俄罗斯，慈善机构尚未有效发展起来（在俄罗斯和其他一些之前提到的国家，一些人认为在那里非政府组织和非营利组织的独立运作将变得越来越难）。

目前，一些国家的捐赠者和劝募者认为国家缺乏系统的法典和相关规范，而这严重制约了慈善事业的发展，提升慈善透明度是政府必须重视的问题，只有这样才能推动慈善事业和公益文化的可持续发展。

只有搭建有效机构并加强政策监管，才能加强人们对慈善事业的信任，对于非政府组织来说，信任是其核心优势，信任是捐赠者选择非政府组织的重要条件，捐赠者需要相信其捐赠的钱将被合理地使用，如果没有，非政府组织将被司法程序纳入问责体系。所以很重要的是，联合国儿童基金会（UNICEF）的目标就是成为核心市场上最受信赖的机构，这种持续增长的信任有助于其捐赠的增加。

政府在慈善事业的发展中起到了重要作用，必须加强政府力量的运用。乔·斯特纳（Jon Stettner），国际许愿组织（Make-a-

Wish International)的首席执行官,在世界各地工作时发现:董事会的实际运作和预期很少有一致性。例如,他发现在不同的文化背景中,董事会成员更替存在挑战,建议将表现不好的成员开除出去,而被视为有价值的成员则可以连任,不限定任期。在一些文化氛围里,董事会捐赠是符合礼节的,而在其他一些文化里则是令人不悦的。

从实践中可以看出,不能仅仅依靠慈善公益改变世界,同时也需要一群受到监管的民间社团的参与者将其推进到更好的发展阶段,至于其他的参与者——政府和商业企业,则需要明确其各自的位置。各方需要采用更明确的运作规则。

第三节　我国慈善事业的发展与改革策略

一、我国慈善事业的市场化改革

我国慈善事业发展具有自身特征,具体来说,我国慈善事业正处于传统慈善向近代慈善转变的过渡阶段,我国的慈善市场化改革也就出现了不同于西方诸国的内容。具体而言,其包括如下几项。

(一)转变慈善事业资金的投入方向

我们在发展慈善事业时,应该将资金投入特定的慈善领域,以实现对慈善领域之结构性调整,使慈善领域向公共服务方向转型。政府应确定重点发展的慈善领域,并集中主要资金,投入该领域,以推动其发展。

实际上,慈善事业的市场化改革与社会改革之间存在着相辅相成的关系。市场化改革侧重引导,即将慈善组织引向公共服务方向,而社会化改革重在管理,即通过构建嵌入式管理体系,实现对功能类慈善组织的有效监管。慈善事业的社会化改革是慈善市场化改革的基础。只有先确保慈善组织进入公共服务领域,才谈得上提升其绩效之可能,政府也才能放心地培育慈善组织。正是出于这一考虑,美国的慈善事业改革选择从这项措施入手。出于同样的考虑,我国的改革也应从这项措施入手。

(二)转变慈善事业资金的投入方式

资金投入方式的合理性在很大程度上决定了资金使用的实际效果,发展慈善事业应该转变政府资金投入方式,引入市场竞争机制,采用建立公私伙伴关系、实施合同外包等形式,以提升慈善领域之绩效,提升服务质量。

面对慈善领域效率低下、服务质量糟糕的困境,从20世纪80年代开始,里根总统启动了全面改革。其以新自由主义为理论基础,调整慈善资金的投入方式,改用更为高效的政府协议购买和购买券等方式。此类改革在英国等其他国家也先后出现。其后,甚至还出现了社会影响力债券等更为注重绩效的方式。受此促动,这些国家慈善组织的运营能力得到了明显提升,服务质量大为改善。2008年前后,我国政府开始试行政府购买服务,调整政府资金资助方式。这也是我国政府正在开展市场化改革的直接表现。

需要注意的是,推动慈善事业市场化改革,并不能完全依靠转变资金投入方式,因为这仅仅是改革的外在表现,而最重要的是把握改革的内在主旨。

1. 建立健全以结果为导向的绩效评估模式

政府的资金不应再是以组织所属领域为导向的,而是以结果为导向的。在既有模式中,由于缺乏竞争,项目失败并不会导致政府资金的减少,反而会使政府资助得更多。由此,便形成了一种奖励失败的怪现象。新型的资金投入方式应杜绝这一现象。换言之,政府应关注项目结果,并以此作为确定是否继续合作、是否给予奖励的依据。

2. 建立健全有利于全面质量管理的项目评估机制

政府资金投入的转变,需要配套完善的业绩评估机制。政府应放弃目标管理的方式,即不单纯为慈善组织划定目标,而应设定综合性评价方式。政府应对慈善组织项目的多项内容进行评估,包括项目产出、质量、客户满意度、项目效率等。对于这些指标,政府可以采用实地调查、专家打分、顾客采访、投诉追踪等多种方式获取信息,从而确保对项目实施情况的通盘掌握。

2018 年 4 月 27 日,由清华大学明德公益研究中心、中国扶贫基金会等平台发起的公益行业评估支持平台在北京发布成立,平台将评估整个公益行业的专业成效。平台的成立对评估人才的发展以及整个公益行业的专业成效将起到有力的推动作用;特别是评估对于促进公益行业项目的标准化、产品化意义重大,认同多方参与共创的跨界合作模式,能够为平台注入源源不断的内在生命力。①

3. 建立健全资金支配权配置合理的预算管理机制

与政府资金投入方式转变相配套的是预算管理机制的转变,即从条分缕析式的明细预算模式向授权式的支出控制预算转变。改革后,政府将不再对项目支出细目进行管理,而仅设定资金总额。同时,政府应鼓励慈善组织节省项目资金,并允许其将节余的项目资金用于下一年度的项目之中,甚至可以提取一部分给予慈善组织作为奖励。通过资金支配权的不断下放,慈善组织将重获使命感。其将激发出难以想象的活力,通过不断创新,尝试采用各种方式以尽可能节省地实现既定目标。

4. 建立健全促进行业良性竞争的市场机制

中央层面,财政部印发的《政府购买服务管理办法(暂行)》(财综 [2014]96 号)要求购买主体要发挥行业主管部门、行业组

① 清华大学成立公益行业评估支持平台 [EB/OL].http://baijiahao.baidu.com/s?id=1598901746975464092&wfr=spider&for=pc.

织和咨询评估机构、专家等专业优势，结合项目特点和经费预算，综合物价、工资、税费等因素测算所需支出。地方层面，大部分对于定价的规定只重复中央的“以事定费”原则，并无详细的操作方法，只有上海、苏州、无锡、盐城提到了定价的具体思路。[①]

政府购买的重要作用在于将市场机制引入慈善行业，推动组织间相互竞争。竞争可以带来诸多好处，包括提升效率、节约成本、市场导向、激发活力、鼓励革新等。这些内容正是我国慈善组织所缺少的。

按照党的十八届三中全会关于重点培育、优先发展行业协会商会类、科技类、公益慈善类、城乡社区服务类社会组织的要求，各地方和有关部门应结合政府购买服务需求和社会组织专业化优势，明确政府向社会组织购买服务的支持重点。鼓励各级政府部门同等条件下优先向社会组织购买民生保障、社会治理、行业管理、公益慈善等领域的公共服务。[②]

（三）推动政策变革，构建完善的慈善价值链

慈善事业的市场化改革仅凭政府力量难以完成，行业自身的变革才是最根本最重要的力量。这一变革除了依赖慈善行业中中小机构的市场化探索之外，更依赖于身处行业顶层的基金会的大力推动，即转变资金投入方式。所谓转变资金投入方式，即指打破商业投资和慈善资助之间的绝对界限，采用介于两者之间的社会投资，特别是宗旨相关投资。

宗旨相关投资改变了近代慈善下基金会直接资助慈善机构的方式，这是其特殊之处，也是其在慈善事业体系中如此重要的原因，宗旨相关投资采用有回报的资助方式，比如低息贷款、贷款担保等。如此一来，为了能够向基金会偿还贷款，接受资助的慈

---

① 关于政府购买公共服务定价策略的几点思考[EB/OL].http://www.sohu.com/a/245313705_669645.

② 财政部、民政部关于通过政府购买服务支持社会组织培育发展的指导意见[EB/OL].http://baijiahao.baidu.com/s?id=1600410447695411052&wfr=spider&for=pc.

善组织就必须改变自身运营模式,上一些有经济回报的项目,采用可持续的运营方式。结果是,慈善机构的市场化程度也就很快提高了。宗旨相关投资推动了基金会成立专门的团队负责跟踪交易,回收款项,从而改变了基金会的结构。由于基金会需要回收款项,这也鼓励受益人建立自给自足和更为规范的财务体系。

同时,随着社会投资不断丰富和发展,原来存在于慈善领域与私人资本市场之间的障碍逐渐消失,这导致大量私人资本进入慈善领域,推动慈善事业进一步转型。所以,慈善行业顶层之转变是推动慈善市场化的一股重要力量。离开了它,市场化改革将很难成功。

从慈善事业总体发展来看,慈善价值链是推动慈善事业市场化改革成功的关键所在。市场化改革与慈善价值链之间相辅相成:市场化是推动慈善价值链完善的重要力量,而慈善价值链之完善也决定了市场化改革之进程。

从具体实践的角度来说,我国政府为了构建完善的慈善价值链出台了一系列相关政策,大力培育各类基金会,主要包括以下内容。第一,制定税收激励和表彰政策,鼓励私人资本投资成立基金会;第二,运作型基金会限制性规定,引导运作型基金会向资助型基金会转型;第三,鼓励基金会开展社会投资,并给予政策和税收优惠;第四,积极培育基金会市场投资能力,培育基金会投资研究与实际操作人才;第五,开展社会宣传,构建有利于慈善组织市场化运作的外部环境;除此以外还有一些其他措施。

(四)鼓励私人资本进入慈善市场,推动慈善事业市场化转型

我国市场化改革的一项重要任务是要打破慈善与商业的边界,推动私人资本进入慈善领域。换言之,我们需要借助社会投资这座桥,吸引私人资本的进入,通过设立公益创投,投资社会企业等方式,推进慈善事业的市场化改革。

为了实现上述目标,在政府层面,应制定和出台激励措施,包括市场准入、资格认证、财政优惠等,鼓励私人资本进入社会领

域。比如,应给予出资设立公益创投的企业以公开表彰,或在经济项目申办方面给予优先权等。

从实践上,我国不断在这方面做出努力。当前,为配合全面放开养老服务市场,民政部取消了养老机构设立许可,鼓励社会资本进入。2019 年 2 月 19 日,国家发展改革委等 18 部门联合印发《加大力度推动社会领域公共服务补短板强弱项提质量 促进形成强大国内市场的行动方案》,提出全面放开养老服务市场。取消养老机构设立许可后,民政部的职能从事前审批转变为事中事后监管,寓监管于服务当中,为各类市场主体办好养老机构提供服务。同时民政部还将会同有关部门在土地、养老院消防设施、资金投入等方面加强合作,出台相关政策,并鼓励各类民营企业参与公办养老院改革。①

(五)引导慈善组织吸收企业运营经验,不断提升自身市场运营能力

我国政府应通过多种方式,包括能力孵化、公益创投、专业培训、业务指导、项目评估等,大力培育慈善组织的市场运营能力,使其快速吸收企业的成熟运营经验,并加以转化,成为慈善组织的市场化运营方法。

除了以上举措外,我国还采取了其他一系列举措促进慈善事业的市场化发展。例如,我国政府还应加大对慈善组织现代管理与市场化运营研究的投入,并在大学中开设相关专业,通过高等教育培育实际操作与理论研究人才。只有经过不断努力,慈善创新改革的几大目标中的两个核心才能得以实现:一是推动慈善组织的市场化运作,提升组织绩效;二是推动慈善领域的结构性调整,包括组织形态调整和领域调整。这也就是所谓的效能化改革。

① 民政部取消了养老机构设立许可 鼓励社会资本进入[EB/OL].http://news.sina.com.cn/c/2019-02-22/doc-ihrfqzka8031515.shtml.

二、我国慈善事业的效能化改革

（一）推动慈善事业形态变革

推动慈善事业发展，一个基本条件就是要引导大量社会资源进入慈善领域，只有在资源充足的基础上才可以有效地推动慈善事业形态的变革。为了吸引社会资源进入慈善领域，政府应通过多种方式，包括捐赠表彰、减免税款、公益创投、影响力债券等。在这个过程中，多种不同的社会资源将受到国家政策的引导，逐步进入国家指定的业务领域。

具体来说，在引导大量社会资源进入慈善领域后，会对改变慈善事业的整体形态产生如下几个方面的影响。

1. 推动慈善组织的商业化运作

受改革之影响，慈善组织开始向商业机构学习商业运营经营，并采用商业运营模式来经营组织，以提升效率。不过，这些组织都是传统形态的慈善组织，如基金会、民办非企业组织等。其恪守非营利原则，仅学习、借鉴与使用商业化运营技巧，不分配利润。

经历了多年的慈善商业化的发展，现有的慈善商业化模式主要有四种：一是慈善组织直接进行商业化运营，参与市场活动。通过销售捐赠品和公益商品对弱势群体进行帮扶，例如壹基金的“羌绣帮扶计划”，在汶川地震后由阿坝州妇女羌绣就业帮扶中心和壹基金牵头，形成了从生产到销售的一条龙模式，在电商销售中募集了大量资金。此外，慈善组织还通过经营面包店、咖啡店等餐饮服务和家政服务企业可以为弱者提供大量就业机会；二是基金会进行投资或者在募资时涉及商业活动，实现资金的保值和增值，例如宋庆龄基金会在募资时运用了商业手段；三是慈善与商业机构合作，如蒙牛“爱心井”项目和农夫山泉的“一分钱”捐赠项目；四是进行慈善营销，将市场营销的方法引入公益项目中,出现了诸如“体验营销”“众筹”等新工具的应用。在慈善营销中,依靠名人效应进行的慈善营销屡见不鲜,其中2014年的“冰桶挑战”就是一个成功的典范,这个活动吸引了众多名人进行挑战,使得社会开始关注渐冻人这一病患群体,并为其募捐善款。因此,慈善公益组织要想长期发展,不能只依靠被动式的输血,更重要的是学会主动造血。慈善组织发展的重要条件之一就是要实现财务独立,组织的物质资源是其开展活动的基本前提,所以慈善组织进行商业化的模式可以说是慈善组织长久发展的必由之路。①

2. 推动慈善组织的形态创新

在大量社会资源进入慈善领域后,慈善组织会因为资源充足而发生明显的形态变化。由于慈善与经济之间的资源、技术、经验得以互通,经济领域将对慈善事业产生较大影响,改变慈善与社会经济相互隔绝的传统形态,创造出很多介于传统的慈善与经济之间的新事物。这些新事物处于这个模糊的中间地带之中,是推动慈善事业发展的重要力量。由此,慈善与经济不再是相互隔绝的两头,相反,其被各种介于两者之间的新形态联系到了一起,最终呈现一种从慈善向经济逐步过渡的“光谱”结构如图8-3所示。比如,1980年以后,社会企业、宗旨相关投资、社会影响力债券、混合式信托等半商业半慈善形态层出不穷,并有后来者居上之势。

这些组织都不是传统的慈善或商业组织。其是慈善“本体”产业化之代表。其介于慈善与经济之间,广纳社会资源,既解决社会问题,也获取利润。其打破了慈善领域一元化的结构,推动了慈善事业的多元化发展。

① 张樯．浅议慈善商业化与政府工具的选择[J]．新西部(理论版),2016(09):14.

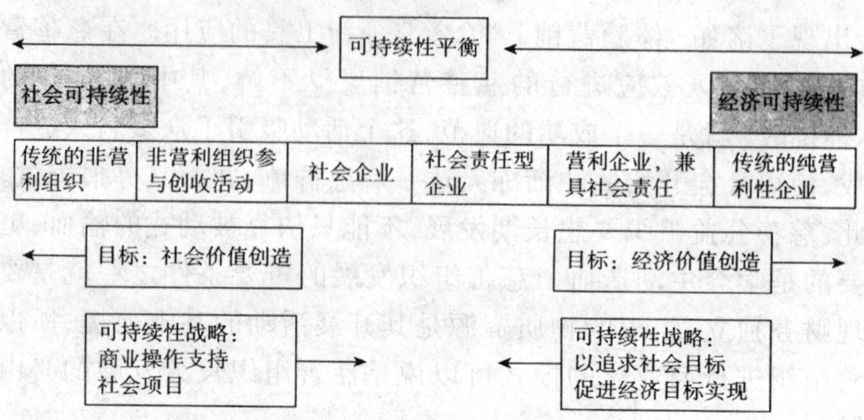

图 8-3 金·阿特洛（Kim Alter）的可持续性发展光谱理论①

3. 推动商业机构的公益化营销

受改革之影响，商业机构开始与慈善组织合作，以慈善项目为依托营销产品，实现善款收入和经济效益的双丰收。这么做的组织都是传统形态的商业组织。其遵循营利性原则，仅借助慈善活动推广自身品牌，扩大销量。

在商业公益化的过程中，企业需要时刻谨记自己的核心优势，同步关注经济、社会、环境的三重利益，并坚守经济层面、社会层面和环境层面的三重底线，结合自身的基因，识别和扩大企业商业活动与社会痛点的联系，通过创新的方式，可持续地提高整体社会福利。②

4. 推动社会结构的全面转型

随着社会资源大量进入慈善领域，除了会造成以上影响外，社会的整体结构也会相应发生一定变化。

在慈善事业的效能化改革前，社会结构是"工"字形的，两头大，中间小。这两头分别是传统的非营利性的慈善与传统的纯营利性的商业机构。在这一传统社会结构中，"工"字的两头是相互对立的，不相往来，资源也互不相通。由于缺少社会资源的支

① 褚蓥，蔡建旺，余智晟．改革慈善[M]．北京：社会科学文献出版社，2016，第 89 页．
② 商业公益化、公益商业化 ——长江商学院朱睿教授受邀出席 WeBelong 论坛 [EB/OL].http://www.mbachina.com/html/sxyxw/201810/172380.html.

持，慈善事业的整体效率相当低下，社会问题堆积难解。

在慈善事业的效能化改革后，社会结构将转为"橄榄"形，中间大，两头小。换言之，在改革后，介于两者之间的组织的数量不断增多，逐步成为主流组织形态。由此便形成了现代慈善阶段社会的"三元结构"：处于两头的传统组织，外加打通了商业与慈善边界的新型组织。这三类组织是现代慈善下的三根支柱，而其中最粗的那根是"新型组织"。

而以上变化将会进一步推动慈善事业效能的提升。随着慈善组织的商业化运作、商业组织的公益营销、新型组织等一系列变化的出现，更多的资源被吸引进入社会领域，满足社会公共需求。由此，原来那种仅依靠政府、慈善等有限的资源的传统模式也就被打破了。这种改变是深入社会最底层的，将对社会公共服务整体形态产生颠覆性的影响。由此，原本难以解决的社会问题将得到高速而有效的解决，原本难以为继的社会公共服务将获得新的支持，原本固化低效的慈善事业也将迎来新的春天。如此，则社会将趋于稳定、和谐。

由以上分析可以看出，我们大力推进慈善事业的创新改革，一个重要的目标就是吸引更多的社会资源进入慈善领域，以变革推动慈善事业之形态，提升慈善组织的绩效，并提高解决社会问题之效率。

（二）创新社会治理网络

实际上，通过不懈努力推动慈善事业创新改革，最终目标就是实现创新社会治理网络。换言之，通过这一场改革，将建立以政府为中心，社会各类主体共同参与的治理结构。其中，政府是主导者，而社会各类主体则将参与研究与解决社会问题，提供公共服务，维持社会稳定。而要实现这一目标，政府必须充分利用慈善组织，借助围绕在慈善组织周围的社会资本，在转移职能的同时，获取对社会各大群体的主导权。

按照社会资本理论的观点，社会资本的中心是慈善组织，这包括信任、规范和网络等。它们能够通过推动协调和行动来提高社会效率。西方社会资本的发展空间是以利益纽带为基础的，也即是以多元化利益群体和民间社会组织为依托的，因此，体现着个体基于共同的利益和愿望的自由、平等的联合体生活。[①]

因此，推动慈善事业的发展和创新改革，可以帮助政府建立与支持类社会组织之间的合作网络。借助这一合作网络，政府就可以有效吸纳符合自身需求的社会资本，最终构建出一张巨大的社会治理网络，从而更高效地开展社会治理工作。

同时，也有一部分研究人员指出，随着慈善事业的市场化发展，慈善组织构建社会资本的功能会出现一定衰弱，也就是慈善组织因为有足够的经营性收入而“不再需要与传统的核心捐赠人（社群等）建立固定联系”，或者因为几乎将全部资源投入竞争性市场而“没有足够的资源或支持用于建立社会资本”，但根据现实的情况来看，在美国公众社会参与水平降低的同时，志愿精神却并未随之湮灭。相反，慈善组织依旧能大量吸纳社区志愿者，而作为优质社会资本构建者代表的社区基金会在近十年来也得到了飞速的发展。根据美国基金会中心披露的数据，1990—2009年的20年里，美国社区基金会的资产总值保持了高速增长，在扣除通货膨胀的影响之后，其增长率达到了394%。这一增长速度远远超过了传统的私有基金会的增长比率。究其原因，是因为社区基金会借助了“捐赠人建议基金”（Donor-advise fund）这一市场化下的资本工具。由此，社区基金会超越私有基金会，以其更为灵活的运营模式赢得了捐赠人的青睐。

当社区基金会获得了充足的高质量资本，就可以为社区居民提供更好的社区公共服务，在充足资本的支持下，社区基金会成为美国社会资本构建过程中一股不可撼动的核心力量。比如，美国著名的“联合之路”就整合大量资源，为社区服务提供了为数

① 马长山．社会资本、民间社会组织与法治秩序[J]．环球法律评论，2004（03）：263-272.

众多的志愿者和资金支持。而美国政府通过加强对“联合之路”等机构的监管，较好地实现了对社会的治理。

因此，随着慈善组织的发展，其在社会治理方面将会发挥更大作用。政府可以通过慈善组织，实现对社会群体的主导。而在这个过程中，就构建出了一个新型的社会治理网络，其社会治理效果也将得到明显提升。

参考文献

[1]《社会保障概论》编写组 . 社会保障概论 [M]. 北京：高等教育出版社，2019.

[2] 刘晓梅，邵文娟 . 社会保障学 [M]. 北京：清华大学出版社，2018.

[3] 沈开艳 . 中国社会保障 [M]. 北京：清华大学出版社，2018.

[4] 王延中 . 社会保障与社会治理 [M]. 北京：经济管理出版社，2018.

[5] 许琳，翟绍果，唐丽娜 . 社会保障学 [M]. 北京：清华大学出版社，2018.

[6] 杨团 . 中国慈善发展报告（2018）[M]. 北京：社会科学文献出版社，2018.

[7]（美）佩内洛普·卡格尼，伯纳德·罗斯著；徐家良，苑莉莉，卢永彬译 . 全球劝募［M］. 上海：上海财经大学出版社，2018.

[8] 穆怀中 . 社会保障国际比较 [M]. 北京：中国劳动社会保障出版社，2017.

[9] 杨璟，徐诗举，等 . 社会保障概论 [M]. 青岛：中国海洋大学出版社，2017.

[10] 张浩淼 . 发展型社会救助研究 [M]. 北京：商务印书馆，2017.

[11] 郑功成 . 中国社会保障发展报告 2017[M]. 北京：中国劳动社会保障出版社，2017.

[12] 丁建定 . 中国社会保障与社会服务研究 [M]. 武汉：华中科技大学出版社，2017.

[13] 孙光德 . 社会保障概论 [M]. 北京：中国人民大学出版社，2016.

[14] 陈淑君，李秉坤，陈建梅 . 社会保障理论与政策研究 [M]. 北京：中国财富出版社，2016.

[15] 褚蓥，蔡建旺，余智晟 . 改革慈善 [M]. 北京：社会科学文献出版社，2016.

[16] 石宏伟 . 新型城镇化背景下城乡社会保障一体化研究 [M]. 南京：南京师范大学出版社，2016.

[17] 关怀 . 劳动与社会保障法学 [M]. 北京：法律出版社，2016.

[18] 李容芳 . 社会保障学 [M]. 北京：中国铁道出版社，2016.

[19] 秦勇 . 劳动与社会保障法 [M]. 武汉：华中科技大学出版社，2015.

[20] 林闽钢 . 社会保障国际比较 [M]. 北京：科学出版社，2015.

[21] 张民省 . 新编社会保障学 [M]. 太原：山西人民出版社，2015.

[22] 张奇林 . 中国慈善事业发展研究 [M]. 北京：人民出版社，2014.

[23] 贾洪波 . 社会保障概论 [M]. 天津：南开大学出版社，2014.

[24] 杨文杰，杨勇刚，李林 . 公共部门人力资源与社会保障管理研究 [M]. 保定：河北大学出版社，2013.

[25] 金红磊，理治 . 社会保障导论 [M]. 北京：中央民族大学出版社，2013.

[26] 刘金章 . 社会保障理论与实务 [M]. 北京：清华大学出版社，2010.

[27] 钱程 . 社区慈善视域下南京市社区型基金会功能研究 [D]. 南京师范大学，2018.

[28] 姜小静 . 人口老龄化趋势下我国老年社会保障制度研究 [D]. 山西财经大学，2018.

[29] 葛安琪 . 我国社区养老及政府责任研究 [D]. 延安大学，2017.

[30] 王翠琴，李林，薛惠元 . 改革开放 40 年中国医疗保障制度改革回顾、评估与展望 [J]. 经济体制改革，2019（01）：25-31.

[31] 黄锴 . 论作为国家义务的社会救助——源于社会救助制度规范起点的思考 [J]. 河北法学，2018，36（10）：59-75.

[32] 高冬梅 . 改革开放以来当代中国社会救助研究述评 [J]. 治理现代化研究，2018（06）：31-38.

[33] 孙友然，庄璇，许巧仙 . 我国残疾人社会救助的现状、困境及应对策略 [J]. 人口与社会，2018，34（06）：58-67.

[34] 杨爽 . 国际比较视角下我国社会救助制度内容与体系研究 [J]. 理论月刊，2018（12）：164-170.

[35] 丁建定 . 试析习近平新时代中国特色社会保障思想 [J]. 当代世界与社会主义，2018（2）：80-88.

[36] 王晴 . 社会工作介入社会救助的机制研究 [J]. 绥化学院学报，2018，38（12）：28-31.

[37] 刘阳阳 . 农村贫困老人精准救助机制研究 [J]. 中国集体经济，2018（36）：163-164.

[38] 谢忠强 . 改革开放以来中国慈善救助发展史 [J]. 史志学刊，2018（05）：47-51.

[39] 朱虹，吴楠 .《慈善法》背景下中国网络募捐的现状、困境及其应对 [J]. 社科纵横，2018，33（10）：89-93.

[40] 张樯 . 浅议慈善商业化与政府工具的选择 [J]. 新西部（理论版），2016（09）：14.

[41] 肖严华 . 劳动力市场、社会保障制度的多重分割与中国的人口流动 [J]. 学术月刊，2016，48（11）：95–107.

[42] 王延中 . 中国“十三五”时期社会保障制度建设展望 [J]. 辽宁大学学报（哲学社会科学版），2016，44（01）：1–14.

[43] 贺佳 . 美国社会保障制度及经验借鉴 [J]. 商，2016（10）：114+58.